HECTOR FLEISCHMANN

LA GHIGLIOTTINA NEL 1793

A&P

Titolo originale: La Guillotine en 1793 –
D'après des documents inédits des Archives nationales –

Librairie des Publications Modernes
62, rue di Provence
1908

Traduzione e redazione: Aurelio Picco
Revisione della traduzione: Paola Marletta

A&P – Milano - © 2012 settembre – Prima edizione
ISBN: 978-88-905061-5-4

LA GHIGLIOTTINA NEL 1793

LIBRO I

L'AURORA DELLA LAMA

I

IL DOTTOR IGNAZIO GUILLOTIN, FILANTROPO

Un mattino dell'anno 1766, la carrozza di Bordeaux depositò sul pavé di Parigi un giovane uomo dall'aria provinciale, un po' sinistro nei suoi abiti di taglio ecclesiastico, sbigottito dal frastuono della grande città al suo risveglio. Nel cortile della locanda restava imbarazzato, immobile, spaesato tra le grida del postiglione, i richiami dei valletti, triste anche davanti agli abbracci che accoglievano i viaggiatori attesi dai parenti o dagli amici. Nessuno lo aspettava. Arrivava solo, rimaneva da solo, piccolo professore di un collegio di provincia giunto a Parigi per tentare, con un nome oscuro e sconosciuto, la fortuna.

Era l'epoca in cui, ad Arras, nelle pianure autunnali, il giovane Massimiliano Robespierre portava con sé l'invincibile malinconia di un animo sensibile segnata dalla forte impronta sentimentale di Jean-Jacques Rousseau.

Tuttavia, il giovane uomo, nel cortile della locanda, prese la sua decisione, afferrò il suo leggero pacchetto di stracci e, dopo una veloce colazione nella sala comune, uscì per prendere contatto con Parigi.

Possiamo immaginare questa passeggiata di Giuseppe Ignazio Guillotin attraverso le strade rumorose. La sua curiosità risvegliata da mille cose diverse, il suo bighellonare in riva all'acqua che lo portò verso la piazza Luigi XV, circondata dai suoi profondi fossati dove, il giorno delle nozze di Luigi XVI, centotrentadue persone dovevano trovare la morte.

Forse, questo giovane provinciale non apprezzò del tutto la bellezza di questo ampio deserto contornato da nobili balaustre, spazzato dal vento mattutino che piegava le fronde degli alberi increspandole verso Chaillot. In lontananza, davanti a lui c'erano la bella disposizione dei palazzi della Garde-Meuble, il verde delle Tuileries, la dritta linea della rue Royale che porta verso il cimitero della Ville-l'Evêque. Dopo aver osservato con occhio distratto questo paesaggio sconosciuto e, tutto sommato, banale, Guillotin se ne andò.

Venti anni più tardi, uno strumento di morte in questa piazza deserta faceva entrare il suo nome nella storia.

Di questo primo contatto di Guillotin con Parigi sappiamo poco. D'ora in avanti, con l'aiuto dei registri della Facoltà, possiamo seguirlo nella sua carriera medica e, dai suoi successi, giudicare del suo carattere e definire la sua personalità.

«Di Me Giuseppe Guillotin, avvocato alla Corte, e della signora Caterina Agata Martin», così vi è scritto nel suo atto di nascita che abbiamo sotto gli occhi, nacque il 28 maggio 1738, a Saintes, nella Charente-Inférieur.

È una razza sobria e dura lavoratrice, quella di questa regione. Guillotin sembra averne avute le qualità. Lo troviamo studente a Bordeaux con una assiduità esemplare, che si guadagna, sul credito del suo nome di Ignazio, la fiducia dei suoi maestri ecclesiastici, che lo dirigono con un'attenta vigilanza sulla strada degli studi religiosi. L'11 dicembre 1761, riceve il titolo di *magister artium*, e i gesuiti lo mettono come professore, a Bordeaux, nel loro collegio degli Irlandesi.

Che cosa gli succede in questo periodo? La fede abbandona questo giovane uomo di ventiquattro anni, maturato in una dura disciplina pedagogica e religiosa? Il suo animo è preda del turbamento e del dubbio? Esita al crocevia dove ha inizio la sua vita? Domande alle quali è difficile rispondere con certezza. Sta di fatto che il giovane uomo giunge un mattino a Parigi per venirvi a studiare la medicina sotto la direzione di un uomo celebre all'epoca, Antonio Petit[1].

---

[1] (N.d.R.) Antoine Petit (1718-1794), fu uno dei più famosi medici e docenti dell'epoca. La sua capacità di diagnosi fece del suo gabinetto un punto di riferimento non solo per la Francia. Fondò all'Università le cattedre di anatomia e di chirurgia. Lasciò una notevole fortuna che volle fosse destinata alla sua città natale, Orléans, per la cura dei malati indigenti.

Fece onore ai suoi maestri, portando nei suoi studi quella sorta di asprezza, di ostinazione che trionfa sugli ostacoli e segna la vittoria degli uomini volenterosi sulle difficoltà della vita. Il 7 gennaio 1768 eccolo divenuto dottore, e il 27 dello stesso mese è nominato, dopo un concorso dei più brillanti, *pupillo* della Facoltà. Non si ferma nel suo bel cammino.

Comincia la sua carriera, sotto i più felici auspici, a Reims, dove è nominato dottore della Facoltà, poi diventa dottore reggente alla Facoltà di Parigi.

La sua vita privata è segnata da un ulteriore avvenimento il 14 luglio 1787, data in cui sposa un bella ragazza, Maria Luisa Saugrin, nata da Antonio Saugrin, maestro libraio, e da Maria Brunet.

È a quest'epoca, così come ce lo raffigura il ritratto di Voyez, un uomo che sembra più anziano di quanto non sia realmente. La fronte è già profondamente segnata da rughe. Sotto le spesse sopracciglia brilla un occhio intelligente e vivo. È il perfetto tipo del cittadino del Terzo Stato.

Eccoci al momento in cui ha inizio la carriera politica del dottor Guillotin. Se è vero, come ha detto più tardi, non senza ironia, uno dei suoi colleghi che «in ogni tempo i medici hanno fatto politica[2]», non dobbiamo meravigliarci di vedere, dal 1788, apparire il nome di Guillotin in uno degli scontri che dividevano così sovente all'epoca la borghesia e il Parlamento. La convocazione degli Stati Generali era appena stata decisa e ciascuno si sforzava di dare il suo parere sull'organizzazione dell'Assemblea. Guillotin diede il suo sotto forma di una brochure di trentacinque pagine, oggi divenute introvabili, e intitolate: «*Pétition des citoyens domiciliés à Paris; Résultat du Conseil d'État du Roi; Très humble adresse de remerciements présentée au Roi par les six corps de la ville di Paris*».

È la raccolta di tre capitoli che è diventata celebre con il titolo di *Petizione dei sei corpi*. Guillotin vi chiedeva in particolare che i membri del Terzo Stato fossero in numero uguale a quello degli altri due ordini, considerati insieme. Non era necessario altro per deferirlo al Parlamento. Piccolo dibattito che segnala il suo nome all'attenzione del pubblico, tanto più che ne esce vittorioso[3].

---

[2] Dottor J Barraud, *Le Corps médical devant le tribunal révolutionnaire de Bordeaux*, estratto di un'opera annunciata con il titolo: *Bordeaux révolutionnaire: vieux papiers Bordolais*. (*La chronique médicale*), n°16, 15 agosto 1907).

[3] «Il Parlamento ingiunge di depositare gli esemplari alla cancelleria della

Arrivano le elezioni e, benché «esposto alle collere e agli scherni dei suoi avversari politici»[4], eccolo per le strade di Parigi, il 15 maggio 1789, come deputato degli Stati Generali. Si segnala soprattutto nelle questioni professionali. Il 17 giugno, sale sulla tribuna per protestare contro l'insalubrità della sala dei Menus-Plaisirs, dove il re, a Versailles, ha mandato a sedersi l'Assemblea, e dichiara che «la disposizione dei banchi è alquanto insalubre, ognuno è stretto dietro al suo vicino e si può appena respirare». E aggiunge in tono molto grave, poiché il medico riappare sempre sotto il deputato: «Notate che gli attuali banchetti sono delle sedie alquanto scomode per delle sedute di dodici e quattordici ore come quella di oggi». Era il tempo in cui i deputati lavoravano dodici ore! Guillotin, conclude quindi: «Credo sia necessario farvi delle spalliere[5]». Infine, lo troviamo attore nella tragedia il cui primo atto debutta nella sala del gioco della Pallacorda. È lui, Guillotin, che ha proposto dopo il colpo di forza di Luigi XVI[6], di proseguire il dibattito in questo triste locale dove la libertà francese diede il suo primo colpo d'ala. Ma l'Assemblea riguadagna Parigi e ancora una volta ricompare il nome di Guillotin, il 6 novembre 1789, quando, nella sala del Maneggio, fa installare due stufe a vapore che la riscaldano e nello stesso tempo la stufa di maiolica, offerta dal vasaio Ollivier, raffigura la Bastiglia con gli attributi del dispotismo.

Come costituente, troviamo la sua firma a fianco di quella di Gaultier de Biauzat, del barone de Margueriттes, del principe Talleyrand e del vescovo di Autun; di J. B. de Nompère, di Champagny, del marchese di Bonnay, di Lapoule, del conte de

---

Corte». H. Monin, *L'Etat de Paris en 1789; études e documents sur l'ancien régime à Paris;* pp. 229, 230.

[4] Etienne Charavay, *Revue des documents historiques,* tomo III, p.56 (1875-1876).

[5] Buchez e Roux, *Archives parlamentaires de 1787 à 1860;* tomo VIII, p. 129.

[6] (N.d.R.) Dopo sei settimane di discussioni che non portarono ad alcuna decisione circa le proposte di procedura elettorale, fatte dal Terzo Stato, che si proclamò Assemblea Nazionale atta a legiferare in materia fiscale, Luigi XVI, il 20 giugno, ordinò la chiusura della sala dove si riuniva l'Assemblea. I rappresentanti del Terzo Stato si trasferirono nella vicina Sala della Pallacorda dove giurarono di non separarsi fino a quando la Francia non avesse avuto una Costituzione (Giuramento della Pallacorda).

Castellane, di Alexandrine-Charlotte Sophie de Roan-Chabot e, ancora, della duchessa di la Rochefoucauld d'Enneville, su una petizione di Latude alla Costituente in favore del signor Girard, che aiutò Mme Legros a liberarlo dalla prigione di Bicêtre[7].

In questa stessa nobile compagnia, il dottor Guillotin si ritrova in altri luoghi, in quel *Club del 1789 (o Società del 1789)* che si unirà più tardi ai Giacobini[8] e che Vadier[9] chiamerà nel suo manifesto del 24 luglio 1793 contro Condorcet[10], il *Club degli Ermafroditi*. Tra i suoi

---

[7] (N.d.A.) «M.me Legros soccorse Latude nella sua segreta, gli fornì degli abiti, interessò in suo favore M.me Necker e il cardinale di Rohan e lo fece mettere in libertà nel 1784. L'Accademia gli attribuì un premio Montyon. Il signor Girard, che era in carico alla caritatevole M.me Legros, è nominato usciere aggiunto, poi usciere in carica dell'Assemblea dai membri che ne compongono l'ufficio». *Catalogue de la collection d'autographes de feu M. Paul Dablin.*

[8] «Ottantanove e tutto ciò che ne segue si è unito ai Giacobini: se è per il bene, tanto meglio; ma credo che malgrado la nullità dell'Ottantanove, valeva di più separato di quanto non potrà fare riunito». *Lettera di Madame Elisabeth de Raigeocour*, maggio 1791.

[9] (N.d.R.) Marc Guillaume Alexis Vadier (1736-1828). Già da giovane Vadier, personaggio poco raccomandabile, vendicativo e avido, si rese colpevole di concussione e per questo fu condannato dal Parlamento di Tolosa, nonostante la difesa dell'avvocato Darmaing che più tardi, per vendetta, farà ghigliottinare. Stessa vendetta la perpetrò contro Cazes, che gli rifiutò la mano della figlia, e Dardigna colpevole di avergli impedito di trasformare una parte delle sue terre in «signoria». Vadier fu deputato agli Stati Generali ed eletto alla Convenzione nel 1792. Quando, nel 1793, divenne presidente del Comitato di Sicurezza, braccio operativo del Terrore diede avvio al processo che portò i dantonisti, fra cui Camille Desmoulins, sulla ghigliottina. Prese poi parte nella cacciata di Robespierre, parlando contro di lui alla Convenzione, ma dopo la caduta dell'*Incorruttibile*, fu egli stesso accusato di aver coperto gli orrori del Terrore e condannato alla deportazione. Riuscì a fuggire e ricomparve solo dopo l'amnistia votata alla separazione della Convenzione. Fece una breve comparsa come deputato nel corso dei Cento Giorni, ma venne definitivamente esiliato come regicida nel 1816.

[10] (N.d.R.) Jean-Antoine Caritat de Condorcet (1743-1794). Enciclopedista, amico di D'Alembert e di Voltaire, il marchese di Condorcet fu uomo di cultura e dedicò i suoi interessi alla matematica, all'economia e alla filosofia.

416 membri, questo club conta: Le Chapelier, Rabaut de Saint-Etienne, Kersaint, Brissot, Alexandre de Beauharnais, Trudaine de la Sablière, Trudaine de Montigny (fratello del precedente), Thouret, Lavoisier, André Chénier, Bailly, che in futuro faranno tutti conoscenza con lo strumento che il loro collega si appresta a proporre all'Assemblea nazionale, persuaso che assumerà, secondo la filosofia contemporanea, «il massimo della difesa sociale con il minimo di sofferenza individuale[11]».

Al *Club del 1789* si riuniscono con Beaumetz[12]: Dupont de Nemours[13], Girardin, Pastoret e altri, poco sospettabili di eccessivo

---

Fu membro dell'Accademia delle Scienze e, nel 1782, entrò all'*Académie Française*. Girondino all'epoca delle Rivoluzione si scontrò con Robespierre. Morì in prigione in circostanze poco chiare.

[11] (N.d.A.) Guyau, *Esquisse d'une morale sans obligation ni santion*.

[12] Bon Albert Briois de Beaumetz (1759-1801). Originario di Arras, Beaumetz era quindi concittadino di Robespierre. Figlio del primo presidente del Consiglio d'Artois succedette al padre nella carica e divenne una eminente personalità della regione. Eletto agli Stati Generali, nel 1789, in rappresentanza della nobiltà d'Artois, mentre Robespierre lo fu per il Terzo Stato, optò per la riunione dei tre ordini e chiese l'abolizione della tortura. Nel 1791 entrò a far parte del Direttorio del dipartimento della Senna e tentò inutilmente di porre un freno agli eccessi della Rivoluzione. Dopo il 10 agosto 1792, giornata cruciale per la Rivoluzione che vede affacciarsi il primo Terrore, decise di emigrare, prima in Inghilterra, poi negli Stati Uniti e, infine, a Calcutta, dove si perdono le sue tracce nel 1801.

[13] (N.d.R.) Pierre Samuel du Pont de Nemours (1737-1817). Fondatore di una delle più ricche e influenti famiglie americane, Pierre Samuel du Pont de Nemours era figlio di un orologiaio di Parigi e, dopo aver abbandonato gli studi di medicina rivolse il suo interesse ai problemi di economia, avvicinandosi al circolo dei fisiocratici. Turgot lo chiamò al suo fianco quando divenne Controllore Generale delle Finanze e dovette seguire la cattiva sorte del suo protettore quando questi cadde in disgrazia. Esiliato, si recò in Svezia e poi in Polonia. Fu richiamato in patria da Vergennes, come esperto economico del governo di Calonne, che lo fece entrare nel Consiglio di Stato e lo nominò commissario generale del Commercio. Pierre Samuel fu uno dei redattore del Trattato di Versailles del 1783, che pose fine alla Guerra di Indipendenza americana, e in questa occasione conobbe Thomas Jefferson. Eccezionalmente, poiché era protestante, in riconoscimento del suo operato Luigi XVI gli concesse una patente di nobiltà con il permesso di aggiungere

liberalismo, quelli che saranno gli uomini della Convenzione di domani: Barère[14], Brissot, Collot d'Herbois, David, Sieyès, Villette. Tra loro, Guillotin è sconosciuto, ancora nell'ombra. Aspettate il giorno

---

al suo cognome d'origine, du Pont, il *de Nemours*. Deputato agli Stati Generali nel 1789, aderì in un primo tempo alla Rivoluzione e fu presidente dell'Assembla Costituente, nel 1790. Quando, il 10 agosto 1792, la folla prese d'assalto le Tuileries, Pierre Samuel e suo figlio Éleuthère difesero fisicamente il re e Maria Antonietta, impedendo che fossero preda del furore del momento. Fu condannato alla ghigliottina, ma la caduta di Robespierre gli risparmiò la vita. Sotto il Direttorio fu poi membro del Consiglio dei Cinquecento. Dopo la devastazione e il saccheggio della sua casa, durante il colpo di stato del fruttidoro 1797, decise di emigrare negli Stati Uniti.

[14] (N.d.R.) Bertrand Barère de Vieuzac (1755-1841). Il giudizio storico su Barère, che fu uno dei personaggi centrali della Rivoluzione, è abbastanza controverso e non potrebbe essere altrimenti se si prendono in esame le vicende che lo hanno riguardato e una certa ambiguità nei suoi comportamenti. Avvocato con un'educazione da gentiluomo, membro dell'Accademia di Tolosa e massone, Barère era dotato di un'ottima cultura storica e politica e parlava correntemente l'inglese e l'italiano. Partecipò agli Stati Generali come rappresentante del Terzo Stato, essendo stata bocciata la sua candidatura come rappresentante della nobiltà. Ammiratore di Mirabeau, del quale pronunciò l'elogio funebre, amico degli Orléans, era fautore di un sistema sul modello inglese, con monarchia costituzionale e bicameralismo. A metà del 1790 si recò a Londra, dove la moglie e il figlio vissero per alcuni anni sotto falso nome, e al suo rientro in Francia ebbe modo di frequentare le riunioni degli amici del duca d'Orléans, che era emigrato in Inghilterra già nel 1789. All'Assemblea difese il principio della costituzione della giuria popolare anche nei processi civili, ma fu anche sostenitore del mantenimento della pena di morte. Con Antoine Barnave fu incaricato di riportare Luigi XVI a Parigi dopo il suo arresto durante la fuga a Varennes, ma nei dibatti che seguirono l'arresto del re non ne sostenne la destituzione, il che determinò il suo obbligato distacco dai Giacobini, che lo portò ad unirsi al club realista dei Foglianti. Nell'aprile del 1793, Barère fu il primo deputato a essere eletto nel Comitato di salute pubblica dove si occupò di Affari esteri, della Marina, delle Colonie e dell'Istruzione nazionale, ma soprattutto dello spionaggio e della repressione interna. Barère rimase nel Comitato anche dopo l'estromissione di Danton e non mancò di chiedere e ottenere il rinvio a giudizio di Maria Antonietta. Inoltre, firmò il decreto che rinviava al Tribunale rivoluzionario il duca d'Orléans, suo vecchio protettore.

della sua celebre mozione e sarà illustre, si assicurerà una parte di tragica immortalità.

Così lanciato in politica, Guillotin non si fermerà che all'indomani della sua proposta di un supplizio uniforme. Nell'attesa si fa iniziare alla loggia massonica, la *Candeur*, frequentata da Lafayette, Laclos, Sillery, dal duca d'Aiguillon e dai fratelli Lameth[15]. Ed è là, davanti alla livella dell'uguaglianza che decora l'Oriente tra le fiamme simboliche, la squadra e la cazzuola, che ha immaginato l'eguaglianza dei cittadini colpevoli, davanti alla morte legale? Probabilmente, perché è animato di un sentimento egualitario quando noi lo vedremo salire alla tribuna dell'Assemblea[16].

Accolta la sua proposta, rientrerà nell'ombra, lasciando dietro di lui lo strumento immaginato dalla sua filantropia. Per certi è «il medico filantropo[17]», per altri il «dottor dolce, benefattore e umanitario[18]». Da parte nostra non abbiamo alcuna contrarietà nel condividere questa opinione. Tuttavia, non è stato ricompensato in base alle sue opere e l'infame macchina ha portato sino a noi, in un fango sanguinolento, il suo nome di uomo onesto e di probo cittadino. Ferito da mille punture di scherno, lo hanno visto accettare senza recriminare la sua rossa aureola. La ghigliottina è stata e resta la gogna della sua gloria. «Ci sono degli uomini sfortunati: Cristoforo Colombo non può dare il suo nome alla sua scoperta; Guillotin non può staccare il suo dalla sua invenzione», scriverà nel *Journal d'un révolutionnaire de 1830*, Victor Hugo. Questa gloria macabra e nefasta fu, peraltro, piena di amarezza per lui. «Quando gli parlavano dell'adozione della sua idea, dice Charles Maurice, ne mostrava dispiacere, seppur persuaso che questa

---

[15] Maurice Talmeyer, *La Franc-Maçonnerie et la Révolution Française*, p. 36. (N.d.R.) *I fratelli Lameth erano tre: Théodore (1756-1854), generale; Charles Malo (1757-1832) e Alexandre (1760-1829).*

[16] Troviamo la firma massonica di Guillotin a fianco di quelle di Pingré, di G. Poncet, del duca di Luxembourg sul brevetto massonico di Jérôme de Lalande. La pezza figura nel *Catalogue des Autographes Charavay*, nell'aprile 1888, sotto il n° 52.

[17] Paul Mimande, *Le centenaire de la déportation à la Guyane: le Correspondant*, 25 luglio 1895.

[18] Jean Bernard, *Les lundis révolutionnaires, histoire anedoctique de la Révolution Française*, 1790, p. 301.

non avesse influito sul numero delle vittime che sarebbero state comunque preda della Rivoluzione. Ma non si consolava del fatto che il suo nome fosse rimasto attaccato alla lugubre macchina[19]. Possiamo credere, al contrario, che l'eccessiva semplificazione del supplizio contribuì stranamente al numero dei condannati. In effetti, quale mezzo così sbrigativo avrebbe potuto rimpiazzare quello di Guillotin, che permise le grandi rapide infornate di trenta, quaranta e sessanta vittime? Se la sua epoca ha accolto con un entusiasmo così poco dissimulato la sua proposta, è perché vi ha trovato una sveltezza che mancava ai vecchi supplizi e che, d'altra parte, lusingava la mania egualitaria così tanto di moda. E questo si riassume eloquentemente in queste tre righe de l'*Almanac du Nostradamus moderne*: «Questo bravo dottore non segue la normale strada dei medici. Ha inventato una macchina ingegnosa per togliere velocemente la vita ai criminali[20].»

All'indomani del voto sulla sua proposta, il ruolo di Guillotin in politica è finito. La sanguinosa carriera della ghigliottina comincia, la sua termina. Attraversa il Terrore, protetto forse dalla sinistra gloria di sua *«figlia»*. Sotto l'Impero, rimane sospetto ai Giacobini pentiti e, soprattutto, a Fouché[21] che, seguendo la terribile parola di Chateaubriand, avvolse la corda della forca nel cordone della Legion d'Onore. All'angolo della rue de la Sourdière, rue Saint-Honoré 533, in quella stessa strada che vide passare tanti cortei in marcia verso la

---

[19] Charles Maurice, *Histoire anedoctique du théatre et de la littérature et de diverses impressions contemporaines tirée du coffre d'un journaliste avec sa vie et à travers*, 1856, Tomo I, p. 16.

[20] Citato da H. Welchinger, dell'Istituto: *Les Almanachs de la Révolution*.

[21] (N.d.R.) Joseph Fouché (1759-1820). Deputato alla Costituente, alla Convenzione e poi ministro di polizia, Fouché si distinse, la prima volta, nella repressione della rivolta di Lione del 1793, meritandosi l'appellativo di *Le mitrailleur de Lyon*, per la durezza che esercitò sui rivoltosi e il conseguente numero di esecuzioni capitali. Fu nominato ministro di polizia dal Direttorio, nel 1799, e aiutò il colpo di stato di Napoleone del 18 brumaio dello stesso anno. Tre anni dopo Bonaparte, per liberarsi di lui, abolì il ministero e lo congedò con parecchio denaro e la carica di senatore. Fu richiamato in servizio, con lo stesso ruolo, nel 1804 per aiutare, sempre Napoleone, alla proclamazione dell'Impero e nella repressione dei realisti. Fu nuovamente deposto nel 1810 per il sospetto di tramare in favore dell'Inghilterra e fu interdetto da tutte le cariche pubbliche dal 1813. Morì in povertà a Trieste.

piazza della Révolution, mise il suo gabinetto per le visite. I suoi clienti - e ne aveva! - non oltrepassavano la sua soglia con un leggero brivido? Ma la spiacevole sensazione era probabilmente presto passata. L'omo era amabile, riservato, pulito, discreto sul suo passato[22] tuttavia corretto. È là che il 26 marzo 1814[23] nell'ora tragica del regime imperiale che stava per crollare dopo la Repubblica e il Direttorio, morì il dottor Guillotin. Quest'uomo che aveva dotato il suo paese di un terribile apparecchio di morte, decedeva per un'infezione a dire il vero benigna, ma allarmante a sessantasei anni: un antrace alla spalla sinistra. La sua morte passò inosservata: quel giorno si cantava il *Requiem* sul cadavere dell'Impero.

---

[22] «M. Guillotin, che ho conosciuto nella sua vecchiaia, non poteva consolarsi di ciò che egli chiamava una macchia involontaria nella sua vita. La sua venerabile figura portava l'impronta di una profonda tristezza e i suoi capelli, perfettamente bianchi, testimoniavano tutto ciò che aveva sofferto. Volle alleviare l'umanità e contribuì, senza prevederlo, alla distruzione di un gran numero di individui». Anonimo (M.lle Georgette Ducrest), *Mémoires sur l'impératrice Joséphine, la Cour e les Salons de Paris sous l'Empire*. Parigi, 1828.

[23] È la data che indicano la maggior parte dei biografi di Guillotin. Louis du Bois ha tuttavia indicato quella del 26 maggio nella sua opera: *Recherche historiques et physiologiques sur la guillotine, et détails sur Sanson: ouvrage rédigé sur pièces officiels par M. Louis Bois, ancien bibliothécaire de l'Ecole centrale de l'Orne; membre de plusieurs académies de Paris, des départements et de l'étranger.* A Parigi, Francia, libraio editore, quai Malaquais, n° 19, 1843. L'errore della data sembra palese.

II

LA MORTE LEGALE SOTTO L'ANCIEN RÉGIME

L'arsenale penale delle vecchie leggi aveva a sua disposizione dei supplizi che testimoniano un'ingegnosità atroce. Un supplizio per i nobili, un altro per i popolani, e con una rara abbondanza di scelta. Difatti, i ceppi, la tortura del tavolo, la slogatura e la distensione delle membra, le tenaglie, il fuoco, l'olio bollente, il piombo fuso, il rogo, l'annegamento, la forca, la ruota, la mutilazione, le torture più diverse potevano essere applicate secondo i casi. Il colpevole poteva essere condannato ad avere «braccia, gambe, cosce e reni rotte e poi essere esposto sulla ruota, il volto rivolto verso il cielo, fino al sopraggiungere della morte[24].» Si potevano avere, come Damiens[25], le mani serrate

---

[24] Charles Dasmaze, *Curiosités des anciennes justices d'après leurs registres*, Parigi, 1867, p. 340.

[25] (N.d.R.) Robert-François Damiens (1715-1757). Il 5 gennaio 1757, Damiens fu autore di un fallito attentato a Luigi XV, che colpì, ferendolo in modo non grave, con un coltello con una lama di soli otto centimetri. Non oppose alcuna resistenza all'arresto e, nonostante il re, nel momento immediatamente successivo all'aggressione, avesse detto di non fargli del male, fu sottoposto a una prima tortura in cui gli furono bruciati i piedi e i polpacci, la fine di cercare di fargli confessare se avesse dei complici. Non parlò, quasi sicuramente perché non aveva nulla da confessare oltre a quello che aveva già detto, e cioè di non aver voluto la morte del re, ma aver agito per richiamare la sua attenzione sulla miseria del popolo. Giudicato colpevole di tentato regicidio fu condannato a morte per squartamento. Il 28 marzo successivo, fu condotto sulla piazza di Parigi e, costretto ad impugnare l'arma dell'offesa, gli fu bruciata la mano con lo zolfo rovente. Poi, fissato su una tavola di legno con dei cerchi di ferro, gli venne aperto il ventre dove fu versata una miscela rovente di piombo fuso, olio, cera e resina di pino. Il supplizio venne ripetuto sugli arti ma, nonostante questo, Damiens rimase cosciente anche quando braccia e gambe vennero fissate a quattro cavalli spronati in direzione opposta. Il suo corpo resistette e fu necessario tagliarne i legamenti per portare a termine l'esecuzione. I resti vennero gettati sul rogo. La sua fu l'ultima esecuzione per squartamento.

nelle manette per essere bruciate con il fuoco dello zolfo, «cosa che gli faceva gettare delle urla orribili[26]». Quattro cavalli, con strattoni successivi, potevano trascinargli le membra per più di un'ora, mentre il boia tagliuzzava le cosce. Le stesse donne non sfuggivano alle mutilazioni, e ci è rimasto il resoconto di un'esecuzione nel 1625 che supera in orrore tutto ciò che il marchese de Sade sognò di infliggere alle sue pietose eroine. Il caso cui facciamo riferimento è quello di una ragazza, Hélène Gillet, di ventidue anni, abitante nei dintorni di Digione, a Bourg. Accusata di infanticidio e condannata a morte, nonostante avesse disperatamente negato, fu condotta al tavolo della giustizia. Una scena straordinaria stava accadendo. «Il boia, che si era comunicato al mattino e confessato nel pomeriggio nella prigione, trema, si scusa con il popolo per una febbre che non lo lascia da tre mesi e che ancora ha, lo prega di perdonarlo ove potrebbe venir meno al suo dovere. Tuttavia, mentre esorta la vittima[27] a subire la morte, dà segni di una grande inquietudine, vacilla, si torce le braccia, le alza al cielo con gli occhi, poi si getta a terra, domanda perdono alla vittima, poi la benedizione ai preti che l'assistono». E la macelleria ha inizio. Il boia infligge un colpo sulla mascella sinistra. La vittima cade. Il popolo fischia, le pietre cadono sul miserabile gruppo. «Il boia lascia le sue armi, si presenta al popolo, e chiede di morire». Un nuovo personaggio, che il resoconto chiama «*la carnefice*[28]», entra in scena. Questa donna raccoglie il coltello gettato da suo marito e glielo porge. Un nuovo colpo alla spalla destra abbatte per la seconda volta la vittima. Volano sempre le pietre. «Il boia si salva». La *carnefice* resta sul patibolo, scuote a calci la condannata, le attacca una corda al collo e la trascina «ai piedi del patibolo». Arrivata a questo punto prende le forbici portate per tagliare i capelli di Hèléne Gillet e prova a sgozzarla. Non riuscendoci, si accontenta di scarnificarla «in diversi punti», dice il processo verbale che citiamo e che è stato redatto da un testimone oculare, che aggiunge: «Nessun altro al di fuori di me può descrivervi ciò che è accaduto con più certezza e verità».

---

[26] Estratto di Lemontey da *Mémoires manuscrits du duc de Croy*, 1833, tomo I, p. 368.

[27] Era assistita da due gesuiti e due capuccini.

[28] (N.d.R.) Nel testo originale «*la bourelle*» da *bourreau*, boia, la cui invarianza, in italiano, rende il termine intraducibile al femminile.

La folla è in rivolta. I cappuccini si salvano. Il boia è lapidato. Strappano la condannata alla moglie del boia e contano le sue ferite: due colpi di coltello, sei colpi di forbice. «Uno le passa tra la gola e le vene giugulare, un altro sotto il labbro inferiore, le graffia la lingua ed entra nel palato, un sopra al seno, altrettanto tra due costole, vicino al punto di congiunzione della spina dorsale, due nella testa, abbastanza profondi, molti colpi di pietre, le reni alquanto compromesse dai coltelli sui quali era stata sdraiata quando la si scuoteva per strangolarla e il suo seno e il suo collo lividi dai calci della *carnefice*». Nel frattempo uccidevano il boia e sua moglie a colpi di pietra, di martello e di pugni[29].

Dopo il 1793 gli scrittori realisti non hanno mancato di contornare di un'aura funebre la morte di Maria Antonietta e delle nobili cospiratrici. Ma che cosa è il brutale e rapido colpo di lama che tranciò il bel collo dell'austriaca a confronto della spaventosa agonia di questa povera ragazza sconosciuta, della quale un manoscritto dimenticato ci ricorda, circa trecento anni dopo, il barbaro e incredibile supplizio?

Si potrà rispondere che quello, se non un incidente, fu, per lo meno, un caso. Sì, certo, lo sappiamo; ma cento, mille altri resoconti nascosti negli archivi dipartimentali contengono il lugubre racconto di simili torture. Quando la vittima sviene, il resoconto riporta che la rianimano «con l'aiuto di acque alcoliche[30]»; dei chirurghi erano presenti «per prevenire gli incidenti!».

Sotto l'*ancien régime*, quanti imputati non proprio colpevoli, come diciamo noi, sono sfuggiti all'*interrogatorio preparatorio* che, applicato sia agli innocenti sia agli accusati, tentava di ottenere le confessioni nel corso dell'istruzione del processo? Infine, nel momento del supplizio, compariva l'ultima tortura, l'ultimo *interrogatorio* destinato a ottenere i nomi dei complici. Ecco, la Rivoluzione alla quale rimproveriamo le infornate e gli annegamenti, che cosa fece? Ma non è la difesa del regime del '93 che noi vogliamo fare qui.

Il 24 agosto 1780, la tortura e tutte le altre coercizioni corporali nei confronti degli accusati scomparvero dal codice per ordine di Luigi XVI, su consiglio del luogotenente di polizia Jean-Charles-Pierre Lenoir[31]. Strana coincidenza! Il monarca che, per primo, umanizzava

---

[29] Questo spaventoso rendiconto è stato pubblicato per la prima volta da Taschereau, *Revue Rétrospective*, 1834, tomo II, p, 76 e seguenti.

[30] Archivio della città di Momtauban.

[31] (N.d.R.) Jean-Charles-Pierre Lenoir (1732-1807). Nominato luogotenente

la morte, se è permesso usare quest'espressione contraddittoria, quello che Maria Antonietta chiamava «il pover'uomo[32]», si apprestava a raccogliere il beneficio di uno degli ultimi gesti di clemenza della monarchia morente.

□ □ □

Può non essere stato inutile dilungarsi un po' sulle vecchie pene, per comprendere l'importanza dell'iniziativa del dottor Guillotin. Dopo questo racconto di qualcuna delle torture del regime assoluto, non possiamo non ammettere che fu veramente «con un fine essenzialmente umanitario che Guillotin propose di sostituire a questi barbari procedimenti un mezzo più veloce e meno infamante[33].»

Ed è qui che si può porre la domanda già tante volte discussa: Guillotin inventò la Ghigliottina? Nettamente, basandoci su irrefutabili documenti storici, rispondiamo: no.

Egli stesso non rivendicò mai formalmente la paternità, e se l'avesse fatto avremmo oggi buon gioco per negargliela. Egli «indicò

---

generale di polizia nell'agosto del 1774, Lenoir fu oppositore della politica della liberalizzazione del mercato dei grani promossa da Turgot. Con i primi disordini della Guerra delle Farine (aprile-maggio 1775), venne accusato di aver mal gestito questi moti popolari e costretto alle dimissioni. Ritornò in carica nel giugno del 1776. Applicò una rigida sorveglianza sulla stampa e una capillare attività di sorveglianza poliziesca su quelli che considerava fomentatori di disordini e soggetti pericolosi per l'ordine pubblico. Per contro, reintrodusse il monte di pietà, che era stato abolito da Anna d'Austria nel 1644, su pressione degli usurai. Lasciò l'incarico nell'agosto del 1785, pressato anche dalle numerose critiche alla sua attività, dove non mancavano accuse di malversazione e di abuso di potere. Nel 1790, dopo aver dato le dimissioni dall'Assemblea, si ritirò in Svizzera e poi a Vienna. Rientrò a Parigi nel 1802, dove morì.

[32] *Correspondance secrète entre Marie-Thérèse et le comte de Mercy- Argentau, avec les lettres de Marie-Thérèse et de Marie-Anoinette,* pubblicata con un'introduzione e delle note dal cavalier Alfred d'Arneth, direttore degli Archivi della casa imperiale e di Stato dell'Austria, e da A Geffroy, professore alla Facoltà di lettere di Parigi (1874), tomo II, p. 362.

[33] Dottor Cabanès, *Le Cabinet secret de l'Histoire,* tomo IV, pp. 109,110.

una macchina da tempo conosciuta atta a dare la morte senza causare dolore al paziente... la macchina di cui non era per niente inventore e che aveva solo indicato, poiché il modello esisteva già in Italia con il nome di *Mannaia*[34]». Di questa *mannaia*, Achille Bocchi[35] diede per la prima volta il modello, nel 1555, nel XVIII simbolo della sua curiosa opera: *Simbolicae quæstiones de universo genere*, illustrata da Giulio Bonasone. «La macchina - dice a questo proposito Louis du Bois - è come la nostra ghigliottina, posta su un patibolo al quale si sale attraverso una scala. L'ascia quadrata è posta in alto a due guide unite alla loro sommità da una traversa». Fu con questa primitiva ghigliottina che fu ghigliottinata, nel 1598, a Roma, la bella Beatrice Cenci[36].

Anche in Scozia, nel XVI secolo, si incontra il terribile strumento. «È - dice Robertson - una mannaia chiusa dentro una cornice che, scorrendo tra due guide, cade sul collo della vittima». Questa testimonianza è confermata dall'abate de la Porte[37], che cita Louis du Bois: «In Scozia, la nobiltà è decapitata in un modo particolare di questo paese. Lo strumento di cui ci si serve è un pezzo di ferro

---

[34] *Galerie historique des contemporains ou nouvelle Biographie*, (Mons, 1827), art. Guillotin. «... Non inventò la macchina che porta il suo nome, si limitò a indicarla: esisteva da parecchio tempo in Italia con il nome di *Norinaia*». *Jean Bernard*, vol cit. p. 37, note - «*Mannaya o Mannaïa*, degli italiani che i lessicografi definiscono: *ascia per tagliare la testa*». Louis du Bois, vol. cit, p. 11. (N.d.T.) Il termine *mannaia* è in italiano nel testo originale.

[35] (N.d.R.) Achille Bocchi (1488-1562). Fu uno dei più illustri umanisti dell'Università bolognese, dove Bocchi, a soli vent'anni, ottenne la cattedra di lettere greche, per poi insegnare retorica e poetica e, infine nel 1525, occupare la cattedra umanistica. Fu fondatore dell'Accademia Hermathema, centro di cultura che fu frequentato dai più famosi uomini di cultura bolognesi dell'epoca.

[36] (N.d.R.) Il riferimento non è corretto. Beatrice Cenci fu giustiziata per parricidio l'11 settembre 1599 (e non nel 1598), insieme al fratello maggiore, Giacomo, e alla matrigna, Lucrezia, con l'uso della «*spada di giustizia*». L'arma usata per l'esecuzione venne ritrovata nel greto del Tevere nel corso di lavori eseguiti nell'ultimo decennio del XIX secolo e misura 101 cm. di lunghezza, è larga 5 cm. alla sommità e circa 7 cm. alla base. È conservata a Roma nel Museo di Palazzo Venezia.

[37] Abate de la Porte, *Le Voyageur français*, tomo XIX, p. 317.

quadrato, largo un piede, la cui lama è molto affilata. Dalla parte opposta c'è un pezzo di piombo di pesantezza considerevole che necessita di una notevole forza per essere mosso. Al momento dell'esecuzione lo sollevano in alto nella cornice di legno, a dieci piedi d'altezza e, nel momento in cui viene dato il segnale, l'esecutore lascia cadere liberamente il pezzo di ferro che non manca mai, al primo colpo, di separare la testa dal collo».

È una descrizione molto simile a quella che ci dà la brochure di Héron[38] e ovunque, se la forma varia leggermente, il principio resta sempre lo stesso.

Infine, lo incontriamo nella stessa Francia. Lenôtre assicura che la «decapitazione con l'aiuto di una macchina era un supplizio comune in Francia prima della conquista romana. Effettivamente, si è trovata, nel 1865, a Linné, nel cantone di Sains (Aisne), vicino alla strada da Guise a Vervins, un voluminosa mannaia di selce, pesante circa un centinaio di chilogrammi, che gli esperti di antichità hanno riconosciuto come un taglia teste gallico, una *ghigliottina* dell'età della pietra[39]. Furono fatti degli esperimenti con questo disco di selce che furono convincenti. La fecero muovere come un pendolo sospeso a una lunga asta e si ottenne facilmente il taglio di teste di un montone[40]». Senza soffermarci nello studio di questa preistorica ghigliottina, davanti alla quale confessiamo ben volentieri la nostra incompetenza, dobbiamo citare l'esecuzione del maresciallo Enrico II de Montmorency[41], ghigliottinato nel 1632 nel cortile del Capitolo di Tolosa per la sua rivolta con Gaston d'Orléans. Puységur riporta a

---

[38] Héron, *La Guillotine au XIIIe siècle*, Rouen, in 8°.

[39] Vedere *Notice raisonnée sur . . . un tranche-tête et une lancette*, di Peignet-Delacourt, Parigi, S. Claye editore, 1866, in 4°.

[40] G. Lenôtre, *La Guillotine et les exécuteurs des jugements criminels pendant la Révolution*, p. 219.

[41] (N.d.R.) Henri II de Montmorency (1595-1632). Figlioccio di Enrico IV re di Francia, Enrico II di Montmorency, ammiraglio e diciassette anni, fu poi viceré del Canada e governatore della Linguadoca. Abile uomo d'armi, prese parte alle guerre di religione contro gli ugonotti, che sconfisse in mare davanti a La Rochelle. Combatté anche in Piemonte, dove fece prigioniero il generale Doria ed ottenne, nel 1630 il bastone di maresciallo. Nel 1630, prese parte alla congiura di Gastone d'Orléans per assassinare Richelieu e detronizzare Luigi XIII.

questo proposito: «In quel paese, ci si serve di un'ascia che è tra due pezzi di legno e quando uno ha la testa messa sul blocco, si rilascia la corda e questa cade e separa la testa dal corpo[42].» Questa esecuzione fu un avvenimento a causa della sua rarità e della sua novità[43]. È necessario averla qui citata per dimostrare una volta di più che Guillotin non inventò alcunché. Questo insieme di fatti, un po' aridi, non lo nascondiamo, stabilisce chiaramente questo punto e con il dottor Cabanès possiamo concludere: «che Guillotin abbia avuto dei precursori, su questo non c'è dubbio; che sia stato il primo in Francia a *proporre* e a *far adottare il principio* di una macchina per decapitare è un merito che nessuno può contestargli[44].»

Ebbene sia. Ma chi ci pensava?

---

[42] Puységur, *Mémoires*, 1690.

[43] «Tuttavia, questa modalità di esecuzione era applicata raramente», Etienne Charavay, vol ci. p. 54. «L'uso di questo supplizio era estremamente raro». Articolo di Pétion sulla ghigliottina. *Collection d'autographes* di Alfred Sensier.

[44] Dottor Cabanès, op. cit., p. 120.

III

LA GHIGLIOTTINA DAVANTI ALL'ASSEMBLEA NAZIONALE

Il 10 ottobre 1789, uno dei membri dell'Assemblea nazionale diceva: «Siamo attualmente il peggiore club della Francia», quando Guillotin appariva alla tribuna. Il discorso che pronunciò quel giorno sembra definitivamente perso per la storia. Sappiamo che espresse le sue idee sull'uguaglianza davanti alla morte e che chiese un trapasso certo, veloce, uguale per tutti i criminali. Il primo articolo del suo progetto, conosciuto in questi termini: «I delitti dello stesso genere saranno puniti con lo stesso genere di pena, quale che sia il rango e lo stato dei colpevoli», raccolse degli applausi entusiasti. Questi uomini, dei quali molti non avevano che tre o quattro anni da vivere, acclamavano chi portava loro la promessa di una lama che stava per colpirli. Lugubre approvazione dei condannati di domani! Tragico dibattito dei prossimi proscritti, dei futuri fuorilegge! Sebbene una parte dell'Assemblea chiedesse il voto immediato, la proposta di Guillotin fu aggiornata[45]. Rinviata al giorno della discussione del Codice Criminale, Guillotin ritorna alla tribuna il 1° dicembre successivo, quando si apre il dibattito sul vecchio sistema penale. Questa volta propone: «Il criminale sarà decapitato, e lo sarà per effetto di un semplice meccanismo». La semenza è gettata, non tarderà a maturare in quel suolo friabile, smosso. L'Assemblea approva il principio sottoposto da Guillotin e, una volta di più, decide il suo aggiornamento. Il 21 gennaio 1790 - data che sarà tre anni più tardi un tragico anniversario![46] - l'Assemblea vota quattro dei sei articoli proposti da Guillotin. In base

---

[45] «Guillotin legge un lavoro nel quale stabilisce come principio che la legge deve essere uguale per tutti, quando punisce come quando protegge e ogni sviluppo di questo principio porta a un articolo che Guillotin propone alla deliberazione dell'Assemblea. Questo discorso è frequentemente interrotto da applausi; una parte dell'Assemblea, molto commossa, chiede di deliberare subito, ma un'altra parte sembra voler opporsi». *Moniteur*, 11 ottobre.

[46] (N.d.R.) Il 21 gennaio 1793 fu giustiziato Luigi XVI.

alla minuta conservata negli Archivi[47], il dottor Achille Chereau[48] ci ha dato questo decreto su cui si fonda tutto il sistema che sarà domani quello del Terrore:

«L'Assemblea nazionale ha decretato e decreta quanto segue:
Articolo I. - Il delitti dello stesso genere saranno puniti con lo stesso genere di pena, quale che sia il rango e lo stato dei colpevoli.
Articolo II. - Poiché i delitti e i crimini sono personali, il supplizio di un colpevole e qualunque condanna infamante non imprimono alcun marchio d'infamia alla sua famiglia. L'onore di coloro che vi appartengono non è per nulla intaccato e tutti continueranno a essere ammessi a ogni sorta di professione, d'impiego e di dignità.
Articolo III. - Le confische dei beni dei condannati non potranno mai essere decretate in alcun caso.
Articolo IV. - Il corpo del giustiziato sarà consegnato alla sua famiglia se ne farà richiesta. In ogni caso sarà ammesso alla sepoltura ordinaria, e non sarà fatta sul registro alcuna menzione sul genere di morte.
Ordina, inoltre, che i quattro articoli sopra citati siano portati quanto prima alla sanzione reale, per essere inviati ai tribunali, ai corpi amministrativi e municipali, etc...
Giovedì sera, 21 gennaio 1790

Guillotin »

Oramai la ghigliottina ha conquistato diritto di cittadinanza, ed è Lepeletier de Saint-Fargeau[49], che essa risparmierà per lasciarlo alla

---

[47] Archivi nazionali, C.G. cartone 33, dossier 303.

[48] Dottor Achille Chereau, *Guillotin et la Guillotine*; Parigi, all'ufficio dell'*Union médical*, rue Grange Batelière e presso l'autore: 45, rue de Rocher. 1870, p.6.

[49] (N.d.R.) Louis-Michel Lepeletier de Saint-Fargeau (1760-1793). Proveniente da una illustre famiglia di parlamentari e fratello del più famoso entomologo Amédée Louis Lepeletier (1770-1845), Louis-Michel, massone, fu avvocato generale dello Stato e, prima del 1789, fu eletto come Presidente del Parlamento di Parigi e poi, nel 1790, presidente dell'Assemblea nazionale costituente. Benché nobile, fu acceso difensore della causa del popolo e votò per la soppressione dei titoli nobiliari. Fu un oppositore della pena di morte, pur votando per la condanna alla pena capitale di Luigi XVI. Fu proprio

spada di un assassino, che propone, il 3 giugno 1791, di scrivere nell'articolo 3 del titolo I del Codice Penale: «Tutti i condannati a morte avranno la testa tagliata[50]». Tutti questi dibattiti, questo entusiasmo, questi voti, questi decreti, questi progetti, tutto questo sfociò «in un palcoscenico, piazza della Rivoluzione[51]». Per loro, il popolo sanzionava ciò che Chateaubriand chiama «il crimine legale» il cui regno non tardava a iniziare. Certo, le discussioni non erano durate molto, e possiamo, in effetti, pensare che i deputati «adottarono la ghigliottina perché semplificava i supplizi e ne abbreviava le angosce[52]».

La promessa di abolizione della pena di morte fatta dalla Convenzione nella sua ultima seduta del 4 brumaio anno IV (26 ottobre 1795), non doveva realizzarsi[53]. Ancora oggi è lettera morta. La

---

subito dopo questa votazione che una vecchia guardia del corpo del re lo colpì con una spada, ferendolo a morte. Fu considerato il «primo martire» della Rivoluzione. La sua morte fu raffigurata da Jacques-Louis David in un famoso dipinto.

[50] *Moniteur*, 4 giugno 1791.

[51] Honoré Riouffe, *Mémoires d'un détenu pour servir à l'histoire de la tyrannie de Robespierre*.

[52] Dottor Cabanès e Nass, *La névrose révolutionnaire*, cap. IV, p. 35.

[53] La Convenzione si era riunita per più di trentasette mesi, dal 20 settembre 1792 al 4 brumaio anno IV. In quest'arco di tempo emise 11.210 decreti. La Costituente, in ventotto mesi, ne aveva fatti 2.557; la Legislativa, in undici mesi e mezzo, 1712. L'ultimo decreto della Convenzione ordinò: «La pena di morte sarà abolita, per la pace generale; la piazza della Rivoluzione, quindi, prenderà il nome di piazza *de la Concorde*; tutti i detenuti per fatti relativi alla Rivoluzione saranno immediatamente liberati, ad eccezione dei cospiratori di vendemiaio, i preti, i deportati, i fabbricanti di falsi assegnati, gli emigrati». Citiamo, per concludere, a proposito di questa ultima seduta, questo fatto riportato da Costa de Beauregard: «Raccontano che il 26 ottobre 1765, nel momento in cui il presidente dichiarava sciolta la Convenzione, qualcuno chiese che ora fosse e che una voce rispose: «L'ora della giustizia». Introduzione alla *Mémoire écrit par Marie-Thérèse-Charlotte de France sur la captivité des princes et de princesses, ses parents, depuis le 10 août 1792 jusqu'à la mort de son frère arrivée le 9 juillet 1793. Publié sur le manuscrit autographe appartenant à la duchesse de Madrid*.

Rivoluzione è passata, l'Impero è caduto, la Monarchia è scomparsa, la ghigliottina è in piedi, ultima vestigia del tormento spaventoso del '93.

IV

LO STRUMENTO

Adottato il decreto, l'Assemblea pensò ad avere un parere dettagliato sul nuovo genere di morte che aveva appena introdotto nel Codice. Proposta da un medico, pensarono naturalmente, per quell'eterno spirito di contraddizione che caratterizza i partiti nelle assemblee, di opporgli un medico. Fu il dottor Antoine Louis che fu scelto per redigere il rapporto.

Nato a Metz, il 13 febbraio 1723, suo padre era maggiore chirurgo all'ospedale militare di questa città, Antoine Louis aveva rapidamente e brillantemente, come Guillotin, salito gli scalini della sua professione.

Allievo di Lapeyronie[54], ottiene per concorso il posto di chirurgo della Salpêtrière[55]. Durante la guerra di Germania, diventa capo chirurgo delle armate e, a pace fatta, ritorna al suo studio, sulla porta del quale aveva fatto mettere questa caustica espressione, segno di una filosofia impertinente: «Quelli che vengono da me mi fanno onore; quelli che non vengono mi fanno piacere[56]». All'epoca della proposta di Guillotin, era l'oracolo dei tribunali, poiché aveva acquisito una incontestabile rinomanza nella medicina legale[57]. Il 27 marzo 1792, in

---

[54] (N.d.R.) François Gigot de Lapeyronie (1678-1747). Oggi ricordato per la malattia di Lapeyronie (Induratio Penis Plastica, IPP), François Gigot fu primo chirurgo e confidente di Luigi XV. Associato all'Accademia reale delle scienze nel 1731, fu presidente dell'Accademia reale dei chirurghi dal 1736 al 1747. A lui si deve l'ordinanza reale del 1743 che separò definitivamente le professioni dei chirurghi dai barbieri.

[55] (N.d.R.) Salpêtrière era l'ospedale pubblico di Parigi. Peraltro, lo stesso nome aveva anche la prigione.

[56] *Biographie moderne ou galerie historique, civile, militaire, politique, littéraire et judiciaire*, seconda edizione, Parigi 1816, tomo III, p. 315. (Presso Alexis Eymery, libraio, rue Mazarine n° 30; Delaunay, Palais-Royale, Galerie de Bois, a Parigi; e a Mons, da Leroux, libraio).

[57] Morì il 20 maggio 1792, soccombendo a una «idropisia di petto». Conformemente alle clausole del suo testamento, fu inumato nel cimitero

conseguenza della scelta dell'Assemblea nazionale, fu depositato il «*Consulto motivato sul nuovo modo di decapitazione, redatto da Louis, Segretario perpetuo dell'Accademia dei chirurghi*». Il pezzo è dei più curiosi e merita, nonostante la sua lunghezza, di essere qui riportato. Apporta alla storia della ghigliottina un contributo prezioso. Copiato da Villenave, l'autore dell'articolo *Ghigliottina* nella *Encyclopédie des gens e du monde*, è stato riportato da Etienne Charavay nella *Revue des documents historiques*[58] , tra altri articoli molto interessanti che avremo modo di citare al momento opportuno. Seguiamo il parere di Louis:

«Il Comitato legislativo mi ha fatto l'onore di consultarmi su due lettere scritte all'Assemblea nazionale concernenti l'esecuzione dell'articolo 3 del titolo I del Codice penale, che dice che tutti i condannati a morte avranno la testa tagliata.

Con queste lettere, il signor Ministro di Giustizia e il direttore del dipartimento di Parigi, dopo le rappresentazioni che sono state fatte loro, giudicano di immediata necessità determinare con precisione la maniera di procedere alla esecuzione della legge, nel timore che se per la difettosità del mezzo, o per mancanza di esperienza e per mancanza di destrezza, il supplizio diventava orribile per la vittima e per gli spettatori, il popolo, per umanità, non avesse da essere ingiusto e crudele nei confronti dell'esecutore.»

Questa frase di Louis fu probabilmente ispirata dal ricordo di qualcuna di quelle orribili esecuzioni dell'*ancien régime*, di cui abbiamo citato l'esempio, in un precedente capitolo. Si potrà anche notare la speciale attenzione di cui è oggetto Sanson, che il libretto delle *Révolutions de France et de Brabant*, di Camille Desmoulins, chiamava nel novembre 1789 il «rappresentante del potere esecutivo».

«Le difficoltà concernenti l'esecuzione dell'articolo 3 del Codice penale - continua Louis - sono ben fondate; l'esperienza e la ragione dimostrano egualmente che il modo in uso in passato per tagliare la testa a un criminale, lo espone a un supplizio più efferato che la semplice privazione della vita come desidera la legge. L'esecuzione

---

della Salpêtrière.

[58] Tomo III, (1875-1876), pp. 47-48.

deve essere fatta in un istante e con un solo colpo. Gli esempi dimostrano come è difficile farlo. Il ricordo della decapitazione di M. de Lally[59] è recente. Era in ginocchio, gli occhi bendati, l'esecutore l'ha colpito alla nuca, il colpo non ha separato la testa e non poteva farlo. Il corpo, alla cui caduta della testa nulla si opponeva, è stato rovesciato in avanti ed è con tre o quattro colpi di sciabola che la testa è stata separata dal tronco: si è vista con orrore questa *accetteria*, se mi è consentito servirmi di questo termine[60].

---

[59] Thomas Arthur Lally-Tollendal (1702-1766). Di origine irlandese, Lally-Tollendal servì, come militare, sotto la bandiera francese. Dopo la Guerra di Successione austriaca, la potenza inglese pareva minacciare seriamente quella francese e all'inizio della Guerra dei sette anni (1756-1763), Lally-Tollendal venne incaricato di una spedizione militare nelle Indie, per contrastare la penetrazione inglese. Dopo aver conseguito alcuni successi, pur in inferiorità numerica, Lally rifiutò di allearsi con i nababbi, che avevano in precedenza costituito un punto di forza per i francesi, e questo gli fu fatale. Assediato e sconfitto a Pondichéry (oggi Puducherry), il 14 gennaio 1761 dovette arrendersi, venne fatto prigioniero e condotto in Inghilterra, dove ottenne la libertà su cauzione. Rientrò a Parigi, deciso a difendersi dalle accuse di tradimento e corruzione che gli erano state rivolte. Venne imprigionato alla Bastiglia, nel 1762, senza avere il diritto di sceglieri un avvocato. Non venne giudicato da Consiglio di guerra, come aveva chiesto, bensì dal Parlamento di Parigi che, a cominciare dal 1764, condusse l'inchiesta. Il 3 maggio 1766 fu condannato alla decapitazione per «aver tradito gli interessi del re». Venne condotto al supplizio, in piazza de Grève, su una carrozza drappeggiata di nero. La sua decapitazione fu uno spettacolo orrendo che produsse indignazione in Francia e in Europa. Il figlio di Lally, Gérard, tentò, con l'aiuto della penna di Voltaire una riabilitazione della sua figura, ma non ebbe successo, anche se gli scritti del filosofo contribuirono non poco all'impopolarità di Luigi XV.

[60] Dubois (d'Amiens) nelle sue *Recherches historiques sur les derniers jours de Louis e de Vicq d'Azyr*, pubblicate nel 1866 nel *Bulletin de l'Académie de médicine* (Paris), ci ha lasciato un impressionante scritto del dialogo tra il boia e il cavaliere de la Barre. «Questo eroico giovane gli dice in modo risoluto: «Le tue armi sono buone? Vediamole.» «Queste non si fanno vedere, Signore», gli risponde il boia. «Sei tu che hai giustiziato il conte de Lally?» «Sì, Signore.» «L'hai fatto soffrire?» «Per colpa sua, si muoveva sempre. Mettetevi bene e non vi mancherò, siatene sicuro.» Effettivamente, questo maestro boia bilanciò più volte la sua arma e levò la testa con un sol colpo. Questo dialogo è commovente come il resoconto dell'orribile esecuzione di Hélène Gillet.

«In Germania, dove gli esecutori sono più esperti, per la frequenza di questo tipo di esecuzione, principalmente perché le persone di sesso femminile, di qualunque condizione esse siano, non subiscono altro supplizio, tuttavia sovente manca la perfetta esecuzione, malgrado l'attenzione di fermare il colpevole seduto su una sedia.»

«In Danimarca, ci sono due posizioni e due strumenti. L'esecuzione, che potremmo chiamare d'onore, si fa con sciabole o coltelli. Il criminale ha una benda sugli occhi, è in ginocchio e con le mani libere. Se il supplizio deve essere infamante, il colpevole è sdraiato sul ventre e gli tagliano la testa con un'ascia. Nessuno ignora che gli strumenti da taglio non hanno alcuno o poco effetto quando colpiscono perpendicolarmente, ed esaminandoli al microscopio si vede che non sono che delle seghe più o meno fini e che bisogna farle scorrere sulle parti per dividerle. Non si riuscirà a decapitare, con un sol colpo, con un'ascia o mannaia il cui taglio sarà in linea diritta; ma con il taglio convesso, come nelle vecchie asce d'arma, il colpo assestato agirebbe perpendicolarmente solo in mezzo alla porzione del cerchio: ma lo strumento, penetrando nella continuità delle parti che divide scivolando, ha un'azione obliqua, e ottiene sicuramente il suo scopo.

«La struttura del collo, del quale la colonna vertebrale è il centro, composta da numerose ossa la cui connessione degli intrecci è strutturata in modo che non vi è punto di giuntura da cercare, mostra che non è possibile essere sicuri di una perfetta separazione, affidandola a un fattore suscettibile di variare in forza e in direzione per cause morali o fisiche. Bisogna necessariamente, per procedere con certezza, che questa dipenda da un mezzo meccanico di cui si possa determinare perfettamente la forza e l'effetto. È la decisione che è stata presa in Inghilterra: il corpo del criminale, fermato tra due pali, è sdraiato sul ventre. Dall'alto di una traversa che unisce i due pali, per mezzo di una molla (o lasciando la corda passare attraverso una puleggia, niente di più semplice), si fa cadere l'ascia convessa il cui dorso deve essere abbastanza forte e abbastanza pesante per agire efficacemente, come il montone per abbattere la palizzata; sappiamo che la forza aumenta in conseguenza dell'altezza da cui cade. L'efficacia di una simile macchina, di facilissima costruzione, è assicurato: la decapitazione sarà eseguita in un istante, seguendo lo spirito e il desiderio della legge sulla pena di morte.»

La copia fatta da Villenave si ferma qui. Tuttavia, Lenôtre[61], che pubblica il parere di Louis nell'esemplare annesso alla legge del 25 marzo 1792, e il dottor Cabanès, che la cita dopo la fonte utilizzata da noi[62], la fanno seguire da queste righe non menzionate da Villenave:

«È facile far costruire una simile macchina, il cui effetto è immancabile; la decapitazione sarà fatta in un istante, seguendo lo spirito e il desiderio della nuova legge. Sarà facile fare la prova su dei cadaveri e anche su un montone vivo. Si vedrà se non sarà necessario fermare la testa della vittima con una mezzaluna che fermerebbe il collo alla base del cranio; le corna o i prolungamenti di questa mezzaluna potrebbero essere fissati con delle chiavette sul patibolo. Questo meccanismo, se sembra necessario, non farebbe alcuna sensazione e sarebbe appena visibile.»

L'Assemblea adotta, senza discussione, questo parere[63].

Qualche giorno dopo, ha inizio tra il dottor Louis, Roederer, procuratore sindaco del dipartimento di Parigi e Clavière, ministro delle imposte, una vivace corrispondenza. La costruzione del macchinario ne fa le spese. L'iscrizione posta dal dottor Louis sulla porta del suo studio, ce ne ha rivelata la causticità. La sua lettera a Roederer, in data 24 marzo 1792, non diminuisce questa impressione. Scrive:

«Signore,

un tedesco, fabbricante di clavicembali[64], ha pensato di poter esercitare il suo genio per la macchina per decapitare. Io non lo

---

[61] G. Lenôtre, *vol. cit.* pp. da 224 a 227.

[62] Cabanès, *vol. cit.*, pp 113-114. Vi èun certo errore da parte del dottor Cabanès. Il testo che riporta differisce sensibilmente da quello pubblicato da Etienne Charavay e, inoltre, quest'ultimo non fornisce minimamente il paragrafo citato nel *Cabinet secret de l'Histoire*.

[63] «Il Comitato legislativo ha fatto adottare un progetto di decreto sulla modalità di decapitazione degli sventurati condannati a morte. È stato emesso senza essere letto e discusso. Questo decreto non è altra cosa se non il parere di Louis, segretario perpetuo dell'*Académie de chirurgie,* che propone per l'esecuzione di questo articolo del Codice penale una macchina pressoché simile a quella che il suo inventore aveva fatto chiamare ghigliottina.» *Journal de Perlet,* 22 marzo 1792.

conosco, ma lodo la sua industria. La vittima non sarà né legata né sdraiata. La sua testa, alla berlina, sarà tagliata in un modo sicuro da un colpo obliquo. Mi faccio un dovere di indirizzarvi questo meccanico e ho il piacere di assicurarvi dei rispettosi sentimenti che ho per voi, Signore.
Questo 24 marzo 1792.

Louis. »

Non si potrebbe scrivere più galantemente su un argomento così penoso e senza fermarsi «al genio che si esercita», dove la piaggeria è evidente, è sufficiente far rilevare l'idea barocca di questa vittima, la cui testa sarà mozzata quando questi sarà in piedi.

Roederer risponde pregando il dottore di mettersi d'accordo con il carpentiere, il signor Guidon, per la costruzione dello strumento. In risposta a questa richiesta, Louis si affretta a rispondere:

« A Parigi, questo 30 marzo 1792

Signore,
ho compiuto senza perdere tempo la missione che il Direttorio mi ha affidata e il giorno stesso mi sono informato sull'abitazione del signor Guidon, abituale carpentiere del posto, e gli ho scritto al suo domicilio in faubourg del Tempio, all'angolo di rue Fontana dei Re. È venuto questa mattina: gli ho lette e lasciate le istruzioni che avevo preparate e delle quali accludo copia. Ha ben compreso la costruzione della macchina. Si è fatto accompagnare, per precauzione, da uno dei

---

[64] Louis intende così designare Tobia Schmidt, in merito al quale il dottor Cabanès indica: «Si Schmidt, vedere il *Bulletin de la Société de l'Histoire de Paris*, tomo XVI, p. 123; il *Moniteur* del 21 settembre 1794 e del 21 dicembre 1799, e l'opuscolo del dottor Chereau, *Guilotin et la Guillotine* . . . Questo Schmidt si incapriccerà, più avanti, di una cantante di nome Chameroi, che si diceva essere mantenuta da Eugène Beauharnais. Schmidt aveva conosciuta la «bella impura» nel salotto della Grazini (o Grassini) verso il 1800. Il volgare aspirante, ridotto al ruolo di amante in soprannumero, forniva alla ballerina le somme che questa non poteva tirare fuori dalla borsa, alquanto vuota, del militare al quale aveva riservato il suo cuore. Schmidt era, al contrario molto ricco, avendo guadagnato parecchi milioni nell'impresa di costruzioni che gli erano state affidate».

suoi confratelli, esperto nel mestiere della carpenteria. Ci siamo perfettamente spiegati e capiti. Il signor Guidon riceverà i vostri ulteriori ordini e porterà il mio pacco.
Con i miei rispetti, Signore
il vostro umilissimo e obbedientissimo servitore
Louis.»

L'istruzione data al carpentiere rappresenta la migliore descrizione della ghigliottina che si possa fare.
Vi è previsto tutto con rara cura:

«Questa macchina deve essere composta da numerosi pezzi.
1° Due montanti paralleli in legno dell'altezza di 10 piedi, uniti in alto da una traversa e montati solidamente su un pianale, con delle controviti di fianco e dietro.
Questi due montanti saranno, in opera, a un piede di distanza e avranno sei pollici di spessore; nella faccia interna di questi montanti vi sarà una scanalatura quadrata longitudinale della profondità di un pollice, per sistemarvi gli orecchioni della lama. Nella parte superiore di ciascuno di questi montanti, al di sopra della traversa e nel loro spessore, sarà posta una puleggia di cuoio.
2° La lama di buona tempra, della solidità delle migliori mannaie, fatta da un abile intagliatore, taglierà per la sua convessità. Questa lama tagliente avrà otto pollici di larghezza e sei di altezza. Il dorso di questa lama tagliente sarà spesso come quello di un'ascia; sotto questo dorso saranno praticate dal fabbro delle aperture per poter, con dei cerchi di ferro, fissare un peso di trenta o più libbre; se nel corso delle prove si trovasse più opportuno aumentare la massa, a questo peso sarà aggiunto un anello di ferro nel suo mezzo.
Poiché la lama deve scorrere dall'alto nelle scanalature dei due montanti, il dorso avrà un piede trasversale, più due orecchie quadrate sporgenti per un pollice, per entrare nelle due fessure.
3° Una corda abbastanza forte e di una lunghezza sufficiente passerà nell'anello e sosterrà la lama sulla traversa superiore: ogni capo di questa corda sarà passato dall'interno verso l'esterno sulla puleggia corrispondente e sarà fermato esteriormente verso il fondo di ciascun montante.
4° Il ceppo di legno sul quale deve essere messo il collo della vittima avrà otto pollici di altezza e quattro di spessore. La sua base avrà una larghezza pari alla distanza dei due montanti; un tassello amovibile attraverserà ciascun montante e fisserà da ciascuna parte il

sopraddetto ceppo alla sua base. La parte superiore di questo ceppo avrà solo otto pollici di larghezza. Sarà scavata nella parte superiore come una grondaia per ricevere il bordo tagliente della lama convessa. Pertanto, le scanalature laterali interne dei due montanti non devono estendersi più in basso di questa grondaia, affinché il ceppo non sia tagliato dalla lama. La parte superiore sarà leggermente scavata per contenervi facilmente il collo della vittima.

5° Ma per fermare la testa ed evitare che possa rialzarla al momento dell'esecuzione, è necessario che una mezzaluna di ferro, fatta come un ferro di cavallo, ben arrotondata nei suoi bordi, avvolga il collo della vittima, in alto alla nuca, a livello della base del cranio, dove finisce l'attaccatura dei capelli e che le estremità di questa mezzaluna, abbastanza lunga, siano bucate per essere fermate da un bullone che attraverserà la base della parte superiore del ceppo, il cui spessore è di quattro pollici.

La vittima, sdraiata sul ventre, avrà il petto sollevato sui gomiti e il suo collo sarà messo facilmente nella scanalatura del ceppo. Sistemata ogni cosa, l'esecutore messo dietro alla macchina potrà riunire i due capi della corda che sostiene la lama e, lasciandoli contemporaneamente questo strumento che cade dall'alto, per il suo peso e l'accelerazione impressa, separerà la testa dal tronco, in un batter d'occhio[65].

Si vi è qualche errore in questi dettagli, sarà facile verificarlo da parte del costruttore meno intelligente.»

Se il signor Guidon commette degli errori saprà che cosa il simpatico dottore pensa di lui. Ma Guidon non ha del tempo da perdere, poiché l'indomani stesso manda a Louis il preventivo delle spese di costruzione per la macchina: lievita alla somma di 5.660 lire, basato su una scusa che lo stesso Sanson farà poi valere per i suoi aiutanti, la difficoltà che incontrano nel trovare operai che si incarichino della sinistra necessità. Louis comunica questo prezzo elevato a Roederer:

A Parigi, il 1° aprile 1792
Signore ho visto questa mattina il signor Guidon, carpentiere, incaricato della fornitura dei legni di giustizia, nome che portano i suoi

---

[65] Dando credito all'*Histoire de la Constituante* di Buchez, si attribuisce questa espressione «in un batter d'occhio» allo stesso Guillotin. Questo documento dimostra che la buffonata è di Louis. Rendiamo a Cesare...

rifornimenti, che mi ha informato sul preventivo della macchina per decapitare. Probabilmente, sarete spaventato del prezzo che chiede per la sua costruzione: stima che essa potrà durare 50 anni e che, dopo il suo modello, la costruzione delle altre potrà costare solo tra i 1.200 e i 1.500 franchi. Mi ha dimostrato che gli operai che impiega sono, per un assurdo pregiudizio, ma difficile da smontare, una sorta di proscritti, che bisogna pagarli in modo esorbitante e che non troveranno un altro lavoro in un'altra bottega di carpenteria, che è obbligato a mantenere cavalli, vetture e manovratori per preparare e costruire a ogni esecuzione i patiboli. In questo prezzo comprende le scale, recinti, etc. Pensa che le guide debbano essere rivestite in cuoio. Infine, ha ben compreso il progetto ed è consapevole dei vantaggi di un'accurata costruzione.

Con i miei rispetti, Signore.
Vostro umilissimo e ubbidientissimo servitore,
Louis.»

Il 5 aprile, Roederer comunicò la lettera di Louis e il preventivo di Guidon a Clavière, il quale rifiutò decisamente di avallarlo[66]. Fu chiamato Tobias Schmidt. Il suo preventivo fu di solo 824 lire. Fu scelto e si mise all'opera con una tale rapidità che Louis poteva annunciare a Roederer, qualche giorno più tardi, la data della sperimentazione e delle prove che dovevano aver luogo all'ospedale della Bicêtre. La sua lettera è del 12 aprile:

«Signore,
mentre il signor Schmidt, fabbricante di strumenti musicali, si occupa sotto i vostri ordini della costruzione di ciò che ha tutt'altra destinazione, non perdo di vista il generale desiderio per la più veloce fabbricazione di questa macchina. Ho avvisato il chirurgo di Bicêtre del quale vi invio la risposta, che dimostra il suo zelo per la cosa pubblica. Il meccanico mi ha appena detto che l'esperimento può avere luogo martedì prossimo. È indispensabile che ci sia un testimone, colui il quale deve operare pubblicamente e nella realtà. Pertanto, bisogna ingiungere con un ordine preciso all'esecutore di trovarsi martedì prossimo al castello della Bicêtre, dove mi troverà per

---

[66] Questa corrispondenza tra Roederer e Clavière si trova nella *Revue Rétrospective* (gennaio 1835).

redigere il rapporto dell'esperimento. Chiederà di Cullier, chirurgo principale di questa casa.

Con i miei rispetti, Signore.
Vostro umilissimo e ubbidientissimo servitore,
Louis.»

E la sua buffonata fatta sul fabbricante di pianoforti, gli fa scrivere al dottor Michel Cullier, chirurgo dell'Hôpital Géneral:

«Sabato 12 aprile 1792

Signore, il meccanico incaricato della costruzione della macchina per decapitare sarà pronto per fare l'esperimento solo per martedì. Ho appena scritto al signor procuratore generale sindaco affinché ingiunga alla persona[67] che deve operare in pubblico e nella realtà, di presentarsi martedì alle due nel luogo designato per la prova. Ho portato a conoscenza del Direttorio con quanto zelo voi avete colto la voce generale su questa faccenda. Dunque, a martedì.
Per l'efficacia della caduta della mannaia o lama, la macchina deve avere quattordici piedi di elevazione. Con questa informazione voi vedrete se l'esperimento può essere fatto nell'anfiteatro o nella piccola corte adiacente.
Il vostro più devoto e obbediente dei servitori.
Louis»

Al giorno stabilito, Sanson, i suoi due fratelli e suo figlio arrivarono a Bicêtre. Nel cortile, davanti ai rigidi pali che levavano al cielo la chiara luce della mannaia, ritrovarono i dottori Louis, Guillotin e Cullerier, in compagnia di qualche membro dell'Assemblea nazionale e del Consiglio degli Hospices, del famoso Philippe Pinel[68], e del medico di Mirabeau, Cabanis.

---

[67] Sanson.

[68] (N.d.R.) Philippe Pinel (1745-1826). Medico a Bicêtre, Pinel viene ricordato soprattutto come lo psichiatra innovatore che per primo separò dal clima di superstizione la figura del malato di mente, fino ad allora associato ad altre figure di emarginati. Quando fu nominato alla direzione del complesso psichiatrico dalla Salpêtrière si impegnò a curare i pazienti psichiatrici e non solo di «custodirli». Fu membro dell'*Académie des sciences* e le sue idee,

Fu portato un primo cadavere. Pesante e veloce, la lama piombò sulla fredda nuca. Sgorgò un po' di sangue. Ripeterono ancora due volte l'esperimento, con Sanson che manovrava lo scatto. I medici si felicitarono. Il successo era piacevole per l'animo di Louis. È una lettera allegra e piena di soddisfazione trattenuta che invia a Roederer, il 19 aprile:

«Signore,
gli esperimenti della macchina di Schmitt sono stati fatti martedì a Bicêtre su tre cadaveri che ha decapitato in modo così netto, che siamo stati stupiti dalla forza e dalla velocità della sua azione. Le funzioni dell'esecutore si limiteranno a spingere la bascula che permette la caduta del montante che porta la lama, dopo che i suoi aiutanti avranno legato il criminale e l'avranno messo in posizione. È dalla buona tempra dello strumento che dipenderà la certezza dell'operazione.

Penso che sarebbe utile che fosse costruito per tutti i dipartimenti, sotto la direzione del signor Schmitt, suo ingegnere e inventore, poiché si troveranno ovunque carpentieri che seguano i disegni e le proporzioni che saranno loro indicati. Il signor Moreau, giudice del secondo tribunale criminale, mi aveva inviato a Bicêtre uno dei suoi cancellieri per sapere da me quando la macchina potrebbe essere utilizzata nella realtà. Il carpentiere abituale del posto era presente agli esperimenti con l'esecutore, i suoi due fratelli e suo figlio. Non hanno trovato alcuna difficoltà nell'affermare di poter prestare il loro triste ministero dall'indomani. Ma il carpentiere ha osservato che il patibolo doveva avere una costruzione più solida del normale e che la prima esecuzione non avrebbe potuto aver luogo prima di lunedì.

Il cancelliere del tribunale ha portato la mia risposta al signor Moreau, e ho ritenuto che sareste stato informato da lui di quanto accaduto.

Il vostro più devoto e obbediente dei servitori.
Louis»

Là si chiude la corrispondenza di Louis relativa alla ghigliottina.
Stava per apparire, in piena evidenza, nella storia.

---

successivamente riprese, ispirarono il regolamento psichiatrico rimasto in vigore sino al 1990.

LA PRIMA ESECUZIONE IN PIAZZA GRÈVE

La rue Bourbon-Villeneuve, dove abitò Fouquier-Tinville, è una via tranquilla che, alle prime ombre della notte, si addormenta in una quieta oscurità. La lanterna fumosa che cerca di illuminarla rompe appena la tenebra. Tutto è silenzio, pace e sonno.

Pertanto, nella notte del 14 ottobre 1791, verso mezzanotte, delle grida di spavento, degli appelli di soccorso risvegliarono gli abitanti di questa tranquilla strada. Alle finestre sbatterono le ante. Dei volti gonfi di sonno tentarono di capire il dramma sconosciuto che accadeva nell'ombra. Chiamarono le guardie e, per miracolo, le guardie accorsero. Bloccarono un uomo che fuggiva, rialzarono un individuo gemente.

È in ragione di questi fatti che Nicolas-Jacques Pelletier, accusato e comprovato di avere, con l'aiuto di un complice sconosciuto, picchiato un pacifico passante dopo essersi appropriato del suo portafoglio contenente 800 lire in assegnati, fu condannato alla pena di morte il 24 gennaio 1792 dal secondo tribunale criminale di Parigi[69]. L'esecuzione era stata rinviata a causa del dibattito, davanti all'Assemblea, sul nuovo modo di decapitazione. Pertanto, il giudice Moreau, che abbiamo visto dalla lettera di Louis relazionare Roederer degli esperimenti, e che aveva inviato a Bicêtre il suo cancelliere, si stava spazientendo. Il giudice Moreau non doveva spazientirsi per molto. Dieci giorni più tardi, il 25 aprile[70], la ghigliottina prendeva possesso della piazza Grève, all'epoca molto piccola[71], dice Michelet che l'ha vista nella sua giovinezza. Roederer aveva previsto un afflusso considerevole di pubblico e aveva scritto a Lafayette[72] pregandolo di

---

[69] E non per stupro, come dicono Edmond e Jules de Goncourt nella loro *Histoire de la Société Française pendant la Révolution*, cap. XVII, p. 432. È aggiungere un crimine in più a quelli che Pelletier espiò.

[70] La tradizione vuole, ma nulla è meno certo, che sia Laquiante, cancelliere del tribunale di Strasburgo, che ha disegnato il modello della ghigliottina eseguita da Tobias Schmidt. Louis du Bois, *vol. cit.*, p. 16, assicura che quel modello fu presentato al ministro della Giustizia solo il 27 aprile 1792. L'errore è evidente, poiché Pelletier fu giustiziato il 25.

[71] J. Michelet, *La Révolution Française*, tomo VI, *la Terreur*, p. 319.

[72] Le lettere di Roederer si trovano nel dossier dei brani pubblicati dalla *Revue*

mantenere l'ordine. Non si era sbagliato: la folla, che voleva osservare la novità dello spettacolo, fu enorme[73].

Per la prima volta la ghigliottina appariva ai borghesi di Parigi, in una ridente giornata di un limpido aprile, sorridendo al suo regno che cominciava. Tra coloro che spingevano attorno al trespolo, quanti dovevano salire veloci i dieci scalini, con i polsi serrati e il collo nudo?

Pelletier, portato nella piazza Grève vestito con una camicia rossa, fu subito giustiziato. Ammirarono la velocità dello strumento. Per i suoi debutti, la ghigliottina ebbe buona stampa. «Non si potrebbe immaginare - scrive Prudhomme - uno strumento di morte in grado di conciliare meglio ciò che è dovuto all'umanità e ciò che esige la legge, a dir poco la pena capitale non sarà abolita[74-75]».

La cosa entrava nel costume, la parola nella lingua. Dal 1789, avevano cercato un nome per la nuova macchina e gli *Actres des Apôtres* per i quali la Rivoluzione iniziava in vaudeville, non avevano mancato di scherzare sull'imbarazzo nel quale si trovavano:

«È sorta una grande difficoltà sul nome da dare a questo strumento. Prenderà, per arricchire la lingua, il nome del suo inventore? Quelli che sono di questo parere non hanno avuto difficoltà a trovare la denominazione dolce e accomodante di *ghigliottina*. Sarà ciò che il presidente pronuncerà per il voto dell'Assemblea in merito a questo? Si avrebbe da scegliere tra Coupé[76] e Tuault[77]. Qualcuno ha

----

Rétrospective (gennaio 1835).

[73] «Ieri, alle tre del pomeriggio, si è messa in funzione, per la prima volta, la macchina destinata a decapitare la testa ai criminali . . . La novità dello spettacolo aveva considerevolmente ingrossato la folla di coloro che una barbara pietà conduce a questi tristi spettacoli . . . » *Chronique de Paris*, n° 118, 26 aprile.

[74] Prudhomme, *Le Révolutions de Paris*.

[75] (N.d.R.) Louis-Marie Prudhomme (1752-1830). Libraio, rilegatore, editore e scrittore, Prudhomme scrisse circa 1.500 pamphlet tra il 1787 e il 1789. Pubblicò il giornale *les Révolutions de Paris* dal 1789 al 1794, anno in cui si allontanò da Parigi. Nel 1799 divenne anche direttore degli ospedali di Parigi.

[76] L'Assemblea contava due membri di nome Couppé (è così che il nome deve essere scritto): Gabriel-Hyacinthe Couppé, deputato del siniscalcato di

osservato che la mitezza pastorale non permetteva a de Sabran[78] di accettare questo posto; senza questo era sicuro dei voti di tutta la nobiltà. Aggiungiamo che un nuovo candidato si presenta per avere l'onore di questa nuova macchina per il supplizio. Mirabeau[79] si è impadronito fino a questo momento di tutte le mozioni che hanno portato i maggiori colpi alla tirannia. I suoi conosciuti saggi di giurisprudenza criminale gli danno dei diritti incontestabili al monumento proposto. Con un piccolo emendamento, l'onorevole membro potrebbe prendere questa macchina sotto il suo nome e il nome di *Mirabelle* rimpiazzerebbe, con grande soddisfazione dei francesi, quello di *Guillotine*»[80].

Ma era il tempo delle buffonate che ben presto andava a esaurirsi.

Prima di vedere lo strumento al lavoro, può non essere inutile seguirlo attraverso Parigi, nei punti dove lo posero alcune ordinanze della Comune e decreti della Convenzione.

Il 21 agosto 1792, nella piazza del Carrousel, «divenendo il teatro del crimine, il luogo dell'espiazione» ha luogo, alle dieci di sera l'esecuzione di Collenot d'Angremont, accusato di essere stato visto il 10 agosto tra i nemici del popolo. Dopo questa esecuzione, la Comune decide:

Lanion, e Jean-Marie Couppé, deputato del dipartimento dell'Oise.

[77] Joseph Golven Tuault de la Bouvrie, deputato del Morbihan.

[78] L.H.R.M. de Sebran, vescovo, duca di Laon, pari di Francia, primo cappellano della regina, deputato del clero di Vermandois agli Stati Generali. Emigrò nel 1792.

[79] (N.d.R.) Honoré Gabriel Riqueti de Mirabeau (1749-1791). Irrequieto, brutto, segnato dal vaiolo e con una testa di proporzioni eccessive, Mirabeau non era certo personaggio da passare inosservato. Fu più volte imprigionato per debiti ed ebbe anche una condanna a morte in contumacia. Avvocato, come giornalista diede vita alla pubblicazione dei resoconti degli Stati Generali, dove venne eletto in rappresentanza del Terzo Stato. Suscitò polemiche anche dopo la morte, quando si scoprirono i suoi segreti contatti con la monarchia, alla quale aveva prodigato informazioni e consigli. I suoi resti, dapprima sepolti nel Pantheon, tre anni dopo la sepoltura vennero gettati nelle fogne di Parigi.

[80] *Actes des Apôtres*, dicembre 1789.

ORDINANZA DELLA COMUNE:

«Sentito il procuratore della Comune[81], il Consiglio Generale dispone che la ghigliottina rimarrà innalzata sulla piazza del Carrousel, fino a quando non sarà altrimenti ordinato, ad eccezione tuttavia della lama che l'esecutore delle opere sarà autorizzato a togliere dopo ogni esecuzione. I commissari nominati per far togliere la lama dalla ghigliottina sono Merlin ed Henriot»[82].

Di conseguenza, dal 21 agosto 1792 al 10 maggio 1793, le esecuzioni si susseguirono in questo posto, eccezion fatta per Luigi XVI che ebbe l'onore dell'inaugurazione della piazza della Révolution.

Il 10 maggio 1793, un decreto della Convenzione, stanca di avere in permanenza alla sua porta il «rasoio nazionale», lo sposta definitivamente nella piazza della Révolution.

Una curiosa lettera inedita trovata nei cartoni degli Archives[83] e indirizzata *«Al cittadino Fouquier, accusatore pubblico presso il tribunale rivoluzionario»*, ci indica in quale posto Sanson metteva al riparo gli accessori della sua macchina:

Parigi, il 26 germinale anno 2°

Jacquier[84], agente nazionale del distretto di Parigi presso il dipartimento,
a Fouquier, accusatore pubblico presso il tribunale rivoluzionario.

«Ti ho scritto ieri, cittadino, per avvertirti che il tuo intento, che aveva per oggetto la ricerca di un locale vicino a piazza della Révolution, atto a conservare lo strumento di morte destinato ai cospiratori, è stato soddisfatto. Ti informo sullo stesso tema che potrai disporre, oggi a mezzogiorno, di questo locale e termino con l'indicarti

---

[81] Era Manuel.

[82] *Registres de la Commune de Paris*, tomo IX, p.350.

[83] Archives nationales, serie W, cartone 159, foglio 166.

[84] Jacquier, divenuto sospetto verso la fine del Terrore, fu arrestato e fu liberato solo al frimaio anno III (Arch. nat. serie W, cartone 126, foglio 18).

la dimora del cittadino Demontier, ingegnere del dipartimento, all'angolo delle Tuileries, che è incaricato di dare le chiavi a chi si presenterà per tuo conto; ho fatto con tanta più premura in quanto mi è parso che tu desiderassi che questa misura non soffrisse di alcun ritardo.
Saluti e fraternità.
Jacquier».

Fino al 10 pratile, la ghigliottina funziona di fronte ai Champs-Elysées e abbatte 1.221 teste, tra le quali quella di Maria Antonietta, dei girondini, degli hébertisti e dei dantonisti.

Il 21 pratile, la ritroviamo vicino alle rovine della Bastiglia, nella piazza Saint-Antoine, dove dal 21 al 24 compie l'esecuzione di 74 condannati[85]; Lavallée[86] porta questo numero a 97 dal 21 al 25 pratile; Lenôtre[87] assicura che la ghigliottina vi funzionò solo per un giorno, il 26 pratile; Michelet[88] indica la data del 24 pratile.

Il 25 pratile, nuovo cambiamento. La ghigliottina arretra verso i foubourg e si installa alla Barrière du Trône Renversé. In tre giorni, il 7, 8 e 9 messidoro (25, 26 e 27 giugno), cadono 122 teste e il compito in questo luogo termina solo il 9 termidoro. All'indomani si erge nuovamente in piazza della Révolution per colpire i fuorilegge della vigilia, Maximilien de Robespierre, Saint-Just e i complici del «nuovo Catilina». Per abbattere Fouquier-Tinville e le vittime delle reazione termidoriana, la ghigliottina ritornò in piazza de Grève, nel luogo della sua prima prodezza. Più tardi, vi ritroverà George Cadoudal[89] e la sua infornata di Chouan[90].

---

[85] *Archives Nationals*, serie W, cartone 528.

[86] Lavallée, *Histoire de Paris*, p.274.

[87] G. Lenôtre, *vol. cit.*, p. 285.

[88] J. Michelet, *opera citata*.

[89] (N.d.R.) Georges Cadoudal (1771-1804). Irriducibile e coerente realista, il bretone Cadoudal fu uno dei maggiori esponenti della chouannerie, movimento di opposizione alla Rivoluzione che fece la sua comparsa nel 1794. La sua lotta ebbe fasi alterne e non si fermò neanche con il colpo di stato del 18 fruttidoro del 1797. Cadoudal ebbe direttamente da Luigi XVIII il comando in Bretagna e proseguì la sua azione, anche con l'aiuto della Gran Bretagna. L'ascesa di Napoleone non lo fermò e, al contrario di alcuni altri

Ma i bei giorni del suo regno erano compiuti. Essa non doveva operare più che di nascosto, sornionamente, dietro la siepe di uno squadrone di dragoni, nella losca e smorta luce del giorno che sorge. Essa diventa una malattia vergognosa e, con un tardivo pudore, la nascosero[91].

---

suoi colleghi, rifiutò ogni compromesso con il nuovo regime. Napoleone Bonaparte lo convocò a Parigi e gli offrì il grado di generale in cambio della sua resa, ma il bretone rimase fedele ai suoi ideali, rifiutò ed emigrò clandestinamente in Inghilterra. Partecipò al fallito attentato contro Bonaparte del 24 dicembre 1800 e, catturato, ancora una volta rifiutò di fare atto di sottomissione. Fuggì ancora in Inghilterra, dove rimase sino al 1803, quando rientrò a Parigi per prendere parte alla cospirazione di Pichegru e Moreau. Arrestato il 25 marzo 1805, fu condannato alla ghigliottina.

[90] Erano chiamati *chouans* gli insorti realisti che si organizzarono a nord della Loira, in Bretagna, Maine, Normandia e a nord dell'Anjou. Nel momento della loro maggiore espansione contavano su un esercito di circa 50.000 uomini, dei quali 30.000 bretoni.

[91] Il resto diventa storia contemporanea. De Bondy, prefetto della Senna, con una sua ordinanza che ha pubblicato Alessandro Dumas nelle sue *Mémoires*, trasportò la ghigliottina dalla piazza de Grève all'estremità del foubourg Saint-Jacques. Commentando quest'ordinanza, il romanziere aggiunge: «Da quel momento la ghigliottina si è ancora più avvicinata al condannato: ora si fanno le esecuzioni davanti alla porta della prigione della Roquette. Da là ad eseguire nella prigione non vi è che qualche passo. E per scendere dal cortile della prigione nella stessa segreta non ce n'è che uno.» Sempre a proposito di questo trasferimento, Victor Hugo scrisse: «La ghigliottina ha perso la sua certezza, tuttavia senza abdicare: cacciata dalla Grève, è riapparsa alla barriera di Saint-Jacques, e ancora è riapparsa a la Roquette. Indietreggia, ma rimane.» Lettera a Bost, di Ginevra; Hauteville-House, 17 novembre 1862. (*Actes et paroles: pendant l'exil*. Tomo II, 1862-1870, p. 23). Infine, sulle esecuzioni a la Roquette, si legge con interesse il volume di Georges Grison: *La place de la Roquette, histoire des exécutions*. Parigi, Dentu, 1883, in 18°.

VI

LA TESTA MOZZATA SOFFRE?

È ben vero che «l'ossessione della morte ha sempre pesato sull'umanità, attirata e spaventata dal mistero dell'aldilà[92]». Dal principio della ghigliottina si ingaggiarono appassionati dibattiti su questa questione: la testa mozzata cessa di soffrire quando cade nel paniere? Un considerevole numero di opuscoli, di pareri motivati, apparvero all'epoca su questo argomento, pressoché tutti redatti da medici. Al capitolo dedicato all'esecuzione di Charlotte Corday, avremo modo di citare lo scritto del dottor Gastellier, di Sens, che studiò la questione in modo nello stesso tempo semplice e scientifico. Sarebbe un'impresa per la quale ci sentiamo troppo impreparati, discutere i termini e le conclusioni di tutti questi scritti, sovente contradditori. Ci limiteremo a segnalare un fatto curioso che mostrerà a quale punto la scienza si preoccupò sotto il Terrore di risolvere il grande e tragico problema posto dalle teste tagliate.

Il fatto è riferito nei *Souvenirs de la marquise de Créquy*[93], che benché apocrifi e pieni di grossolani errori storici, sono tuttavia interessanti da consultare. Riportano questo aneddoto del dottor Séguret:

«Le palpebre di due teste tagliate, che erano state esposte ai raggi del sole, si chiusero con una brusca prontezza e tutta la faccia aveva preso un'espressione di sofferenza. Una di queste teste, aveva la bocca aperta e ne usciva la lingua; un allievo chirurgo si azzardò a pungerla con la punta di un ago, essa si ritirò, tutti i tratti del viso indicarono una sensazione dolorosa. Un altro ghigliottinato, che era un assassino di nome Térier, fu sottoposto a delle esperienze analoghe, più di un quarto d'ora dopo la sua decapitazione, se questa è la morte, la sua testa separata dal tronco girava ancora gli occhi dalla parte dove la si chiamava[94].

---

[92] Dottor Lucien Nass, *Curiosités médico-artistiques*, p.229.

[93] *Souvenirs del la marquise de Créquy*, tomo VIII, pp. 127 e sgg.. Sono stati redatti dal conte de Courchamps.

[94] L'editore rinvia qui alla memoria dello «scienziato Julia de Fontanelle,

Il padre Guillou mi ha detto, avendolo saputo direttamente dal vecchio Sanson, con il quale aveva tutti gli anni delle confidenze di coscienza, che la testa di un convenzionale e prete giurato, chiamato Gardien[95], aveva morso (nello stesso sacco di pelle) la testa di un altro girondino, chiamato Lacaze, con tanta forza e accanimento che fu impossibile separarle.

Il dottor Sue mi ha detto che la sensibilità poteva durare più di venti minuti (dopo la decapitazione) nelle differenti parti della testa. Séguret e Sue considerano come funesta per l'umanità l'opinione, che si vuole accreditare, peraltro per ipocrisia, come conseguenza di un calcolo sulla velocità delle esecuzioni rivoluzionarie, che sostiene che il supplizio della ghigliottina è puramente istantaneo.

«È così poco dolorosa - aveva detto Guillotin - che non si saprebbe cosa dire se non ci si aspettasse di morire e si crederebbe di aver sentito solo un *leggero brivido*[96].

La ghigliottina è uno dei generi di morte tra i più orribili e più inumani che sia mai stato inventato, mi diceva il dottor Séguret... I dolori che seguono la decapitazione sono spaventosi, e credo fermamente che continuino sino all'estinzione del calore vitale. Questa invenzione filantropica è un'esecuzione facile, è rapida, è utile alla repubblica francese e, soprattutto, è favorevole alla comodità del boia, ma non bisogna dirci che è vantaggiosa e favorevole ai condannati, poiché è provato che lo strangolamento non sarebbe così doloroso».

Non è che una delle centinaia di opinioni che sono state espresse sul supplizio e il suo effetto. Ai nostri giorni, troviamo qualcuno, il

---

intitolata: *Recherches médico-légale sur la douleur après décollation*, Parigi, 1883».

[95] È qui uno degli errori di questi *Souvenirs*. Gardien non era prete ma avvocato, all'epoca della Rivoluzione. Arrestato il 2 giugno 1793 e unito al caso dei Girondini, fu giustiziato il 31 ottobre. Sua moglie chiese di condividere la sua prigionia con i suoi quattro figli (*Lettre autographe au président de la Convention*, 25 giugno 1793, 1. p. piegata in fol.) - *Catalogue d'une importante collection de documents autographes et historiques sur la Révolution Française, depuis le 13 juillet 1789 au 18 brumaire an VIII* - Parigi, Charavay, 1862, p. 156 - Era deputato dell'Indre-et-Loire e abitava al 31 di rue Colombier.

[96] È incontestabile che questa avvilente buffonata, generalmente attribuita a Guillotin, è opera del caustico dotto Louis.

dottor Dassy de Liglières, che le sue ricerche antropologiche e fisiologiche hanno segnalato all'attenzione del mondo medico, che ha provato a far rivivere una testa di un ghigliottinato. Hanno raccontato l'esperienza[97] in tutti i dettagli. La testa prescelta fu quella dell'assassino Menesclou, giustiziato il 7 settembre 1880. Il dottor Dassy de Lignières operò, servendosi di un robusto cane, la trasfusione di sangue, tre ore dopo l'esecuzione. Ascoltiamo il suo racconto, atroce rendiconto, degno di Edgar Poe:

«Dai primi getti di sangue arterioso, all'improvviso impulso del cuore, la faccia del decapitato è arrossita, soprattutto dalla parte destra che era sana, poiché la parte sinistra presentava una cicatrice vascolare. Le labbra si colorano e si tumefanno sensibilmente. I tratti si delineano e si precisano; tutta la fisionomia si illumina. Non è più la maschera livida e flaccida di poco prima, questa testa sta per parlare, perché si sta animando sotto i battiti del cuore.

E allora...! Allora vidi chiaramente, nello spazio di due secondi (la decapitazione era avvenuta tre ore e mezza prima) vidi le labbra agitarsi come per balbettare, le palpebre sbattere e fare uno sforzo per aprirsi; vivi la faccia vivificata in un'espressione generale di risveglio e di stupore. *Affermo che, per due secondi, il cervello ha pensato...*»

E il medico aggiunge:

«Ricordatevi di questo. Non vi è nulla di peggio che la decapitazione con la macchina di questo Guillotin, deputato umanitario e sensibile. Ricordate, ricordate bene questo: quando la lama fa la sua opera, è caduta, con il rumore sinistro che conoscete, quando la testa è caduta nella segatura, quella testa, avete capito! *Quella testa separata dal suo corpo sente la voce della folla. Il decapitato si sente morire nel paniere. Vede la ghigliottina e la luce del giorno*[98]».

---

[97] *Les aventures d'une tête coupée*, Le Matin, 3 marzo 1907.

[98] Il dottor Dassy de Lignières aggiunge che ha tenuto il cane che è servito per la trasfusione di sangue e che lo chiamò *Loufoque (strambo)*. Non vogliamo pensare che fosse per ricordo dell'esperimento tentato sulla testa di Menesclou.

Tali testimonianze ravvicinate, a un centinaio d'anni di intervallo, sono certo sconcertanti. Bisogna tuttavia affrettarsi a concluderne che Guillotin ha fallito il suo scopo umanitario e che non ha fatto che aggiungere in Francia un supplizio rivoluzionario a quelli dell'*ancien régime?* Non lo pensiamo ed esitiamo a pronunciarci davanti a questo grande punto interrogativo sanguinante che, dalla segatura sanguinante, si volge verso la nuova lama.

LIBRO II

I DUE SOSTEGNI DEL TERRORE

I

IL «BARBIERE» DEL «RASOIO NAZIONALE»

Le antitesi care a Victor Hugo erano quelle che gli permettevano di immaginare il mondo che riposava su due sostegni: il Papa e l'Imperatore, e la Francia che poggiava su questi altri due sostegni: il Re e il boia. Il vecchio codice criminale dava al re diritto di vita e di morte sul suddito, e per sostenere questo diritto con la forca, la ruota, il rogo o la spada, il boia era là. La Rivoluzione, sradicando la monarchia, credette di aver cancellato questo diritto di un codice scaduto e abolito. Sotto la maschera di una forma vaga, astratta, lo delegò al Tribunale rivoluzionario con un decreto del 10 marzo 1793 e, nell'ombra di questa giurisdizione sovrana, senza appello, un uomo ereditò il vecchio diritto di vita e di morte che sembrava poco prima condannato.

L'uomo porta oggi davanti alla posterità l'obbrobrio di questa eredità clandestina. Ingranaggio del Terrore, fu da questo stritolato e vedremo presto in quale maniera, come nella fatalità delle antiche tragedie. Fermiamoci in presenza dell'altro personaggio dell'antitesi: il boia.

È nella vita drammatica e oscura di quest'altro sostegno del Terrore che tenteremo di penetrare, con l'aiuto di quei documenti dimenticati che, talvolta, illuminano le figure confuse di un'improvvisa luce e mettono a nudo gli animi che credono di nascondersi per l'eternità dalle umane cose.

※ ※ ※

Nel Gotha dei torturatori il nome dei Sanson brilla di una luce particolare. A Tours, a Reims, a Rouen, avevano successivamente eseguito le sentenze criminali in nome del re, prima di giungere a Parigi a giustiziare il re in nome della nazione. Questa lunga professione, di padre in figlio, di una carica terribile e vilipesa, rappresentava, tra i boia di provincia, una vera nobiltà. «Ci sono poche famiglie - dice a questo proposito Balzac - che possono offrire l'esempio di un incarico o di una nobiltà conservata di padre in figlio per sei secoli[99]». Questo incarico, come abbiamo detto, i Sanson l'avevano conservato.

Ogni città aveva il suo boia accreditato. I Ferey operavano a Pont-Audemer, a Provins, a Orléans; i Jouenne a Melun, Evreux, Caen, Dieppe, Caudebec, le Mans; i Desmorets a Etampes, Dourdan, Viry-le-François, Senlis, Noyon, Laon, Epernay, Châlons; Pierre Cauni a Sarrelouis; Outredebanque ad Arras; Verdier a Poitiers; Ganié a Rennes; Dollé a Compiègne; gli Olivier a Gisors, Mates, Troyes; Doublot a Blois; Desfourneaux a Issoudun; Hébert a Meaux; Brochard a Sens; Barré a Metz; Bergé a Beauvais; Carlier a Pontoise; Lacaille a Pont-Lévêque; Etienne a Gien; Oswald Barré a Metz; Meigeest a Strasbourg; Montagne a Vendôme; Chrétien a Loches; Filliaux ad Angers; Boistard ad Alençon; Chrestien a Besançon. Della loro vita pubblica e privata sotto l'*ancien régime,* G. Lenôtre ci ha dato una descrizione molto viva, piena di dettagli curiosi. Noi non ci fermeremo qui; tanto più che il boia di prima della rivoluzione deve qui cedere il passo all'esecutore dei giudizi criminali del Terrore.

Questo titolo, i boia l'avevano per un'ordinanza del 12 gennaio 1787, ottenuta da Luigi XVI, e questo nome in capo a una simile ordinanza è proprio fatto per impressionare. L'ordinanza, «estratto dei registri del consiglio di Stato», riporta:

«Il re è informato che spesso accade che gli esecutori dei giudizi resi in materia criminale sono, per errore, designati sotto il nome di «boia».

Sua Maestà si è fatta ragguagliare sulle proteste fatte in merito a questo e le ha trovate fondate e, vuole far conoscere le sue disposizioni a questo proposito.

---

[99] H. *de Balzac,* La dernière incarnation de Vautrin, p. 73.

Uditi i rapporti, Sua Maestà, essendo in consiglio, ha fatto e fa espressa inibizione e proibizione di designare con il nome di «boia» gli esecutori delle sentenze criminali.

Fatto dal Consiglio di Stato del Re, presente Sua Maestà, tenuto a Versailles il 12 gennaio 1787.

Il barone di Breteuil»

Più tardi, vedremo, in virtù di questa ordinanza, Sanson persegue dei giornali colpevoli di averlo indicato sotto quel titolo all'obbrobrio popolare.

Nel 1778, era succeduto a suo padre, Charles-Jean Baptiste Sanson. Tuttavia, da qualche anno era già «in carriera» e in molte esecuzioni in piazza de Grève lo avevano visto aiutare suo padre.

Charles-Henry Sanson era nato nel 1739. I suoi sei fratelli avevano, anche loro, continuato la professione della famiglia ed esercitavano in provincia.

Fu lui dunque, nel 1792, chiamato a giudicare a Bicêtre l'efficacia del nuovo strumento di supplizio.

«Mentre gli spettatori si congratulavano con i due medici la cui invenzione tendeva a rendere più veloce e meno dolorosa l'applicazione della pena capitale, solo il vecchio Sanson[100], gli occhi fissi sull'ultimo cadavere la cui testa era rotolata così rapidamente, così facilmente, senza che la sua mano allenata avesse fatto altro che spingere una molla, ripeteva con tristezza: «Bella invenzione! Purché non si abusi della facilità![101]»

Se l'aneddoto non è apocrifo, possiamo lodare la perspicacia preveggente del boia che stava per essere chiamato a condurre le grandi infornate della piazza della Révolution. Sospettava però che una delle prime esecuzioni stesse per essere fatale a suo figlio minore?

Il 27 agosto 1792, si giustiziavano, in piazza Grève, l'abate Saivade e i citati Vimal e Guillot, colpevoli del crimine di fabbricazione di falsi assegnati. Il figlio di Sanson, mostrando le teste al popolo, si era avvicinato al bordo della piattaforma e inciampò, mettendo un piede in fallo. Si ruppe la colonna vertebrale. Lo sollevarono morente[102].

---

[100] All'epoca aveva cinquantatré anni.

[101] Alboize e A. Maquet, Histoire anadoctique des prisons de l'Europe. Il fatto è citato dal dottor Cabanès nel tomo IV del *Cabinet secret de l'Histoire*, al capitolo: *Guillotin et l'inventeur de la guillotin?* p. 117.

[102] «Uno dei figli che mostrava al popolo una delle teste senza guardare dove

Poco dopo ebbe inizio il gran lavoro rivoluzionario. Sanson vi acquisì rapidamente un'abilità che divenne famosa e la cui eco giunse sino al fondo dei dipartimenti, se bisogna credere alla lettera di Giraud al Comitato di Salute Pubblica, citata da Prudhomme:

«A Parigi . . . l'arte di ghigliottinare ha acquisito la massima perfezione. Sanson e i suoi allievi ghigliottinano con tanta sveltezza che si potrebbe credere che abbiano preso delle lezioni da Como[103], visto il modo con cui fanno sparire i loro uomini. Questa «velocità» spedì i ventun girondini in trentotto minuti e servì d'esempio agli aiutanti che, qualche anno più tardi, nel 1804, sbrigarono in minor tempo ancora, ventisette minuti, Cadoudal e i suoi venticinque complici, in piazza de Grève. La lezione del vecchio Sanson aveva portato i suoi frutti.

Mercier, nel suo *Nouveau Paris*, nasconde a malapena la sua ammirazione per il terribile esecutore: «Che uomo è questo Sanson! - esclama - Abbatte la testa che gli si porta, non importa quale!» A questo Madame Roland obietta: « Fa il suo mestiere e guadagna il suo denaro[104]» Il suo denaro! Sanson riteneva la sua pena pagata poco e i suoi reclami a questo proposito non erano privi di qualche vivacità. Il decreto del 13 giugno 1793, che stabiliva presso i tribunali criminali un esecutore delle loro sentenze, aveva in questi termini fissato il trattamento dei boia:

«Articolo 1. - In ciascun dipartimento della Repubblica, presso i tribunali criminali, vi sarà un esecutore delle loro sentenze.

Articolo 2. - Lo stipendio degli esecutori è una spesa generale dello Stato.

Articolo 3. - Nelle citta la cui popolazione non supera le 50.000 anime, sarà di 2.400 lire.

In quelle in cui la popolazione è da 50 a 100.000 anime di 4.000 lire.

In quelle da 100 a 300.000 anime, di 6.000 lire.

Infine, a Parigi, lo stipendio dell'esecutore sarà di 10.000 lire.»

---

metteva i piedi, è caduto dal patibolo e si è rotto il cervello per terra. Lo dicevano morto . . .» *Chronique de Paris,* n° del 29 agosto 1792. La *Chronique* aggiunge che il dolore del padre è grande. Per essere boia fu meno uomo?

[103] Sappiamo che nella mitologia greca Como fu la divinità della gastronomia.

[104] *Mémoires de Madame Roland*, tomo II, p. 18, edizione del 1865.

A queste 10.000 lire stabilite dall'articolo 3 del decreto, si aggiungevano 1.000 lire per aiutante (erano quattro quelli di Sanson) e un'indennità annuale di 3.000 lire durante tutta la durata del governo rivoluzionario.

Queste 17.000 lire erano insufficienti al suo budget. Reclamava e non sembra che abbia avuto una grande soddisfazione sotto questo punto di vista.

Taschereau ci ha lasciato, con la sua pittoresca ortografia, una delle sue lettere di reclamo indirizzata per conto di Sanson a Roederer. Il pezzo merita di essere riprodotto, poiché apre una nuova luce sulla vita privata del famoso torturatore[105]:

AL SIGNOR ROEDERER
PROCURATORE GENERALE DEL DIPARTIMENTO

A Parigi, questo 6 agosto 1792

Signore,
è molto rispettosamente che ho l'onore di illustrarvi la posizione nella quale mi trovo. Essa è tale che vi supplico, Signore, di volervi porre un attimo di attenzione.

La modalità di esecuzione che si pratica oggi triplica facilmente le vecchie spese, oltre al rincaro di tutte le cose necessarie alla vita. Il servizio e il numero dei tribunali criminali mi obbliga ad avere un numero di persone in grado di soddisfare gli ordini che ricevo. Io, personalmente non potendo essere dappertutto. Mi necessitano persone sicure. Poiché il pubblico vuole ancora la decenza. Sono io che pago tutto ciò.

Per avere persone come si deve per questo lavoro, vogliono dei salari doppi degli altri anni passati. Inoltre, sabato scorso mi hanno avvertito che se non li aumentavo di un quarto, non potevano più fare questo servizio. Le attuali circostanze mi hanno forzato a prometterlo.

L'abolizione dei pregiudizi sembrava avermi facilitato sulla difficoltà di trovare questi elementi, al contrario, mi sono accorto che non è servita che a far scomparire tutti coloro che appartenevano alla classe dove facilmente li potevo reperire, per la facilità che hanno di

---

[105] *Revue rètrospective*, 1834, vol. II, pp. 142 e sgg.

servire a casa dei privati, di fare un altro mestiere qualunque dove occuparsi.

Bisogna allora, per procurarsene, allettarli con il guadagno.

Ho quattordici persone da nutrire tutti i giorni, delle quali otto sono a salario, tre cavalli, tre carri, gli accessori . . . Un alloggio enorme, per servire lo Stato. (In ogni tempo l'esecutore è sempre stato alloggiato dal re.)

Le minute spese d'esecuzione, oggi molto comuni, altri carichi famigliari, come parenti e vecchi domestici infermi che hanno sacrificato le loro vite a questo servizio; i quali hanno diritto all'umanità.

La mia richiesta attuale, Signore, è che da otto mesi ho dato all'ufficio delle spese di giustizia i rendiconti delle spese, che sono sempre state pagate alle tariffe che ho fornito, e non sono riuscito ad essere pagato; nonostante che mi sia attenuto al prezzo delle tariffe; ho fatto io stesso delle riduzioni su numerose voci.

Ho avuto l'onore, Signore, di presentarvi su tutto questo una richiesta l'11 giugno scorso, senza avere risposta.

Esaurite le mie disponibilità, oso anche dire indebitato, non posso più permettermi di fare delle anticipazioni, nè so da quale parte procurarmene. E non posso più rivolgermi alle persone alle quali già devo e alle quali non posso rendere se non sono pagato. Non ho altro che ricorrere a voi, Signore, per far disporre il pagamento di quanto mi è dovuto, senza il quale dopo i sacrifici che ho fatto per arrivare sino a questo giorno per compiere esattamente il servizio del mio compito causeranno la sovversione totale della mia esistenza e una totale rovina mi obbligherà ad abbandonare il mio posto e la mia famiglia dopo 42 anni di tale servizio.

Poiché la mia situazione è urgente, vi supplico Signore, di informarvi da qualcuno di vostra fiducia sulla verità che ho avuto l'onore di rappresentarvi.

Con il più profondo rispetto,
Signore.
Vostro umile e obbedientissimo servitore.
Il cittadino repubblicano Sanson»

Vediamo da questa lettera che Sanson non era lontano dal rimpiangere l'*ancien régime* che gli era valso, con un'onesta agiatezza, dei benefici che il nuovo governo gli toglieva. Il crescente lavoro - e non si era che alla vigilia del '93! - gli sembrava mediocremente pagato e tuttavia non è senza un'ombra di rimpianto che parla di abbandonare la funzione ricoperta con onore e con quella «decenza» che il pubblico richiedeva.

Dopo questo, può essere utile ricordare che sotto il regno di Luigi Filippo, epoca pertanto pacifica, il boia di Parigi percepiva come stipendio la somma di 8.000 franchi; quello di Lione, 5.000 franchi; quello di Rouen, 4.000 franchi. Il trattamento era di 2.400 franchi nelle città con meno di 50.000 anime. Gli aiutanti di Parigi continuavano a prendere 1.000 franchi, quelli di provincia ne avevano 800. Oggi, al penitenziario d'Ile Nou, un forzato liberato diventato boia, riceve per ogni esecuzione dieci franchi, due bottiglie di vino e una scatola di sardine[106]. È così che i tempi sono cambiati.

Se non si trovano tracce dei rimproveri fatti a Sanson nell'esercizio del suo terribile ministero, non vi sono neanche per i suoi aiutanti. La storia dello schiaffo sulla guancia della testa tagliata di Charlotte Corday[107] è conosciuta e vi ritorneremo a suo tempo. Ma ecco ritrovato in un cartone degli Archives[108], un pezzo inedito, curioso, che dimostra che talvolta vi erano dei conflitti tra gli aiutanti del «barbiere» e la forza armata incaricata di scortare le carrette. Rispettiamo accuratamente l'ortografia semplificata di questo documento:

GENDARMERIA NAZIONALE
PRESSO I TRIBUNALI E LA GUARDIA DELLE PRIGIONI DI PARIGI

PRIMA DIVISIONE

18 fruttidoro 1794, l'anno 2° della Repubblica Francese una e indivisibile.

Il Cittadino Capitano della Gendarmeria di servizio presso il tribunale vi avverte, Cittadino, che ieri fece una rimostranza al

---

[106] Jean Carol, *Le Bagne*, p. 225.

[107] (N.d.R.) Charlotte Corday d'Armont (1768-1793). Questa tris nipote di Corneille, appassionata delle idee repubblicane dei girondini, giunse a Parigi da Caen il 13 luglio 1793 e accoltellò, assassinandolo, Jean-Paul Marat che per lei rappresentava la tirannia. Fu portata al patibolo quattro giorni dopo.

[108] Archives Nationales, Serie W, cartone 137, pezzo 33. Le parti in italiano sono stampate nell'originale.

Cittadino Demaret, impiegato dal Vangeur, che non doveva legare i condannati mezz'ora prima di partire per l'esecuzione, che l'ufficiale deve essere veloce, così come la forza armata, e che non doveva assentarsi quasi mezz'ora con i condannati legati.

Il nominato Demaret mi ha risposto con insolenza che non riceveva ordini da me e che tutto ciò lo riguardava. Chiedo al Tribunale di chiarire a chi egli risponde.

Salute e fraternità.

Hausson Capitano *Comandante della Gendarmeria non montata della prima divisione*

Il cittadino Dobsent presidente è informato di questo affare[109].

La lamentela del capitano Hausson non ebbe alcun effetto. Non riguardava forse l'aiuto del «*Vendicatore*», uno dei sostenitori del regime? È buona politica non picchiare coloro che tengono la spada.

Talvolta, tuttavia, dei rapporti degli osservatori dell'umore pubblico segnalavano i comportamenti, se non dell'esecutore, perlomeno dei suoi aiutanti; lo testimonia questa nota del 7 ventoso anno II: «Ci si è indignati della ferocità con la quale l'esecutore delle sentenze compie le sue funzioni. Ha afferrato, si dice, numerosi di questi criminali[110] con una violenza che ha molto rivoltato gli spettatori[111].»

Ma tali osservazioni sono rare. Il Terrore ebbe in Sanson un servitore fedele, ostinatamente devoto.

Osserviamo ora la maschera oscura e tragica del secondo personaggio dell'antitesi[112].

---

[109] Il condannato al quale fa riferimento si chiama Jean Paumier, accusato di furto e di dilapidazione nell'esercizio delle sue funzioni, essendo commissario nell'amministrazione dei foraggi. Numerosi individui come suoi complici furono prosciolti. (Arch. naz. Serie Wb, cart. 444).

[110] L'infornata comprendeva quel giono diciassette condannati.

[111] Rapporto di polizia dell'osservatore Latou-Lamontage; Archives nationales, serie W, cartone 12.

[112] Si troveranno dei dettagli talvolta curiosi su Sanson nelle *Mémoires* (apocrife) *de l'executeur des hautes oeuvres, pour servir à l'histoire de Paris pendant le règne de la Terreur*, pubblicate da A. Grégoire. Un'edizione comparve a Parigi, nel 1830 in 8°; nello stesso anno, ne fu pubblicata una a Bruxelles in 12°, di 430 pagine.

II

IL RE E IL BOIA

Se la caduta della testa reale segna una grande data nella storia della Francia, ha anche una considerevole importanza nella vita del boia.

Mentre gli esecutori degli alti personaggi sono rimasti sconosciuti e dimenticati, con questa testa sanguinante in mano, Sanson si affaccia alla soglia della storia del '93. Egli è, resterà l'esecutore di Luigi XVI, ed è con questa sanguinante aureola di gloria che continua, durante il Terrore, la sua funzione senza appello.

Appena la testa del re è caduta, si solleva attorno a questa spoglia ancora tiepida un sinistro dibattito.

Accusano il boia di trarre profitto dalle reliquie del condannato. Vendono dei bottoni, dei capelli. Questo commercio può essere fatto solo da Sanson. La sua protesta non tarda a farsi sentire e il *Thermomètre du jour* fa comparire questa nota:

«I bottoni, i brandelli dell'abito, della camicia di Luigi Capeto, i suoi capelli sono stati raccolti e venduti molto caramente agli amatori. L'esecutore Sanson, accusato di aver partecipato a questo commercio di nuovo genere, ha scritto ai giornalisti per discolparsi a questo riguardo; ecco quanto ha detto:

«*Apprendo ora che corre la voce che io vendo o faccio vendere i capelli di Luigi Capeto. Se ne sono stati venduti, questo commercio infame può essere stato fatto solo da dei mascalzoni; la verità è che non ho consentito che nessuno di casa mia ne sottraesse o ne prendesse la più piccola vestigia*»[113].

È, all'epoca, molto di moda l'odio della tirannia. Questa moda, i *tirannicidi* non avevano alcun timore di esercitarla sui morti ed questa che fece stampare, sul *Patriote*, che Luigi XVI era morto vilmente.

Qualche giorno dopo poterono leggere questa lettera di Sanson, in verità stupefacente, sia per la firma sia per l'oggetto che difende:

---

[113] *Le thermomètre du Jour,* n° del 29 gennaio 1793.

LETTERA DEL CITTADINO SANSON, PRINCIPALE ESECUTORE DELLE SENTENZE CRIMINALI, AL REDATTORE DEL *PATRIOTE*[114]:

Cittadino,

Un viaggio del momento è stata la ragione per cui non ho avuto l'onore di rispondere all'invito che voi mi avete fatto, nel vostro giornale, in merito a Luigi Capeto. Ecco, come promesso, l'esatta verità su ciò che è accaduto. Scendendo dalla vettura per giustiziarlo, gli è stato detto che bisognava togliere il suo abito; fece qualche difficoltà, dicendo che si poteva giustiziarlo com'era. Spiegandogli che la cosa era impossibile egli stesso ha aiutato a togliere il suo abito. Fece in seguito la stessa difficoltà quando si trattò di legargli le mani, che diede egli stesso quando la persona che l'accompagnava[115] gli ebbe detto che si trattava di un ultimo sacrificio. Si informò se i tamburi battevano sempre, gli fu risposto che non ne sapevamo niente, era la verità. Salì sul patibolo; volle lanciarsi sul davanti, come per parlare; ma gli facemmo presente, ancora, che la cosa era impossibile; si lasciò allora condurre nell'angolo dove fu legato e dove gridò forte: «*Popolo, io muoio innocente! Spero che il mio sangue possa cementare la fortuna dei francesi.*» Ecco, cittadino, le sue ultime e reali parole.

Il tempo della piccola discussione che si fece ai piedi del patibolo riguardava il fatto che non riteneva necessario spogliarsi del suo abito e che gli legassimo le mani. Fece anche la proposta di tagliarsi da solo i capelli.

E per rendere omaggio alla verità, ha sostenuto tutto ciò con un sangue freddo e una fermezza che ci ha tutti meravigliati, e resto convinto che avesse attinto questa fermezza dai principi della religione, della quale nessuno più di lui sembrava penetrato e persuaso.

Potete essere sicuro, cittadino, che questa è la verità nel suo più grande giorno.

Sanson

Parigi, questo 20 febbraio, anno I della repubblica.

---

[114] *Le Patriote*, n° del 29 febbraio 1793. La rettifica comparve precedentemente nel *Thermomètre du Jour*, n° del 20 febbraio 1793.

[115] Evidentemente, l'abate Henri Essex Edgeworth de Firmont.

I due sostegni del Terrore

Questa difesa del principe, del «tiranno» morto, un uomo ha osato scriverla all'alba del Terrore, e quale uomo! Quello che aveva lasciato cadere sul capo reale la pesante mannaia! La lettera parve allora quello che è ancora: audace. Si indignarono per le affermazioni pubbliche dei sentimenti di pietà del re, poi si fece il silenzio. Il tempo trascorse su questa protesta del boia in favore del re, e questo grido dell'ascia ha attraversato i secoli per testimoniare del coraggio di Luigi Capeto davanti alla lama alzata.

La franchezza di questa lettera è sorprendente; come considerare, dopo la sua lettura, quello che dice de Bernard, un contemporaneo, dell'atteggiamento di Sanson dopo il supplizio del re? La testa è caduta, il sangue scorre sulle assi sconnesse della piattaforma. «Dicono - scrive de Bernard[116] - che il boia spargesse questo sangue come un'aspersione su quelli che circondavano il patibolo. Non avrei creduto a questi racconti, se non li avessi sentiti fare da venti persone degne di fede». La testimonianza di de Bernard non ha il merito della novità. Qualche scrittore della Restaurazione ne è stato l'eco, ma dopo la morte di Sanson. Lo ignorò, senza dubbio, poiché si può essere sicuri, per quello che abbiamo appena detto, che avrebbe protestato, come protestò nel *Thermomètre du jour*, contro la vendita delle reliquie, e nel *Patriote* in favore del coraggio del re. E, dopo questa lettera energica, rivelatrice del suo carattere, non si potrà esitare tra le dicerie del gentiluomo e la parola del boia.

Ma è a seguito di ciò che dobbiamo ammettere, come fa G. Lenôtre, che del resto non si ferma qui[117], la leggenda sentimentale e realista della messa di Sanson? Conosciamo la cosa: preso da rimorsi, il boia avrebbe, nella chiesa di Saint-Laurent, fatto celebrare, nel corso della sua vita e dopo la sua morte, una messa anniversario per il riposo dell'anima di colui che aveva giustiziato il mattino del 21 gennaio. Questa messa pubblica sarebbe stata preceduta, all'indomani dell'esecuzione, da un sacrificio espiatorio offerto, su preghiera di

---

[116] Pierre de Vaissière, *Lettres d'aristocrates*.

[117] «Consideriamo come un fatto certo che, il 21 gennaio 1793, Sanson assistette, nella notte, a una messa per il re, che celebrò un prete refrattario nella mansarda dove si nascondevano, in foubourg Saint-Denis, due religiose cacciate dal loro convento. Balzac ha scritto su questo fatto un racconto molto drammatico . . . che posa su un fondo di verità». G. Lenôtre, *La Guillotine*, etc., p. 373.

Sanson, da un prete refrattario in un tugurio di faubourg Saint-Martin.

Risaliamo, per dimostrare chiaramente la puerilità all'origine della leggenda.

Nel 1830, la libreria centrale pubblicava due grossi volumi in 8°, pomposamente intitolati: *Mémoires pour servir à l'Histoire de la Révolution Française, par Sanson, exécuteur des arrêts criminels*. C'è bisogno di dirlo? Sanson era assolutamente estraneo a questo affare editoriale che era stato immaginato in ogni sua parte da Balzac e da un certo Lhéitier (de l'Ain). Era un insieme un po' disordinato, che raccoglieva gli aneddoti conosciuti o dimenticati, che Balzac qualificava per dei «fatti storici abbastanza curiosi che più di una persona è ancora in grado di attestare».

Tra questi *fatti storici* figurava un'introduzione anonima dovuta allo stesso Balzac, poiché è ricomparsa sotto il titolo: *Un Episode sous la Terreur*, nelle *Scènes de la vie Politique* e, più tardi, al seguito di *Modeste Mignon* e di *Une ténébreuse affaire*, con un nuovo titolo: *Une messe en 1793*[118].

Riassumiamola brevemente, per la comprensione della confutazione che faremo.

Un'anziana signora, il 22 gennaio 1793, è seguita nel faubourg Saint-Martin. Si affretta verso il pasticcere, dove va a prendere le ostie destinate al prete refrattario al quale dà rifugio. All'uscita dal negozio, l'uomo continua a seguirla e non la lascia che sulla porta della miserabile casa dove questo inseguimento getta l'allarme. Ma l'uomo non ha rinunciato al suo progetto. La vecchia donna è appena entrata, quando l'uomo scuote la porta del tugurio. Aprono. Entra. Parla con calma. Sa che un prete è rifugiato là: il suo breviario è sulla tavola. Sa che la vecchia donna è una religiosa proscritta, e che anche la sua compagna che è là, tremante, è una sua sorella in religione e tutte e due sono delle aristocratiche: M.lles de Beauséant e Langeais. Le due donne si sentono perdute. Il prete appare, uscendo da suo nascondiglio. Che cosa vuole da loro lo sconosciuto? Il suo desiderio è semplice: prega che sia detta una messa, questa notte, per l'anima di

---

[118] Il racconto è dedicato al procuratore legale Guillonet-Merville, nello studio del quale Balzac lovorò diciotto mesi. È Guillonet-Merville che, sotto le spoglie di Derville, ha un ruolo in qualcuno dei romanzi di Balzac, tra gli altri: *Spledeurs et misères des courtisanes, Gobseck, Le Père Goriot, Une ténébreuse affaire*. È il procuratore legale del colonnello Chabert e fu preso, evidentemente, davvero.

Luigi XVI, morto sul patibolo. Il prete acconsente. L'altare è preparato sul cassettone zoppo del triste alloggio e, nel silenzio di questa notte glaciale, il sacrificio è offerto da questi proscritti, davanti a quest'uomo misterioso sul quale due grosse lacrime lasciano il loro solco argentato «lungo delle maschie guance». Dette le preghiere, se ne va, lasciando al prete una scatola contenente «un fazzoletto di batista macchiato di sudore» e di sangue, cifrato con la corona reale. Davanti a questo mistero, le due religiose e il prete restano tremanti. L'uomo ha promesso di ritornare. Ritorna ed è il 21 gennaio 1794, la notte dell'anniversario. Viene detta una nuova messa e, ancora una volta, lo sconosciuto scompare. Qualche mese più tardi il prete rivede l'uomo. È sulla carretta che porta Maximilien Robespierre alla ghigliottina, e quest'uomo è il giustiziere.

Ecco il racconto. Non gli si può negare l'abituale pittoresco di Balzac, ma ci meravigliamo di aver visto tener conto di questo romanzo dal punto di vista storico. Curiosa cosa! Balzac stesso sembra aver preso cura di dimostrarne le inverosimiglianze e le migliori armi per distruggere il suo racconto sono quelle che ci dà. Nel racconto, il prete si chiama Marolles. Ci hanno detto, e queste parole sono messe sulla bocca di Sanson, che egli «ha miracolosamente scampato i massacri dei Carmelitani». Questo nome e questa data costituiscono due punti di riferimento precisi. In effetti, possediamo gli *Almanachs* reali fino al 1792. In nessuno di questi si trova nominato l'abate Marolles. Tuttavia, immaginiamolo addetto a un vescovato di provincia,, l'assenza del nome in questo caso può spiegarsi, benché gli almanacchi non siano muti in merito. Ammettiamo la dimenticanza. Ma noi possediamo i nomi di quarantaquattro preti salvati dal massacro dei Carmelitani[119], al quale l'abate Marolles è «miracolosamente scampato». Anche là il nome non si trova. Non si trova, inoltre, nella lista dei preti detenuti, poiché se l'abate è scampato, doveva essere prigioniero. Che cosa concludere? Che l'esistenza dell'abate Marolles sembra alquanto problematica. Tuttavia un curato con questo nome è esistito. Non è né nell'*Almanach* reale del tempo, né sulle liste degli ecclesiastici dei Carmelitani che lo troviamo, ma in un posto dove non ci attenderemmo proprio di trovarlo. È nella lista dei deputati agli Stati Generali, dove l'elesse il clero del baillage di Saint-Jean de Saint-Quentin, nel 1789. Ma anche qui ancora ci attende una crudele disillusione: l'abate C.E.F. Marolles

---

[119] (N.d.R.) Il massacro della prigione dei *Carmes* (Carmelitani) rientra nei moti del settembre 1792.

(o de Maroles, il nome si trova scritto nei due modi) sollecitò, nel 1790, l'aumento del trattamento dei curati di campagna e si trovò in mezzo ai sessanta deputati ecclesiastici che prestarono giuramento alla tribuna dell'Assemblea. L'abate Marolles, del conte di Balzac, è un prete refrattario e su questo si insiste in modo particolare. Ora, nel 1791, troviamo l'abate Marolles, quello degli Stati Generali, vescovo a Soissons, ma vescovo costituzionale. Per terminare questa breve biografia del personaggio, diciamo che la Convenzione ricevette, il 15 novembre 1793, le sue dimissioni. Si maritò e morì due anni più tardi. Se l'abbiamo seguito sino a qui è unicamente per esaurire tutte le prove in favore di *Une messe en 1793*. Ma, infine, questo nome, Balzac l'ha nascosto, travestito, messo sotto la trasparenza, ribelle in sé, di uno pseudonimo. Tuttavia, all'epoca in cui comparivano le *Mémoires* di Sanson, che cosa si poteva temere divulgando il suo nome? Non serviva, al contrario, alla causa di Sanson? Se, come dice Lenôtre, il racconto riposa «su un fondo di verità», il nome dell'abate che celebrò la messa del 22 gennaio non doveva essere sconosciuto a Balzac. In questo caso, perché si ostinò a nasconderlo sotto quello di Marolles? A tutti questi interrogativi la risposta è facile: l'abate Marolles non esistette che nella feconda immaginazione del romanziere. Stabilito questo, in modo indiscutibile, crediamo, non ci resta che chiarire la questione della messa. Non è che una leggenda che se ne va. Ma c'è di più.

Sanson ha potuto far celebrare quella messa?

È possibile. «Era un uomo mite e pio[120]», è stato detto. D'altra parte, sappiamo che aveva una guida spirituale, il padre Guillou[121]. Ma ha fatto celebrare la messa? La fantasia di Balzac ci consente di dare poca fede al suo *Episode sous la Terreur*; è d'obbligo cercare in altri documenti la conferma del fatto. È la *Biographie Universelle* di Michaud *jeune* che ci informa, e lo fa abbondantemente:

«Con le sue disposizioni testamentarie, Sanson volle che una messa di espiazione fosse detta a sue spese, tutti gli anni, il 21 gennaio, per il riposo dell'anima di Luigi XVI e, fino a quando è vissuto, suo figlio e successore ha religiosamente compiuto questo desiderio, incaricando

---

[120] Michuad jeune, *Biographie Universelle*, art. su Sanson.

[121] «Il padre Guillou mi ha detto che lo aveva saputo direttamente dal vecchio Sanson, con il quale aveva tutti gli anni delle confessioni . . . » *Souvenirs de la marquise de Créquy* (dal 1710 al 1803), tomo VIII, p. 128.

di dire questa messa il curato di Saint-Laurent. In quei tempi di rivoluzione furono sovente obbligati a provvedervi nel silenzio e senza paramenti funebri. Pregavano solo per il riposo dell'anima di *Luigi*, senza altro scopo. Questa pia cerimonia proseguì sino al 1840, fino a quando visse il figlio dell'esecutore, al quale il presente articolo è dedicato»[122].

A tutto questo danno smentita irrefutabili documenti: i registri della parrocchia di Saint-Laurent. Nessuno di essi fa menzione di una simile funzione. Lenôtre segnala la cosa senza soffermarvisi. Tuttavia, ha la sua importanza poiché invalida, definitivamente, la leggenda della messa di Sanson, che egli dà come fatto certo.

È attribuire al boia una sensibilità che certo non ebbe, poiché nondimeno giustiziò la regina e madame Elisabeth. Chi gli impediva, dopo la messa di faubourg Saint-Martin[123], di far dire quella per Maria Antonietta? Non comprendiamo bene questo Sanson piangente la monarchia che giustizia. Possiamo amare l'antitesi. La logica si rifiuta di ammettere tutto ciò. Del resto, chi obbligava Sanson a compiere un compito che gli ripugnava? Ma abbiamo già troppo insistito su di un argomento la cui ingenuità non sarà sfuggita ai nostri lettori.

È all'esecuzione di Luigi XVI, che il sensibile Michaud attribuisce la morte di Sanson, che fa morire nel 1793, qualche mese dopo il 21 gennaio. In questo toccante quadro di un esecutore che segue da vicino la sua vittima nella tomba, vi è solo un'ombra: che è sbagliata in tutti i punti, come del resto la maggior parte dei dettagli forniti da Michaud.

Charles-Henry Sanson terminò le esecuzioni solo nell'anno III, epoca alla quale diede le sue dimissioni (23 fruttidoro - 30 agosto 1795). Per undici anni, nell'ombra e nel silenzio, con i suoi tragici ricordi, egli visse. Intorno a lui erano caduti gli ultimi convenzionali. Brumaio abbatteva i giacobini. Il Consolato suonò le trombe delle sue conquiste. La Repubblica fu strangolata. L'esecutore di Luigi XVI vide un nuovo capo prendere possesso di quelle Tuileries dove, poco prima, andava a percepire il prezzo del sangue. Infine, all'indomani dei fragori dei *Te Deum* di Parigi e dei tuoni di Austerlitz, il vecchio Sanson morì. Quella morte passò inosservata. Un modesto corteo lo

---

[122] Henry Sanson, nato a Parigi il 24 dicembre 1767, morto il 18 agosto 1840.

[123] E non *faubourg Saint-Denis*, come scrive per errore, Lenôtre, *La Guillotine*, etc. p. 373.

accompagnò al cimitero del Nord, sulla collinetta Montmartre, vicino al luogo dove si era fatto il suo fidanzamento con la figlia dell'orticoltore, Marie-Anne Juguier. La lapide funebre[124] lodò il grande boia:

QUI RIPOSA
CHARLES-HENRY SANSON
NATO A PARIGI IL 15 FEBBRAIO 1739
MORTO IL 4 LUGLIO 1806
QUESTA LAPIDE GLI FU ERETTA
DA SUO FIGLIO E DALLA SUA FAMIGLIA
CHE LO RIMPIANGONO

Dunque fu rimpianto! . . . Sì, quest'uomo era stato padre, aveva sofferto, ahimè, riso. Quest'uomo aveva un focolare dove l'attendeva, alla sera, dopo il lavoro della giornata, un pasto fumante. Lavatesi le mani, stanco e affamato, rompeva il pane . . . In quella terra benedetta andava a dormire l'ultimo sonno, pacificamente, mentre le migliaia di ghigliottinati del '93 e del '94 marcivano in un recinto abbandonato, deserto, dimenticato.

Qui riposano . . . dice la pietra che vedemmo in una melanconica pioggia d'ottobre dietro la grata arrugginita. Là ancora dorme questa famiglia di famosi torturatori e la pietra li enumera:

HENRY SANSON
NATO A PARIGI IL 24 X^{BRE} 1767
MORTO IL 18 AGOSTO 1840
FU IL BENEFATTORE DI TUTTA
LA SUA FAMIGLIA CHE
NON CESSERÀ DI PREGARE PER LUI

Poi ci sono le donne - questi uomini hanno avuto delle spose, delle madri, delle figlie. Che sarà la loro notte al fianco di questi uomini?

MARIE-LOUISE DAMIDOT

---

[124] Attualmente nella 20ª sezione del cimitero di Montmartre.

I due sostegni del Terrore

> VEUVE DE HANRY SANSON
> NATA A PARIGI IL 14 OTTOBRE 1776
> DECEDUTA IL 18 GIUGNO 1850
> RIPOSA BUONA E TENERA MADRE
> NON HAI FATTO CHE DEL BENE. DIO
> TI RICOMPENSERÀ SECONDO LE TUE OPERE
>
> - - - - -
>
> VIRGINIE-EMILIE LEFEBURE
> SPOSATA SANSON
> DECEDUTA IL 29 APRILE 1860
> NEL SUO 62° ANNO

Queste donne sono morte anziane, nella pace delle case dove i passanti si scostavano. Là, nell'oblio, i loro capelli imbianchirono. Le rughe nel tempo lasciarono i loro leggeri artigli. Furono delle «buone madri», delle spose fedeli. Ma non sono solo questi i segreti che svelano le vecchie pietre delle tombe dimenticate. Nella biografia dei Sanson, Lenôtre si è chiesto, a conclusione, dove l'ultimo dei Sanson aveva seppellito il nome sanguinante della dinastia. «L'ultimo (*dei Sanson*) avendo vissuto di ghigliottina, ha saputo trovare un ritiro talmente impenetrabile che il mistero non è mai stato svelato»[125].

Il mistero lo svela la tomba dei Sanson. La lapide dice:

> HENRY-CLÉMENT SANSON
> DECEDUTO IL 25 GENNAIO 1889
> ALL'ETÀ DI 89 ANNI

Ecco il suo ritiro. Su di lui, per l'ultima volta, è caduta la lapide. L'eternità del sonno copre questa tragica fossa dove piovono, malinconicamente, le ultime foglie morte di brumaio.

---

[125] G. Lenôtre, *La Guillotine*, etc., p. 213.

III

L'ASCIA DELLA LEGGE

Un mattino del mese di marzo del 1793, i commessi del tribunale Rivoluzionario, i testimoni in attesa dell'ora dell'udienza e questa folla di parti in causa, ai quali le rivoluzioni non fanno abbandonare la cura dei loro interessi, guardavano con curiosità, nella *Cour de Mai* del Palazzo di Giustizia, un trasloco. Il fatto, abbastanza raro in un simile posto, autorizzava la curiosità. Da una grande vettura, degli operai scendevano una ottomana, delle poltrone ricoperte di velluto di Utrecht giallo, un comò in legno di rosa [126] e tutti quei piccoli oggetti che costituivano il fascino dei vecchi interni borghesi del XVIII secolo. Con un modo da robusto contadino dell'Artois, largo di spalle, alto, con gli abbondanti capelli neri gettati indietro, un uomo sorvegliava il lavoro. Timidamente, i commessi lo indicavano con un dito:

«Il nuovo padrone!»

Era Fouquier-Tinville che si installava nell'appartamento che gli dava diritto, con 8.000 lire di stipendio, la sua nuova carica di accusatore presso il Tribunale Rivoluzionario.

La vettura arrivava da rue Saint-Honoré[127], ultima residenza dell'accusatore. Aveva, all'epoca, quarantasei anni. Si sapeva che, il 26 gennaio 1774, aveva acquisito la carica di candidato procuratore al Châtelet, sede del tribunale di Parigi, che il 13 marzo 1793, era diventato sostituto presso il Tribunale straordinario creato con decreto del 10, e che, infine, il 22 pratile anno II l'aveva visto coprirsi il

---

[126] Inventario dei mobili di Fouquier-Tinville, dopo la morte di sua moglie.

[127] Ch. Nauroy nel *Le Curieux* cita qualche domicilio di Fouquier-Tinville, che ne cambiò sovente: rue de Bourbon-Ville-Neuve, rue de Faubourg Saint-Antoine (1785), rue Vielle-du-Temple (1786), rue Saint-Croix de la Bretonnerie (1788), rue Saint-Tibourg (1789), rue de Chartres (1791) e, infine, rue Saint-Honoré (1792). Segnaliamo, di sfuggita, che fu in rue Bourbon-Ville-Neuve che fu commesso, nella notte del 14 ottobre 1791, il primo attentato che fu punito con la pena di morte con la ghigliottina. L'autore era quel Pelletier, di cui abbiamo precedentemente parlato. Pelletier-Fouquier! Questo doppio ricordo in questa stessa rue Bourbon-Ville-Neuve, meritava di essere sottolineato.

capo con il bicorno a piume nere e vestire il mantello d'accusatore pubblico. I suoi affari, tuttavia, non erano mai stati, se non prosperosi, nemmeno chiari. La parola bancarotta[128] era stata pronunciata e la si attribuiva alla sua passione per il gioco. Di fatto, si videva sovente il futuro accusatore pubblico in una bisca di una strettoia cieca del boulevard del Mesnil-Montant[129], situato davanti a quella famosa taverna della *Galiote* dove i viveur dell'epoca organizzavano le loro feste. Non si è mancato, più tardi, di aggiungere il vizio della bassa lussuria a tutti quelli che gli si attribuivano un po' benevolmente. È un'accusa alla quale sono sfuggiti pochi convenzionali. Non ci hanno mostrato il casto Robespierre organizzare delle orge a Clamart e tentare di sorprendervi la virtù - un po' già danneggiata - di Emilie de Sainte-Amaranthe? Quanto a Fouquier, ce l'hanno raffigurato mentre si immerge «nelle sconce voluttà del libertinaggio» e prodiga «a delle cortigiane il frutto della sua impostura»[130] in luoghi dove frequentava Hérault de Séchelles[131-132]. Altri lo hanno visto trascinare tra

---

[128] «... e terminò la sua carriera di giurista con una bancarotta». *Biographie moderne ou galerie historique, civile, militaire, politique, littéraire et judiciaire*, tomo II, p. 73 (Parigi, 1816).

[129] «Il marciapiede di Mesnil-Montant era da tempo immemorabile frequentato da una folla di parigini che non arretravano nell'affrontare la sua ripida salita per andare nelle piccole balere che erano numerose sulla sua sommità. Vi si beveva un piccolo vino, prodotto nelle vigne del podere *Guinguet*, che diede il nome di *guinguettes* ai luoghi dove veniva smerciato». Charles Virmaitre, *Paris Historique*, p. 32.

[130] Des Essart, *Procès fameux jugé depuis la Révolution*.

[131] «Hérault de Séchelles ne aveva fatta la conoscenza in un luogo di vizio». Anonimo (F.C. Galart de Montjoye). *Histoire de la Conjuration de Maximilien Robespierre*, nuova edizione, Parigi, 1796; p. 166.

[132] (N.d.R.) Marie-Jean Hérault de Séchelles (1759-1793). Beniamino di Maria Antonietta, Séchelles era, nel 1785, il più giovane avvocato generale al Châtelet e sei anni dopo venne eletto deputato all'Assemblea legislativa, dove fu acceso antirealista. Nel 1793, fu per la condanna a morte di Luigi XVI. Membro del Comitato di Salute pubblica dal luglio 1793 al 29 dicembre dello stesso anno, e legato a Danton, fu accusato di intrattenere relazioni con gli emigrati e, su proposta di Saint-Just, fu messo sotto accusa. Comparve davanti al Tribunale rivoluzionario con gli altri dantonisti e fu condannato a morte. Fu uno dei principali redattori della *Dichiarazione dei diritti dell'uomo*.

l'acquavite di losche taverne, le sue pompose piume nere del cappello alla Enrico IV, che urtavano così violentemente il sanculottismo dei veri patrioti[133].

Infine, nonostante la reale preoccupazione per il diritto degli accusati di cui diede prova[134], se dobbiamo aggiungere a questo nero quadro la sua leggendaria crudeltà sanguinaria, si converrà che sono parecchi vizi per un solo uomo che non parve, peraltro, indifferente alla gioie della famiglia. Normalmente, i libertini non si caricano di sette figli[135] e non provano l'imperioso bisogno di maritarsi due volte[136].

Comunque sia, aveva la reputazione di un uomo di legge intelligente ma bisognoso, che aveva dato dei pegni all'*ancien*

---

[133] «Gli sguardi dei repubblicani si fermano sempre con dolore sulle piume nere che ombreggiano il cappello alla Enrico IV dei magistrati del popolo, organi della giustizia. Dei giudici sanculotti, dice qualche cittadino, devono sedere unicamente in pantaloni e giacca rossi. Bisogna che l'abito della libertà è la prima cosa che colpisce gli occhi dei vili che l'hanno tradita». Rapporto dell'osservatore di polizia Latour-Lamontagne, 24 piovoso anno II (Archives nationales, serie W, cartone 191).

[134] Alla data del 29 ottobre 1792, troviamo la sua firma con quelle di Dobsent, Le Bois, Louseau e Crevet, membri del direttorio della giuria d'accusa, su una petizione al Comitato legislativo della Convenzione. I firmatari chiedono, con un sentimento che fa loro onore, di tenere tre udienze pubbliche di cinque ore per settimana, per sentire tutti i detenuti sui motivi dei loro arresti e di porre immediatamente rimedio agli errori che potrebbero essere stati commessi. Il pezzo si compone di tre fogli e mezzo, in-folio. (*Catalogue de la collection d'autographes de feu M. Paul Dablin*).

[135] Pierre Quentin, nato il 17 luglio 1776, morto il 24 aprile 1826; Geneviève-Louise-Sophie, nata il 3 gennaio 1778, morta il . . . ; Emilie-Françoise, nata il 7 dicembre 1778, deceduta il 5 agosto 1856; Adélaïde, nata il 7 dicembre 1779, deceduta il 31 aprile 1786; Aglaé-Joséphine, nata il 20 gennaio 1782, deceduta il 21 giugno 1782 e, infine, due gemelli nel marzo 1793: Antoine-Henri, morto nel 1795 e Henriette nel 1812.

[136] A ventinove anni si era sposato per la prima volta con Geneviève-Dorothée Saugnier, morta il 23 aprile 1782, dopo sette anni di matrimonio. Nell'ottobre dello stesso anno sposava Jeanne-Henriette d'Aucourt, morta nel 1827.

salvata: sia che la povera donna non volle sopravvivere a tutti i suoi, sia che presagisse il prezzo che Fouquier esigeva per la sua clemenza, rifiutò sdegnosamente[150]». E ancora: «Era un'acida voluttà per l'*uomo rosso* vedere cadere nel paniere quelle teste incantevoli e zampillare il loro sangue vermiglio sotto l'orribile mannaia[151]». Messa in conto la parte di esagerazione, l'accusa resta intera, ma fosse stata ridotta cento volte a nulla, Fouquier-Tinville ne doveva portare comunque tutto il peso e tutto l'odio. Dove troveremo la verità storica fra tante testimonianze, contraddittorie nei dettagli e coerenti nel loro insieme? È sporco di quel sangue che l'accusatore pubblico del Tribunale rivoluzionario è comparso davanti alla posterità. Non si è trovata una mano per asciugare questo volto da questa macchia eterna. Si ammette ciecamente che Fouquier-Tinville è quel mostro, e il consenso unanime degli storici carica, nella sua fossa sconosciuta, il cadavere di quest'uomo di tutte queste pesanti pietre che l'hanno schiacciato per sempre.

¤ ¤ ¤

È giunta la sua ora di morire.

«Per avere un giudizio equanime sugli avvenimenti contemporanei - ha detto Voltaire - bisogna poter invecchiare di un mezzo secolo e contemplarli a cinquant'anni di intervallo». Questo distacco del tempo permette di guardare nella sua piena luce la statua di Fouquier-Tinville montata sul cavalletto dove seccava appena il sangue dei condannati comparsi in questa funebre e cupa sala del vecchio Parlamento. Muore povero. Ha vissuto «all'hotel della frugalità[152]» ed è con fierezza che può scrivere il suo testamento: «Avevo cinquantamila lire di patrimonio prima della Rivoluzione: oggi ho come patrimonio una moglie e cinque figli[153]». Importa poco che

---

[150] G. Lenôtre, *Un conspirateur royaliste sous la Terreur: le baron de Batz (1792-1795)*, p. 323. Su questa questione delle donne incinte vedere: *Mes souvenirs (1806-1833)*, di madame d'Agoult, Parigi, 1877, in 8°.

[151] Cabanès e Nass, vol. cit..

[152] *Mémoires de la Société historique du Cher*, 1888.

[153] *Réponse d'Antoine-Quentin Fouquier, ex-accusateur public près le tribunal révolutionnaire de Paris, aux différents chefs d'accusation portés en l'acte à lui*

dicano che questo patrimonio fu dilapidato prima della Rivoluzione; un fatto è certo: è la profonda miseria in cui vegetò sua moglie dopo il suo arresto e la sua morte, e vi è da cavillare su poche cose. Consideriamo l'uomo alla sua ultima ora.

L'addio a sua moglie è penoso e straziante, ma là è lo sposo, il padre, che piange. L'accusatore non ha ceduto nulla della tracotanza e della violenza delle quali si vestiva, accusato, davanti ai suoi giudici. Ascoltiamo il grido di un morto che sa che il suo patibolo è pronto:

«. . . Io morirei, dunque, per aver servito il mio paese con troppo zelo e impegno e essermi adeguato ai desideri del governo, le mani e il cuore puliti. Ma, mia buona amica, a che cosa vai incontro, tu e i miei poveri figli? State per essere abbandonati agli orrori della più terribile miseria. Ecco i sinistri pensieri che mi prostrano e mi tormentano, il giorno e la notte. Ero dunque nato per la disgrazia! Quale terribile idea! Ti raccomando di non abbandonarti al rimpianto e di stare in salute per te e per i nostri poveri figli. Dimentica le piccole discordie che possiamo aver avuto; sono state l'effetto della mia vivacità; il mio cuore per nulla e mai ha cessato di esserti vicino . . .

Le lacrime agli occhi e il cuore stretto, ti dico addio per l'ultima volta, a tua zia e ai nostri poveri figli. Vi abbraccio tutti, ti abbraccio mille volte. Ahimè! Quale tenera soddisfazione non proverei nel poterti rivedere e stringere tra le mie braccia! Ma, mia buona amica, tutto è fatto, non bisogna più pensarci.

Addio, mille volte addio, e ai pochi amici che ci sono rimasti . . . Abbraccia forte i nostri figli e tua zia per me; sii da madre ai miei figli[154] che esorto alla saggezza e ad ascoltarti. Addio, addio, il tuo fedele marito fino all'ultimo sospiro[155].»

----

notifié le 26 frimaire, à la défense générale de Billaud-Varenne, Collot d'Herbois, Barère et Vadier, anciens membres des Comités du gouvernement, et encore aux faits avancés par quelques-uns d'eux dans les séances de la Convention des 12 et 13 fructidor. Parigi, Marchant, in 8°, 1795.

[154] I figli del primo letto.

[155] Si possono consultare alla Bibliothèque de la Ville de Paris gli autografi di Fouquier-Tinville insieme a quelli di sua moglie e di sua figlia. La raccolta è composta di quattordici pezzi. La lettera che abbiamo citato è stata pubblicata per la prima volta da Auguste Dide, nel 1887, in *Héretiques et Rèvolutionnaires* p. 283 e sgg. e riprodotta da Lenôtre in *Vieilles maisons, vieux papiers* (Madame Fouquier-Tinville), 2ª serie.

I due sostegni del Terrore

È tutto.

Con questo pesante grido d'angoscia, si appresta ad affrontare quel popolo che a lui ha dovuto lo spettacolo delle infornate di pratile. Alza in alto quella testa che sta per posare nell'appiccicosa mezzaluna «per aver fatto morire innocentemente una folla innumerevole di francesi di tutte le età e di ogni sesso». È una bella mattina, tutta dorata, luminosa, che fiorisce nella polvere della primavera di Parigi, quelle del 17 fiorile dell'anno III. Sugli alberi del quai de l'Horloge frusciano le giovani foglie verdi, e tutto un popolo di uccelli chiacchieroni accompagna, con i suoi pigolii, il mormorio della Senna che fa scorrere le sue acque indolenti. Le carrette si mettono in marcia con il loro carico. E il furore delle grida di vendetta le accompagna. Disdegnano volentieri i quindici complici dell'*uomo rosso* per riservare solo a lui, il capro espiatorio, tutte le ingiurie, tutti gli insulti, tutte le bestemmie. Questa folla che picchia il sinistro corteo, che si accalca alle sponde delle carrette, è anche la folla dei fantasmi di ieri e di una volta. Gli spettri del 10 brumaio, del 16 germinale, del 9 termidoro sono là.

L'ora della piena vendetta del sangue è suonata.

In piazza de Grève, nel posto scelto per l'espiazione, il corteo si arresta. Il silenzio di Fouquier è quello di una statua fulminata.

La lama si alza nel sereno blu del cielo calmo di fiorile. La testa di Herman cade; la testa di Leroy de Montflabert, detto *Dix-Août*, cade; la testa di Prieur cade; la testa di Vilate cade; undici altre teste cadono, mischiate nella vischiosa e rossa segatura del paniere.

È il turno di Fouquier-Tinville.

Le sue labbra sono rimaste chiuse.

Sale e muore con un volto di marmo[156].

Con lui cadde la lama, spezzata.

---

[156] Sébastien Mercier, *Le nouveau Paris*; «Con un volto di bronzo», scrisse Louis Blanc. Qualche anno fa Napias, direttore dell'Assistence publique, scoprì nei solai dell'avenue Victoria un tavolo in mogano e palissandro, ornato di motivi in cuoio. Era la scrivania di Fouquier-Tinville.

LIBRO III

LO STRUMENTO AL LAVORO

I

IL SISTEMA DEL TERRORE

Del Terrore considerato come sistema di governo, ricordiamo soprattutto il terribile numero di ghigliottinati. Non si pensa abbastanza alle circostanze che determinarono quell'insieme di misure che Fouché chiamava salutari, e che il bello e voluttuoso Hérault de Séchelles pretendeva mettere all'ordine del giorno.

La spada nemica sulla gola, la Francia si inalberò.
La vecchia terra pacifica esplose e fu il Terrore[157].

La parola di Tacito si avverò: «esso fu sospeso su tutte le teste». Robespierre dirà, il 18 piovoso: «Il Terrore non è altra cosa che la giustizia pronta, severa, inflessibile: esso è dunque un'emanazione della virtù[158]».

Questa giustizia politica che tutto giustifica[159], alla quale queste terribili circostanze dell'ora presente obbligano, dà avvio a uno

---

[157] «Il Terrore è un cratere». Victor Hugo, *Le Droit e la Loi (Avant l'Exil - 1841-1848)*.

[158] Robespierre, *Rapport sur les principes de morale politique qui doivent guider la Convention dans l'administration de la République*.

[159] Pétion non aveva perdonato i massacri di settembre, dichiarando che «quei crimini odiosi nella morale, erano utili in politica?» *Moniteur*, 10 novembre 1792; *Discours du citoyen Pétion sur l'accusation dirigée contre Robespierre aîné*. E questa frase non la si direbbe ispirata da quella del *Dialogo di Silla ed Eucrate*: «Voi chiamate dei crimini, mi dice, ciò che ha fatto

spaventoso meccanismo di leggi alle quali ben pochi sfuggono. Ciascuno, se non è puro, è osservato. I preti e i nobili sono colpiti, sì, ma ci sono «due operai su tre vittime»[160]. Le leggi rivoluzionarie di salute pubblica gettano la loro vasta rete sulla Francia intera: la Repubblica è una e indivisibile. La virtù deve essere all'ordine del giorno ovunque.

Tutte queste leggi, tutti questi decreti promanano dalla decisione della Convenzione del 10 marzo 1793. È allora che essa istituisce un «tribunale straordinario[161], con sede a Parigi, che prenderà atto di tutte le azioni controrivoluzionarie, di tutti gli attentati contro la libertà[162], l'uguaglianza, l'unità, l'indivisibilità della Repubblica, la sicurezza interna ed esterna dello Stato e di tutti i complotti tendenti a ristabilire la monarchia o a stabilire ogni altra autorità che attenti alla libertà, all'uguaglianza e alla sovranità del popolo, sia che gli accusati siano funzionari civili o militari o semplici cittadini».

E all'indomani di questo decreto ne interviene un altro che accorda a questo tribunale la giurisdizione sui crimini la cui istruzione è iniziata altrove. Nello stesso mese, alla data del 28: «La Convenzione nazionale decreta che il Tribunale straordinario entrerà in attività oggi e a tal fine lo autorizza a giudicare con dieci giurati[163] ». Da quel

---

la salute della Repubblica»? (N.d.T.) Il Dialogo di Silla ed Eucrate è di Montesquieu, composto nel 1742, fu pubblicato sul *Mercure de France* nel 1745.

[160] M. Marchal, *Fin de la République*, Bruxells, 1851, p. 64.

[161] «L'istituzione del Tribunale Rivoluzionario è stato il crimine e l'errore della Rivoluzione». H. Wallon, *Histoire du Tribunal Révolutionnaire de Paris avec le journal de ses actes*, tomo I, Prefazione.

[162] «Notate, per inciso, che la Convenzione aveva cancellato dal linguaggio giudiziario la parola crimine. Non ammetteva che dei delitti contro la legge, delitti che comportavano delle ammende, la carcerazione, delle pene infamanti o afflittive. Nondimeno, la pena afflittiva della morte doveva essere soppressa e rimpiazzata con ventiquattro anni di lavori forzati. Così la Convenzione stimava che ventiquattro anni di lavori forzati eguagliavano la pena di morte. Che dire del Codice penale che infligge i lavori forzati a vita? H. de Balzac, *Une ténébreuse affaire*.

[163] Seduta della Convenzione del 28 marzo 1793, *Moniteur* del 30 marzo 1793, n° 89.

momento lo strumento è creato. Fino alla reazione termidoriana va a colpire ciecamente, indistintamente. Il 27 marzo 1793, gli aristocratici sono posti fuori dalla legge; il 13 aprile, Robespierre sale alla tribuna di primo mattino e appoggiato da Danton propone alla Convenzione di decretare la pena di morte contro chiunque tenterà di «negoziare o trattare con le potenze nemiche che non avessero in precedenza riconosciuto solennemente l'indipendenza della nazione francese, la sua sovranità e l'unità della Repubblica fondata sulla libertà e l'eguaglianza». Un decreto del 26 agosto scioglie le comunità e caccia dalla Francia i preti devoti a Roma, dei quali la legge del 17 aprile punisce i complici con la pena di morte. Il 17 settembre, Merlin de Thionville dà il colpo di scure alla legge contro i sospetti e, il 7 brumaio anno II, il tribunale criminale straordinario assume quel titolo di *rivoluzionario*, con il quale, con un'ombra tragica, compare davanti alla storia.

E i decreti cadono come delle mannaie, si succedono con una spaventosa prontezza. Il 10 ottobre, su proposta di Saint-Just, la Convenzione ha riconosciuto «che le leggi rivoluzionarie devono essere eseguite rapidamente» (Articolo IV). E questa fretta colpisce gli emigrati[164], i convenzionali stessi e li porta alla legge del 22 pratile, quella «grande fornitrice della ghigliottina[165]».

Quei ventidue articoli rappresentano ventidue sentenze di morte che raggiungono il colpevole e colpiscono l'innocente con una inflessibile cecità. Questa giustizia divenuta draconiana decide delle vite umane con un vigore tutto romano. Ed è questo il risultato di quell'educazione classica che portò così sovente Maximilien Robespierre a invocare le mani dell'eroico Bruto e a chiamare i pugnali dei fanatici della tirannia.

È giunta l'ora in cui questa legge li colpisce a loro volta, i convenzionali si piegheranno davanti all'ineluttabile. Accetteranno il colpo quasi senza protestare, servitori della legge sino al cavalletto del patibolo. Questi avvocati di provincia, oscuri, sconosciuti, questi giuristi di dipartimento, questi procuratori dell'*ancien régime* divenuti legislatori del nuovo governo, avranno fino alla loro ultima

---

[164] L'articolo 7 della legge del 25 brumaio anno III, condanna a morte tutti gli emigrati che rientrano in territorio francese e colti in un assembramento con le armi alla mano.

[165] J. Deymes-Dumé, *Les doctrines politiques de Robespierre*, op. cit., p. 61.

ora il rispetto fanatico, cieco, della legge sotto la quale cadono. *Dura lex, sed lex.*

¤ ¤ ¤

«La *ghigliottina*, ecco la grande ragione di tutto; è oggi la grande risorsa del governo francese. Questo popolo è repubblicano a colpi di *ghigliottina*[166]». E il tempo in cui Buzot definì così il 1793, vede comparire le *Fables* pastorali di Florian[167]. Sembra che nulla sia cambiato a Parigi. «Il popolo vide con sangue freddo l'erezione di un tribunale rivoluzionario e continuò pacificamente ad andare all'Opéra. Il sipario si alzava esattamente alla stessa ora, sia che si mozzassero sessanta teste, sia che se mozzassero trenta[168]». La vita di Parigi, sotto questo regime di misure violente e straordinarie, è veramente una delle cose più curiose del mondo. Mai si videro tanti teatri, prostitute, persone eleganti. Non c'era alcunché di mutato a Parigi, se non una ghigliottina che, nel deserto spiazzo della precedente piazza Louis XV, affermava l'egemonia del governo rivoluzionario.

---

[166] F.N.L. Buzot, *Aux Amis de la Verité.*

[167] *L'almanach des Muses pour l'an premier de la liberté.*

[168] Sèbastien Mercier, *Le nouveau Paris.*

II

I CONVENZIONALI

Lunedì 24 gennaio 1791, Cazalès scriveva su *l'Ami du Roi*: «Il popolo, quando governa, ama veder cadere le teste dei capi di partito». Due anni più tardi, le prime di queste teste dovevano cadere. Se la nobiltà di Francia ha il suo martirologio del Terrore, anche la Convenzione può rivendicare la sua parte di gloria in quello che Bazire chiamava «una macelleria di deputati». Louis Blanc l'ha detto eloquentemente: «Ma la libertà fece espiare così crudelmente ai suoi la gloria di aver abbracciato il suo culto[169]». Non avevano esitato a porre le loro stesse teste sotto la lama del decreto che votarono il 1° aprile 1793:

«La Convenzione nazionale, considerando che la salute del popolo è la suprema legge, decreta che, senza aver riguardo dell'inviolabilità di un rappresentante della nazione francese, decreterà l'accusa di costui o dei suoi membri contro i quali ci saranno dei forti sospetti di complicità con i nemici della libertà, dell'uguaglianza e del governo repubblicano, risultanti da denunce o da prove scritte depositate al Comitato di Difesa nazionale, incaricato dei rapporti relativi ai decreti di accusa da spiccare da parte della Convenzione[170]».

È in virtù di questo principio di uguaglianza che, nella segatura sanguinante dello stesso sacco di pelle, si sono di volta in volta soffocate l'eleganza girondina di Vergniaud, il tuono di Danton e l'ultima voce dell'eloquenza francese e giacobina rappresentata da Maximilien Robespierre. Circondati dalle urla popolari, sapevano morire «*alla grande maniera dei romani*[171]» i cui esempi di stoico eroismo animarono con le loro immagini rudi la loro pensosa giovinezza. Questi «scellerati grandiosi», come li chiamerà Montalembert, muoiono teatralmente, così come sono vissuti.

---

[169] Louis Blanc, op. cit., tomo XI, p. 142.

[170] (N.d.A.) *Moniteur* di giovedì 4 aprile 1793, n° 94.

[171] «... Let us die in the roman fashion». Shakespeare, *Antonio e Cleopatra*, Atto IV, sc. XIII.

Interpretano gloriosamente l'ultimo atto della tragedia rivoluzionaria e non è da loro che si vedrà l'umanità disperata, in lacrime che, in altri giorni, le pesanti carrette portano sul luogo dell'esecuzione. Muoiono abbattuti dalla forza, con l'illusione di portare nella loro tomba i brandelli del diritto oltraggiato e bestemmiato[172].

Tra tanti funebri cortei, quelli dei convenzionali portati alla ghigliottina sono particolarmente sinistri. È che con loro, ogni volta, se ne va un po' di Repubblica, e quando la testa dell'avvocato di Arras sarà caduta, la Francia sarà pronta a tutte le mascalzonate del Direttorio. Nell'attesa, Barère può dire come assicurazione a coloro che si lamentano degli eccessi del suo lavoro: «La ghigliottina fa tutto, è lei che governa[173]».

Guardiamo passare qualcuna di queste carrette. In una, il 7 ottobre 1793, c'è Gorsas, deputato della Seine-et-Oise, che muore nella stagione in cui i rossi vini di Francia zampillano nei torchi della vendemmia. Grida, urla la sua innocenza[174]. Il 4 novembre è il deputato straordinario di Mayence, Adam Lux, l'estatico adoratore di Charlotte Corday, che segue la stessa strada; il 5, Isnard-Valady e Rabaud Saint-Etienne. Nella primavera del '94, il 4 germinale, Anacharsis Clootz, un tempo barone della Westfalia e «nemico personale di Gesù Cristo[175]», al quale l'Assemblea legislativa ha, nella seduta del 26 agosto 1792, conferito il titolo di cittadino francese[176], beve la «cicuta con la voluttà di Socrate». Viene la volta di Chabot e di

---

[172] «Nella Rivoluzione ciascuno si vanta di possedere il diritto; non è il diritto che bisogna avere, è la forza». Fréderic Masson, *L'affaire Maubreuil*, p. 186

[173] Vilate, *Les mystères de la mère de Dieu dévoilés*, cap. X.

[174] «Questo scellerato ha avuto l'impudenza di gridare al popolo: *"Io muoio innocente, la mia memoria sarà vendicata!"* Ispirò solo dell'indignazione e del disprezzo». *Le Glaive vengeur de la République Française*, p. 114.

[175] Honoré Riouffe, *Mémoires d'un détenu pour servir l'histoire de la tyrannie de Robespierre*.

[176] In questa stessa seduta, sei altri stranieri e Thomas Paine ricevettero lo stesso titolo. Su Thomas Paine si può utilmente consultare l'opera di M. Moncure e Daniel Conway, *Thomas Paine (1737-1809) et la Révolution dans les deux mondes*.

Bazire il 5 aprile, Bazire e Chabot che Beaumarchais trafisse con i suoi pungenti epigrammi:

> Conoscete qualcosa di più stupido
> di Merlin, Bazire e Chabot?
> No, non conosco niente di peggio
> di Merlin, Chabot e Bazire;
> E nessuno è più furfante
> di Chabot, Bazire e Merlin.

Chabot ha già offerto la sua testa alla Convenzione, ma in un eccesso di ispirazione[177]. Il meno avido[178] di una volta muore coraggiosamente. Non è la grande infornata dei dantonisti? Il 19 giugno a Bordeaux c'è una doppia esecuzione; Gaudet e Salles, deputato della Meurthe, muoiono sul patiboli montagnardo dove, il 25 giugno, Barbaroux, che ha tentato invano di suicidarsi a Saint-Emilion con un colpo di pistola nell'orecchio destro, vanno a stendersi sulla bascula ancora calda del sangue della vigilia. E all'indomani cade la testa di Asselin.

«A ciascun periodo della Rivoluzione segnato dal trionfo di un partito su un altro[179]», la funebre lista si allunga, si accresce di suicidi e di morti violente. Ogni pagina è segnata da un dramma; è Pierre Bayle che, nel settembre '93, si pugnala al forte Lamalgue, a Tolone; Buzot che si suicida nei dintorni di Saint-Emilion, il 18 giugno 1794; Antoine Chabon, ucciso nel novembre '93, a Lubersac, da quelli che stanno per arrestarlo; Condorcet si avvelena il 27 marzo 1794 con dello stramonio mischiato a dell'oppio; Dufriche-Valazé si pugnala, il 30

---

[177] «La morte non saprebbe spaventarmi, se la mia testa è utile alla salute della Repubblica, che cada!» Discorso di Chabot, deputato della Loire-etCher, alla Convenzione nazionale, *Moniteur* del 26 brumaio anno II.

[178] «Chabot, bel ragazzo, amabile e sfrontato, meno avido e lussurioso, è il tipo dell'uomo di Chiesa epicureo tale e quale l'ha descritto la canzonatura francese nelle favolette». F.A. Aulard, *Figures oubliées de La Révolution: Fabre d'Eglantine*; La Nouvelle Revue, tomo XXXV, 1° luglio 1885.

[179] Anonimo (F.C. Galart de Montjoye) *Histoire de la Conjuration de Maximilien de Robespierre*; nuova edizione, Parigi, anno IV, 1796; p. 77.

ottobre, sul suo banco, al Tribunale rivoluzionario; Dusquesnoy tagliandosi a colpi di coltello e di forbici uscendo dall'udienza del 17 giugno 1795; Le Bas sparandosi un colpo di pistola nella notte tra il 9 e il 10 termidoro; Lidon facendosi saltare la testa alla Géronie, distretto di Brives, il 3 novembre 1793; Marat accoltellato da una «sorprendente virago[180]»; Maure usando una pistola per darsi un colpo mortale, il 4 giugno 1795; Pétion trovato divorato per metà dai cani, il 30 pratile; Rebecquy gettandosi nel bacino del porto di Marsiglia, il 3 maggio 1794; Romme, che lo stesso giorno di Duquesnoy, usa le forbici per mutilarsi atrocemente; Ruhl, che si pugnala, il 17 giugno 1795; Clavières che si getta nel cortile della Conciergerie; sono Aubry, Tellier, Ferrant, Desacy, Audrien, Fabre, Collot d'Herbois, Brune, Baudin, Bonnier d'Arco, Brun, che aggiungono i loro nomi a questo sanguinoso appello di fantasmi. Un tragico vento di morte sembra soffiare su questa grande Convenzione nazionale, dove, sembra, seguendo la sorprendente espressione di Paul Hervieu «non si è degni di sedersi se non si è morti»[181].

¤ ¤ ¤

La prima infornata dei convenzionali fu quella del 31 ottobre, che portò i girondini vinti verso la ghigliottina, sotto le urla e i fischi dei montagnardi e le acclamazioni trionfanti dei giacobini[182]. Essa comprendeva Brissot, Vergniaud, Gensonné, Ducos, Boyer-Fonfrède, Lacaze, Duperret, Carra[183], Gardien, Duprat, Brulard-Sillery, Fauchet Lasource, Lesterpt-Beauvais, Duchastel, Mainveille, Lehardy (del Morbihan), Boilleau, Antiboul, Vigée, e il cadavere di Dufriche-Valazé. All'indomani della funebre vigilia, divenuta un luogo comune delle

---

[180] Louis Combe, *Episodes et curiosités révolutionnaires; (Une lettre postume de Marat)*, p. 221.

[181] Paul Hervieu, *Théroigne de Méricourt*.

[182] «È la prima che si sono massacrati in massa tanti uomini straordinari». Honoré Riouffe, op. cit..

[183] Jean-Baptiste Carra, deputato della Saône-et-Loire, aveva chiesto, con una lettera del 4 agosto, al Presidente della Convenzione, di rendere conto dell'origine della sua fortuna, dovuta unicamente al suo lavoro. (*Catalogue de la collection d'autographes de feu M. Paul Dablin*).

storie popolari, dove Vergniaud si preoccupò soprattutto della decadenza morale nella quale affondava il partito e della nota della sua lavandaia[184], a mezzogiorno preciso, le tre carrette[185] di Sanson si arrestarono davanti alla corte bassa della Conciergerie. È in questa specie di fossa, a fianco dello scalone del Palazzo nella corte di Mai che, salendo i quattro scalini, sono usciti tutti i condannati del Tribunale Rivoluzionario. Ciascuna delle carrette di Sanson prende sette girondini[186]. Si avvicina una quarta; è sulla paglia fangosa di quella che viene gettato il cadavere di Valazé. Si mettono per strada.

Il triste cielo di quest'ultimo giorno di ottobre si riga di una pioggia glaciale, tenue, fine, che caccia gli spettatori sotto le tettoie, li rigetta nei bui corridoi. Mai corteo più lugubre passerà in queste strade quasi vuote dove l'acqua, nei rivoli, cade dolcemente come un singhiozzo quasi umano.

Vergniaud è in piedi nel primo carro, testa nuda, i suoi capelli crespi, come quelli di Mirabeau, incollati alle sue guance segnate dal vaiolo. Ciò che lascia dietro di sé è poca cosa. Qualche libro e degli stracci in un povero alloggio condiviso con Ducos e Boyer-Fonfrède, al n° 337 di rue Clichy[187]. Ma la sua bella eredità, trionfante sugli uomini e sulle cose, non è nella notorietà del suo nome, è il dispiacere sentimentale che si immagina di lasciare nel cuore di Julie Candeille, l'attrice che strinse tra le braccia in giorni felici. È l'ultimo rimpianto di Vergniaud in piedi sulla carretta ma, una ventina d'anni più tardi, Julie Candeille lo dimenticherà e giurerà a un altro, Girodet-Trioson, di non aver mai amato altri che lui[188].

---

[184] «Nella loro funebre e ultima notte del 30 ottobre 1793, ciò che turbava la maggior parte dei girondini condannati, non era la morte che dovevano subire all'indomani, ma la profonda miseria in cui lasciavano le loro famiglie. Ciò che resta delle lettere inedite di Vergniaud testimonia della singolare inquietudine del grande oratore: era la difficoltà di pagare la lavandaia». J. Michelet, op. cit., tomo IV, *la Terreur*, libro X, cap, X, p. 6.

[185] D'Allonville, *Mèmoires tirés des papiers d'un homme d'Etat sur les causes secrètes qui ont déterminé la politique des cabinets dans les guerres de la Révolution*; Parigi, 1831, tomo III, p. 275.

[186] *Idem.*

[187] Aveva abitato precedentemente in rue d'Orléans, nel palazzo d'Aligre e al n° 5 di piazza Vendôme.

[188] Alla vendita di Léon Gauchez (dicembre 1907) abbiamo tenuta in mano

Questa grande memoria sarà tradita da una donna che ne cancellerà, nel suo cuore, il ricordo. Crede la patria salvata dalla sua morte, come il giorno in cui scriveva: «Non esitate tra qualche uomo e la cosa pubblica! Gettateci nel baratro e che la patria sia salva!»? Ahimè! Questo linguaggio sarà quello di Danton; Robespierre lo avrà a sua volta. Fiero e malinconico addio!

Le carrette sobbalzano sul pavé vischioso. Fauchet, in silenzio, probabilmente prega. Nella sua ultima ora ha cercato nella religione il viatico consolatorio. Con Gardien, Viger, Le Hardy, Lesterp-Beauvais, Lauze-Duperret e un settimo[189], si è confessato. Il «brigante[190]» riconosce i suoi errori. «Tutto il potere viene dal popolo[191]», ha detto, ed è questo potere che lo manda alla ghigliottina. Soli, con Vergniaud, Brissot[192], Lacaze, Antiboul, Gensonné, Boileau[193], non hanno abdicato. Il silenzio delle strade vuote, lo stupore del popolo protesta per loro. La lama è alzata su di loro. Lo stesso Sanson sembra avere

---

questa lettera. Era un sottile foglio, ingiallito, tre pagine in 4°, dense di una grande scrittura e firmate J. C. Datata da Broghton (Inghilterra), 31 gennaio, esordiva in questi termini: «Sento per voi questa sera un moltiplicarsi di ricordi; vi cederei sempre con piacere; questo sarà l'unico piacere reale che mi permette la ragione».

[189] «Non mi ricordo il nome del settimo . . . » Lettera di Lothringer, *Le Républicain Français*, 6 fruttidoro anno V.

[190] *Petit Dictionnaire des grands hommes e des grandes choses de la Révolution, dédié aux Etats-Généraux*, da una società di aristocratici, Parigi, 1790, in 8°.

[191] *Chronique de Paris*, novembre 1789.

[192] Le *Mémoires de Brissot* sono state pubblicate con introduzione, notizie e note da Lescure, Parigi, 1877.

[193] Durante la sua detenzione Boileau aveva pubblicato due opuscoli giustificativi: *Surtou, lisez-moi avant de me juger, justification de tous le bons et vrais républicains, de Jacques Boileau, député, détenu et prévenu de complicité avec les députés accusés d'être les chefs d'une conspiration contre la République franççaise, une et indivisible*; 6 ottobre 1793, Parigi, tipografia del Cercle Social, 1793, in 8°, 33 pp.; e: *Jacques Boileau, député, traduit au Tribunal Révolutonnaire, a tous le vrais sans-culottes*; Parigi, tipografia del Cercle Social, in 8°, 12 pp..

fretta di finire. In trentotto minuti[194], sotto la pioggia battente, sbriga l'infornata. La testa di Vigier cade per ultima[195]. E la pioggia lava la lama.

La Gironda è morta, i fulmini della Montagna si rivolgeranno contro essa stessa, mentre per le strade Hébert far gridare nel suo n° 305: *La grande gioia di Père Duchesne*[196] *dopo aver visto sfilare la processione dei girondini e dei rolandini per andare a giocare la mano principale nella piazza della Révolution*[197].

¤ ¤ ¤

---

[194] *Bulletin du Tribunal criminel Révolutionnaire*, n° 64.

[195] *Bulletin du Tribunal criminel Révolutionnaire*, n° 64.

[196] (N.d.R.) Tra le innumerevoli testate che comparvero nel corso della Rivoluzione, Père Duchesne fu probabilmente la più utilizzata e popolare. Con questo nome uscirono parecchi giornali, in momenti diversi, il più famoso fu quello di Jacques-René Hébert che pubblicò 385 numeri (ecco il riferimento al n° 305 del testo). Veniva diffuso attraverso degli strilloni che giravano per le strade parigine, che «gridavano» il titolo del giorno. Gli articoli si distinguevano per la violenza dello stile di scrittura. Hébert (1757-1794) fu dapprima un moderato, ma nel 1791 le sue posizioni si radicalizzarono e giunse ad approvare i massacri del settembre '92. Prese posizione con i montagnardi contro i girondini, ma fu sempre attento a difendere gli interessi della borghesia. Il suo estremismo si acuì dopo l'assassinio di Marat e le giornate del settembre del '93, quando i sanculotti invasero la Convenzione imponendo il Terrore, furono un suo personale successo. Giunse ad attaccare Robespierre, giudicato troppo moderato. La Convenzione decise di agire e fu arrestato con i principali esponenti dei Cordiglieri. L'esecuzione ebbe luogo il 4 germinale anno II.

[197] Segnaliamo alcune opere alle quali si potrà fare riferimento per la vita privata e pubblica dei girondini: G. Touchard-Lafosse: *Histoire parlamentaire et vie intime de Vergniaud*, Parigi, 1847; *Mémoires inédits de Charles Barboux, député à la Convention nationale*, con una nota sulla sua vita di Ogé Barbaroux, suo figlio, Parigi, 1822; J. Gaudet: *Les Girondins, leur vie privèe, leu vie publique, leur proscription et leur mort*, Parigi, 1861, 2 vol; Levasseur de la Sarthe, ex convenzionale, *Mèmoires*, Bruxelles, 1830, 4 vol.. Etc, etc...

Quando verrà il turno di Philippe-Egalité[198], gli si farà l'onore di una carretta solitaria, come a Luigi XVI. Quest'ultimo ebbe i cuscini della carrozza di Clavière per riposarsi; Philippe sarà in piedi appoggiato alle ruvide sponde. Nove mesi sono trascorsi dall'attacco di Louvet[199] e l'alba del 16 brumaio è l'ultima del principe di sangue. Gran Maestro del Grande Oriente di Francia che ha ripudiato con una lettera altisonante[200] e che ha solennemente spezzato la sua spada simbolica, porta sotto la mannaia una testa indegna del fraterno abbraccio[201].

---

[198] (N.d.R.) Luigi Filippo II di Borbone-Orléans (1747-1793). Pari di Francia, questo discendente di Luigi XIII, diede ben presto prova di uno spirito indipendente prendendo parte al Parlamento del 1771, ma rifiutandosi di far parte di quello di Maupeou. Fu anche Gran Maestro della Massoneria e, dopo la morte del padre, fece della sua residenza al Palais Royal una sorta di punto di riferimento per i nemici della corte. Eletto agli Stati Generali nel 1789 per conto della nobiltà, coerente con la sua ostilità al regime e alla corte, Luigi Filippo II fu tra i 47 deputati della nobiltà che andarono a far parte dei membri del Terzo Stato. Compromesso per il ruolo che giocò nelle giornate del 5 e 6 ottobre del 1789, fu esiliato in Inghilterra da Luigi XVI. Rientrò a Parigi l'anno successivo e fu membro del Club dei Giacobini dalla sua fondazione. Venne eletto alla Convenzione, nel 1792, con il nome di Philippe Égalité, sedette fra i Cordiglieri e non mancò di votare per la condanna a morte di Luigi XVI. Quando suo figlio minore si unì all'avventura personale del generale Dumouriez, tutta la famiglia d'Orléans divenne sospetta e fu arrestata il 7 aprile del 1793. Al processo, che si svolse in novembre, non vi furono prove contro di lui ma fu comunque condannato a morte. Sentenza che venne eseguita il 6 di novembre.

[199] J.B. Louvet, deputato del Loiret: *À la Convention nationale et à mes commettans sur la Conspiration du 10 mars 1793 et la faction d'Orléans*. Senza indicazione di luogo e data, (Parigi, 1793), 55 pp.

[200] *Journal de Paris*, lunedì, 22 febbraio 1793.

[201] Le lettere di Philippe Égalité sono rare. Da parte nostra ne abbiamo viste solo due delle venti pubbliche. Tuttavia, un *Catalogue de livres manuscrits et imprimés sur la Franc-Maçonnerie et les Sociétés Secrètes, provenant du cabinet du feu M. Lerouge, dont la vente commencera le 7 janvier 1835*, e pubblicato dalla libreria Leblanc, 6 rue des Beaux-Arts, a quell'epoca, menziona sotto il N° 417, una lettera dalla quale prendiamo questo curioso frammento: «Ecco la mia storia da massone: in un tempo in cui sicuramente nessuno prevedeva la nostra Rivoluzione, mi ero legato alla Massoneria, che offriva una sorta di immagine dell'Uguaglianza, come mi ero legato ai

Egli stesso si confessa e a quello stesso Lothringer che riceve il pentimento di Fauchet e dei sei altri girondini[202]. Gran signore fino alla fine, digiuna e si fa servire dello champagne. È profondamente disgustato degli uomini, dice Lavallée[203].

Sulla carretta è indifferente alle urla e ai fischi, alle dimostrazioni di indignazione e di disprezzo di cui il popolo l'ha coperto con voce unanime[204]. Gli gridano: «Vai a farti accorciare per l'uguaglianza!» Arrivando in rue Saint-Honoré, getta un lungo sguardo sul palazzo dove regnò la sua robusta eleganza[205]. Non offre alcuna resistenza a Sanson, ammirano al contrario il suo comportamento in quel momento[206]. La testa cade e si nota questo fatto singolare: un negro sconosciuto piange nella folla[207].

Parlamenti che offrivano un sorta di immagine della Libertà. Poiché non conosco la maniera in cui il G.O. è composto e ritengo, del resto, che non debba esservi alcun mistero né alcuna assemblea segreta in una Repubblica, soprattutto all'inizio della sua costruzione, non voglio più essere coinvolto in alcun modo nel G.O., né nelle assemblee dei F.M.». La lettera è datata Parigi, 22 febbraio 1793 e indirizzata al cittadino Milscent e firmata L.P.J. Égalité.

[202] «In merito al duca d'Orléans, potete rassicurare la duchessa, sua rispettabile sposa, veramente pia e veramente degna di un altro sposo, che ho ricevuto una permesso da Fouquier-Tinville, accusatore dell'infame tribunale rivoluzionario, per andare a dare gli ultimi conforti della nostra religione al duca d'Orléans ... Dopo la sua confessione, mi chiese con un pentimento veramente soprannaturale, se credevo che Dio potesse accoglierlo nel numero dei suoi eletti ...» *Lettre de Lothimger, prête catholique, au citoyen Sicard, ministre de culte catholique, et directeur des sourds-muets, rue Saint-Jacques, à Paris.*

[203] Théophile Lavallée, *Histoire des Français*, 1847, tomo IV, p. 146.

[204] *Les trois Décades ou le mois républicain*, n° 17, settimanale, 17 brumaio, anno II (giovedì 7 novembre 1793) p. 68. *Les trois Décades* comparivano su quattro pagine nel formato del *Bulletin du Tribunal criminel Révolutionnaire*. L'abbonamento era di 42 lire per anno, 22 lire per sei mesi e 12 lire per tre mesi. Gli uffici erano in rue Helvétius (attualmente rue Saint-Anne), vicino al Café Helvétius.

[205] «Era una bella persona: alto, robusto ... ». Conte di Montrey: *Les Orléans davant l'histoire*, 1887, p. 10.

[206] *Les Trois Décades* ...

I creditori del principe sono davanti a un deficit di 74.000.000 di lire[208].

Con Robespierre e Fouquier-Tinville, Philippe-Égalité è uno degli uomini della Rivoluzione sui quali si è maggiormente scatenata la rabbia dei pamphlet e l'ironia sanguinaria dei libelli. Egli ne ispirò, certamente, per rispondere agli attacchi, in particolare quel *Furet Parisien* comparso nel 1789[209] dove Bailly, Lafayette e la regina erano violentemente presi di mira. Ma c'è anche della galanterie nei suoi confronti, per esempio nella *Vie privée ou Apologie de très sérénissime prince Monseigneur le duc de Chartres aujourd'hui duc d'Orléans*[210], redatto da una società di Amici del principe. L'anno seguente, è *Ce que vous ne voyez pas*[211], che lo mette alla gogna con Mirabeau, i Lameth e il principe di Condé. Nel 1796 compare l'*Histoire de la Conjuration de Louis-Philippe Joseph d'Orléans*[212]

---

[207] «Era probabilmente per la sorte di qualche altro condannato . . .» *Les Trois Décades* . . .

[208] «Con un concordato del 6 gennaio 1792 aveva dato i suoi beni ai suoi creditori; furono messi all'incanto. Lo Stato li ricomprò in parte e pagò i debiti fino alla concorrenza di 37 milioni e 740 mila franchi. In una prima liquidazione che ebbe luogo il 1° maggio 1793. Cambacérès e Mathieu furono nominati commissari dalla stessa Convenzione. Lo Stato ne rimase proprietario fino al 1814.» Alexandre de Lassalle e Louis de la Roque: *Documents authentiques sur les biens de la famille d'Orléans*, Parigi, 1852.

[209] A l'Hotel de la Ville, presso la Hay, editrice della Comune . . . con l'approvazione del marchese Lafayette, in 8°. Ne comparvero nove numeri, che portavano in epigrafe: *Svelerò i vostri intrighi: tremate!*

[210] La prima edizione comparve a Londra nel 1784, con la menzione: *Imprimé à cent lieues de la Bastille*. L'opera era in 8° e comprendeva 134 pagine. Ricomparve nel 1790 in due edizioni differenti. Uno di 98 pagine, l'altro di 44, entrambi in 8°. Questo libello è stato attribuito a Ch. Théveneau de Morande.

[211] In 8°, 8 pagine.

[212] Parigi, 1796, 3 vol. in 8°. Nel 1832 comparve alla libreria Dentu un opuscolo in 8° divenuto oggi introvabile: *Conjuration de Louis-Philippe Joseph d'Orléans surnommé Égalité, d'après l'histoire qu'en a publiée Montjoye en 1796*.

dove la cronaca scandalosa è ripresa, accresciuta, corretta e si capisce in che senso. Con la caricatura del 1790, dove è raffigurato come un re di picche[213] con la scritta *Philippe-Pique*, pensiamo di aver dato un'idea della violenza della battaglia in cui il principe si impegnò.

È meglio non prendere in considerazione l'odio realista che braccò l'ombra fatale del regicida e scaricò sulla sua fossa - la fossa comune del Terrore - l'ingiuria e l'oscenità.

Nulla è più monotono di questo sempre identico racconto delle esecuzioni. È sempre lo stesso scenario, cambiano solo i personaggi. Il sangue dei girondini inonda ancora il pavimento del patibolo, che già Danton mette il piede sul primo scalino.

«*Tre vetture*», dice l'ordine di Fouquier-Tinville a Sanson, il 16 germinale. E su queste tre vetture si ammucchiano a fianco dell'uomo di Settembre: Camille Desmoulins; Lacroix; Philippeaux; Basire; Chabot; Fabre d'Eglantine; il bell'Hérault de Séchelles[214]; Delaunay; l'abate d'Espagnac, fornitore delle armate della Repubblica; Deisderichen, avvocato alla corte del re di Danimarca; i bei fratelli Chabot; Julius ed Emmanuel Frey, banchieri austriaci, e il generale Westermann. Di questi ultimi, niente da dire. In questo istante tragico dove il suo coraggio fa del patibolo un teatro[215], Danton domina con la sua figura da gigante i compagni della sua infornata. Con la sua suola chiodata picchia il pavimento della carretta[216], e come ha previsto, il popolo lo saluta con un clamore che crede vendicativo: «Viva la Repubblica![217]». Bâilloné espulso dalla sala dell'Egalité, ritorna egli

---

[213] È un manifesto in 12°, molto raro del quale dobbiamo la notizia al gentile e sapiente mercate d'autografi, Dumont, la cui premura seppe farci scoprire dei pezzi rivoluzionari unici e di grande interesse.

[214] «Mi appariva estremamente bello» ricordò madame Cavaignac nelle *Mémoires d'une inconnue*, pubblicate dopo il manoscritto originale (1780-1796), Parigi, in 8°, 1894, p. 161.

[215] Antoine-Vicent Arnault, *Souvenirs d'un sexagénaire*.

[216] Abbiamo avuto l'occasione di vedere una di quelle scarpe portate da Danton, il 16 germinale, a casa di de Max, il grande attore tragico. Era appartenuta al principe d'Orléans, il quale con un'idea perlomeno strana, l'aveva fatta . . . risuolare. È una suola di cuoio spesso, larga, ma rimarchevolmente stretta al collo del piede.

[217] «Le fottute bestie! Grideranno: «Viva la Repubblica!», vedendomi

stesso qui, davanti a questo popolo di Parigi, che poco prima ha convocato a veder cadere le teste dei suoi nemici[218], Parigi che, in questo tragico e affascinante mese di germinale, gli appare, come altre volte, il «centro dei lumi[219]». Una nuvola passa oggi, domani un solo trionfante caccerà le ombre e la Patria sarà salvata. È la parola dei girondini che egli si ripete. Ruggisce, inveisce contro Robespierre che accusa della sua caduta, e seguendo il suo nobile detto, resta francese persino nei suoi odi e franco persino nelle sue passioni[220]. Un fiotto di sangue gli imporporava la faccia. «Era rosso come un astice[221]», ha detto di lui un convenzionale che lo vide passare. Poi si calma e scherza: «Andiamo a fare quello che tu hai fatto per tutta la vita» dice a Fabre d'Eglantine. Il poeta alza la testa: «Che cosa?» La sonora risata di Danton risuona: «Dei versi![222]» Guardano con stupore passare questa carretta dove il gigante sghignazza e scherza. Fabre d'Eglantine... nome affascinante, grazioso pseudonimo così funebre al ricordo! È là il vecchio commediante povero, obbligato a vendere il suo mantello per mangiare[223], il poeta del quale le sue amanti hanno amato l'anima[224], concorrente di Danton, rivale di Molière[225]. C'è

---

passare». Citato da Riouffe, *Mémoires d'un détenu*.

[218] Seduta della Convenzione del 4 settembre 1793; *Moniteur* del 6 settembre.

[219] Seduta della Convenzione del 2 aprile 1793; *Moniteur* di giovedì 4 aprile; n° 94.

[220] Seduta della Convenzione di sabato 30 marzo 1793; *Moniteur* di giovedì 1° aprile; n° 91.

[221] La parola ci fu riferita dal barone de Mauny che la sentì, da bambino, sulla bocca del personaggio.

[222] *Mémoires* (apocrife) *authentiques de Maximilien de Robespierre*, Bruxelles, H. Tralier, libraio editore, rue de la Montagne, 1830; tomo I, introd. p. 4.

[223] In una lettera indirizzata a sua moglie, de Arnay-le Duc, l'8 ottobre 1786, scrive: «Ho venduto (a Désilles) il mio mantello e per dei buoni motivi, sono molto inquieto per te, mio caro amore; non penso che a quello. O mia cara piccola, poiché io soffro tanto, soffri meno tu e prendi coraggio; presto ne usciremo». (*Collection de feu M. Paul Dablin*).

[224] «Le donne lo trovavano brutto. Una delle sue amanti, quella che amò di più, gli scriveva senza giri di parole: «Io mi sono data a te: la tua bella anima

anche Basire, ammiratore di Hébert, al quale inviò in omaggio, delle lettere di oscenità[226]. E soprattutto, tra questi uomini di statura colpiti dal fulmine, tra questi uomini che sanno compiuti i loro destini, c'è un pensoso giovane uomo, che piange su una ciocca di capelli, che ride di un riso convulso dove risuona la follia[227]. Sul suo viso brutto e lucido[228] si contrae il ghigno della follia e del furore. Anche lui maledice Robespierre, di cui si dice lo stupido[229], e il popolo che non lo strappa da quella carretta dove i capelli di Lucile gli dicono che lascia dietro di sé ciò che fu della sua vita felice e innamorata. Ha un bell'aver scritto, nel 1790: «Morirò con onore, assassinato da Sanson», e «Mi sento il coraggio di morire sul patibolo con un sentimento di piacere»; capisce che non furono che bravate, e che fu solamente delle letteratura il suo grido sdegnoso: «Che cosa è il patibolo per un patriota, se non il piedistallo di Sidney e di Jean de Witt?[230]»

Oggi che si tratta di morire seguendo quella formula, si sente vile e ci vuole la rude e fraterna voce di Danton per rianimarlo, soccorrerlo, raddrizzarlo davanti alla folla urlante che spia i cedimenti e li fischia. E tuttavia, è quella stessa folla che ricevette, con le foglie verdi di luglio, la promessa della libertà dalle sue mani tremanti di entusiasmo, quella stessa folla che acclamò le parole stentate del balbuziente[231] e strappò, ancora umida d'inchiostro, la *Révolutions de*

è il solo fascino che mi ha sedotta». F.A. Aulard, *Figures oubliées de la Révolution: Fabre d'Eglantine; La nouvelle Revue*, tomo XXXV, 1° luglio 1885.

[225] «Fabre, il primo dopo Molière, se non avesse voluto essere il primo dopo Danton». *Mémoires de Fleury, de la Comédie-Française*, p. 44.

[226] Lettera del 30 aprile 1792, 1 p. in 8°, firmata. (*Collection de feu M. Paul Dablin) - Catalogue d'autographes N. Charavay*), giugno 1906.

[227] Le Cousin Jacques (Beffroy de Reigny), *Dictionnaire néologique des hommes e des choses*, Parigi, anno VIII, tomo II, p. 480.

[228] *Mémoires de Maximilien de Robespierre*, tomo I, p. 118.

[229] Honoré Riouffe, vol. cit.

[230] *Le vieux Cordelier*, 1794. Comparvero solo 7 numeri di quest'ultimo giornale di Camille Desmoulins. Il n° 7 contiene la bella e delirante lettera scritta dal convenzionale, dalla prigione di Luxembourg, a sua moglie.

[231] «Questo non era, è vero, la normale balbuzie, la sgradevole infermità; era

France et de Brabant[232]. Bisogna morire. Dolce e bel mese di germinale, è invano che tu orni le Tuileries divenute i campi del popolo, della tua nuova fioritura; è invano che l'aria è più leggera, più sottile, quest'aria di Parigi non paragonabile ad altra, che ubriaca e che, un tempo, nel Luxembourg primaverile, gonfiò d'amore, fino a morirne, il cuore del giovane avvocato di Guise, al quale Lucile sorrideva. Bellezza inutile e superflua la tua, germinale frusciante e dorato, pieno di profumi, di risa e di fiori, germinale del '94 che sembra, dopo quest'ora di disastro riecheggiare attraverso i secoli del sogghigno di Danton e del singhiozzo di Camille! Bisogna morire, morire oggi, sotto la clemenza sorridente di questo cielo delicato, morire mentre, tra gli alberi dei Champs-Elysées, vicino alla ghigliottina, cantano gli uccelli di Parigi. Che importa tutto ciò: sappiamo morire.

Danton è arrivato sul patibolo. Un leggero pallore invade la sua faccia porpora. Chiude gli occhi e quali ricordi gli ritornano? È che, in basso tra la folla, ha appena scorto un uomo che alza il suo cappello. Quest'uomo è l'abate di Kéravenan, il vicario di Saint-Suplice che, nel 1793, ha benedetto il suo matrimonio con Louise Gely. Arrivato a questo appuntamento con la morte, assolveva il condannato che, dalla notte del 10 germinale[233] capiva, sul suo letto solitario di prigioniero, di quale amore adorava la donna perduta per sempre.

Danton, in quel momento, ha pronunciato le parole che furono soffocate dal rumore della mannaia nel sacco di cuoio bagnato di sangue? «Tu mostrerai la mia testa al popolo. Essa ne vale la pena!»

Certamente, quella testa meritava l'ultimo saluto popolare e furono urla e fischi che la frustarono[234].

---

piuttosto il balbettare dell'uomo turbato che cerca di rimettersi dalla sua emozione...». Jules Claretie, *Camille Desmoulins*, Parigi, 1875, cap. I.

[232] *Révolutions de France et de Brabant, et des royaumes qui, demandant une assemblée nationale et arborant la cocarde, mériteront une place dans les fastes de la liberté*, in 8° - Il primo numero comparve il 28 novembre 1789.

[233] Danton fu arrestato, contemporaneamente a Camille Desmoulins, nella notte tra il 10 e l'11 germinale. Geoges Cain, nel suo volume *Coins de Paris*, p. 136, pone l'arresto di Camille al 20 marzo 1794 e dopo, a pag. 147, assicura che Danton fu arrestato con Camille il 31 marzo. L'errore è talmente evidente che c'è appena bisogno di segnalarlo per vederlo scomparire in una prossima edizione di questo eccellente lavoro, documentato con cura.

[234] Tra i ricordi che restano di Camille, citiamo la sua sciarpa che appartiene a

Il 10 termidoro vede l'ultima grande infornata del Terrore. È la fine, quel giorno, della Repubblica, e le crapule termidoriane possono salutare, con i loro ultimi appelli di ferocia, la corsa dove si strangola l'ultima grande voce dell'eloquenza francese e giacobina. Possono oramai respirare in pace e crepare, le mani piene di sanguinanti rapine, sull'oro delle loro esazioni, quelli che il grido di Legendre ha terrorizzato, il giorno in cui Saint-Just ha chiesto la testa dei dantonisti: «Stiamo dunque per essere tutti sgozzati uno dopo l'altro?[235]» E quello stesso Saint-Just muore con un grido eroico, grande di tutto lo splendore dello stoicismo romano: «Disprezzo la polvere che mi compone e che vi parla; potranno perseguitarla e farla morire questa polvere, ma sfido a togliermi quella vita indipendente che mi sono dato nei secoli e nei cieli». Nella pesante calura della giornata che finiva, mentre si strappano dai muri i manifesti blu, violetti, gialli, rossi, verdi o grigi[236] che nascondono quelli dell'*Epicharis et Néron,* la tragedia che recitava la vecchia Talma al teatro della République, il corteo raggiunge la ghigliottina, ritornata dalla Barrière du Trône Renversé alla piazza dove affermò il regno della legge con le grandi infornate. E come nei frutteti di termidoro, maturi e pesanti, cadono i frutti, cadono le ventidue teste mozzate, offerte alla salute della Patria[237].

Etienne Charavay. Figurò *all'Hexposition historique et militaire de la Révolution et de l'Empire,* nel 1895, con il n° 739.

[235] Sulla fine dei dantonisti ci riprometiamo di pubblicare un manoscritto inedito e anonimo che è in nostro possesso, datato brumaio '94 ed epigrafato dall'autore (detenuto il 31 maggio 1793) «*Ah! Homère datait du moins son "Iliade" d'un siècle de gloire!*». L'ambito di questo libro non ci ha permesso di fare qui rietrare dei dettagli veramente nuovi che contiene il manoscritto su Desmoulins e Danton. Sul medesimo argomento si veda: *Les sabbats Jacobites,* 1882, in 8°; *Crimes envers le roi et envers la nation, ou confession patriotique,* Parigi, 1792, in 9°, etc, etc..

[236] Sébastien Mercier, *Le nouveau Paris,* tomo II, p.284.

[237] Con documenti nuovi e dei pezzi inediti racconteremo il mistero di termidoro nella *Apologie de Maximilien de Robespierre,* 2 vol., in 8°, dove un capitolo sarà consacrato all'ecatombe che sacrificò gli ultimi montagnardi e preparò Parigi e la Francia, con gli avvocati del Direttorio, a Bonaparte.

III

I GENERALI

«Che cosa è la ghigliottina?» domanda Camille Desmoulins nel Vieux Cordelier e risponde: «Se non un colpo di sciabola e il più glorioso di tutti!» Questo colpo di sciabola, molti generali delle armate rivoluzionarie stavano per riceverlo. Dopo il tradimento di Dumouriez[238,] un enorme sospetto avvolse i comandanti d'armata. Valenciennes[239] e Magonza[240] portano al colmo l'esasperazione del

---

[238] (N.d.R.) Charles François du Périer detto Dumouriez (1739-1823), aderì con cautela alla Rivoluzione ed ottenne, nel 1791, un comando in Vandea e riuscì anche ad essere, con l'appoggio dei Girondini, ministro degli Esteri e, successivamente, ricoprì analogo incarico al ministero della Guerra, ruolo dal quale dovette deve dimettersi per l'ostilità della Convenzione che minacciava di metterlo sotto accusa. Ottenne comunque il comando dell'armata delle Ardenne con la quale, unitamente alle forze di Kellermann e di Beurnoville, ottenne la vittoria di Valmy sulle truppe di Brunswick, il 20 settembre 1792. Non sfruttò appieno la vittoria conseguita, forse per lasciare a Luigi XVI, con il quale aveva avuto un buon rapporto, di ottenere aiuti dall'estero. Tornò a Parigi e gli venne affidata l'armata del Nord con la quale occupò il Belgio. Venne poi inviato ad occupare l'Olanda, ma dopo una prima fase positiva subì una pesante sconfitta a Neerwinden e questo diede spunto alla Convenzione per attaccarlo. La reazione di Dumouriez fu quella di arrestare i membri della commissione d'inchiesta che era stata inviata, della quale faceva anche parte il ministro della Guerra, e di consegnarli agli austriaci, che li tennero per tre anni. Allo stesso tempo passò egli stesso all'Austria, seguito da circa 1.500 uomini, otto generali e il duca di Chartres, figlio di Luigi Filippo II di Borbone-Orléans. Iniziò così un periodo di peregrinazioni nel corso delle quali si recò anche in Russia. Fu al servizio di Gustavo di Svezia, offrì i suoi servizi al Portogallo minacciato dalla Francia, addestrò truppe spagnole alle tecniche delle guerriglia e, infine, fu consigliere in Inghilterra dello stesso Wellington. Rimase in Inghilterra anche con la Restaurazione e vi morì.

[239] (N.d.R.) A Valenciennes, il generale francese Jean Henri Ferrand si oppose eroicamente alle truppe austriache e inglesi per difendere la città dal 23 maggio al 28 luglio 1793. Il rapporto di forze - 9.000 francesi contro 150.000 britannici e austriaci - segnò il destino della città, che fu ripresa dalle truppe della Repubblica solo nell'agosto del 1794.

terrore e il desiderio, la volontà di schiacciare il male nella piaga, l'albero nella radice, furono spinti a un punto tale che Robespierre, tralasciando per un momento gli emigrati e i cospiratori chiese che il Tribunale Rivoluzionario cominciasse a giudicare i generali traditori della patria[241]. Questo sospetto non diminuì molto durante la Rivoluzione. Furono necessari i fortunati successi di Bonaparte, sotto il Direttorio, per ammorbidirlo. Ogni comandante di corpo diventava sospetto e la cosa si comprende facilmente, quando si considera che un gran numero di generali era aristocratico, servitore dell'ancien régime, e che era rimasto nelle armate per abitudine del mestiere. Il generale di divisione Wimpffen aveva un figlio al servizio del principe dell'Assia; Falck, maresciallo di campo, aveva il figlio e il fratello nelle armate palatine. Il decreto della Convenzione, che allontanava i nobili dall'armata, fu uno dei mezzi per fermare il panico. Tuttavia, se bisogna credere a Lavalette, «la composizione dei generali era buona: la maggioranza di loro apparteneva a quella parte della nobiltà che aveva dato prove di fedeltà alla patria difendendola contro gli stranieri: ne furono crudelmente puniti» [242]. Uno degli altri modi usati fu l'invio ai soldati dei giornali come *Père Duchêsne*, il *Journal des hommes libres* e il *Journal Universel*, dove i loro capi erano violentemente attaccati. «Lo scopo - scrive Bouchotte, ministro della guerra - era di impedire che i soldati si infatuassero dei loro generali[243]». Di questo incarico si occupano i rappresentanti del popolo presso le armate. Saint-Just colpisce l'armata di Magonza con un rigore estremo, e questo rigore dà la vittoria a quelli che Sègur

----

[240] (N.d.R.) Magonza, in territorio tedesco, affascinata dall'espandersi verso est della Rivoluzione, si dichiarò Repubblica il 18 marzo 1793, chiedendo nel contempo l'annessione alla Francia e ottenendola il 30 dello stesso mese. Fu il primo esempio di democrazia sul suolo tedesco, poiché vi furono libere elezioni, anche se l'esperienza ebbe solo pochi mesi di vita: il 23 luglio dello stesso anno fu ripresa dai prussiani che sconfissero il generale francese Philippe Custine.

[241] Vedere A. Aulard, *La Société des Jacobins*, tomo V.

[242] *Mémoires et souvenirs du comte Lavallette*, p. 78.

[243] Lettera di Bouchotte a Robespierre, 5 pratile anno II.

chiama «gli spartani del Reno»[244]. Berlei, Hentz, Trullard e Duquesnoy, arrivando alle armate, proclamano: «È arrivato il momento di epurare di tutti questi uomini mascherati le nostre armate tradite da tanto tempo». Il 28 marzo 1793, una deputazione di quarantotto sezioni è ammessa alla barra della Convenzione e questa deputazione dichiara che «qualcuno dei nostri generali è sospetto d'ambizione o di mancanza di civismo . . . Richiamiamo l'attenzione della Convenzione sulla condotta dei ministri e dei generali[245].» Cedendo alle numerose pressioni che la assillano, la Convenzione decreta infine che «ogni generale condannato dal Tribunale Rivoluzionario sarà giustiziato alla testa dell'armata che avrà comandato[246]». Decreto platonico, del resto, e che non fu mai applicato, ma che dà la misura della repressione.

I generali hanno come parola d'ordine quella che qualcuno fa incidere sulla propria sciabola: «Vivere liberi o morire!» (sic) [247]. Uno come il padre di Alexandre Dumas si fa chiamare l'*Orazio Coclite del Tirolo*; un altro, tale Etienne Charlet, si lamenta della poca pubblicità data ai suoi successi[248]; Carteaux, *generale sanculotto*, reclama i suoi effetti *ussardi* che gli lasciano solo «la sua sciabola e il suo coraggio[249]».

Tutti hanno sete di gloria che sentono facile in quei tempi, e anche per questo diventano sospetti. Sospetto il *ci-devant* Desaix[250], che

---

[244] Il generale Philippe de Ségur, *Mémoires d'un aide de camp de l'Empereur Napoléon Ier*; 1894-1895, in 12°.

[245] *Moniteur* del 30 marzo 1793, n° 89.

[246] *Moniteur* del 3 gennaio 1794 (seduta del 1° gennaio).

[247] Una di queste sciabole faceva parte della collezione Dablin.

[248] Lettera al ministro della guerra; Puycerda, 15 ventoso anno II, (*Collection Paul Dablin*, n° 258).

[249] Lettera al ministro della guerra; Parigi, 10 brumaio anno III, (*Collection Paul Dablin*, n° 246).

[250] «Desaix, che si faceva chiamare sotto Luigi XVI, M. de Veygoux . . . era gentiluomo». L. de Lazac de Laboire, *Le Maréchal Davout d'après un livre de son arrière-petit-fils*; *Le Correspondant*, 10 aprile 1898.

Bouchotte sospende il 13 novembre; sospetto Marceau, che i rapporti al ministro segnalano come «un piccolo intrigante intrufolato nella cricca»; sospetto Kléber, che Prieur de la Marne vuole far giudicare nel dicembre del 1793 da un tribunale rivoluzionario[251]; sospetto Lecourbe, che due gendarmi conducono a Parigi[252]; sospetto Hoche, nonostante dichiari: «Il governo militare è quello degli schiavi, non può convenire agli uomini liberi; l'aborriamo». È per essere creduto sospetto che il generale d'artiglieria Mérenvu si suicida, nell'ottobre 1793; è per lo stesso motivo, e accusato inoltre di aver perso 10.000 uomini nell'affare di Laval, che Léchelle si avvelena il 21 brumaio (11 novembre 1793) a Nantes, dopo essere stato arrestato da Merlin de Thionville[253].

Sospetto! Sarà la parola che porterà in piazza della Révolution l'infornata dei generali, dove tutti sapranno morire come hanno combattuto, coraggiosamente[254].

Sono per primi i compagni di Dumouriez che espiano la colpa del capo. Il 17 maggio, è il polacco Miaczinski, arrestato a Lille, che è giustiziato davanti a una folla enorme[255], a quarantadue anni. Il 14 agosto, è Lescuyer, altro complice di Dumouriez. A Bruxelles, nel novembre 1792, si è fatto notare per uno strano proclama, dove ha

---

[251] «Sarebbe difficile incontrare un uomo più vanitoso, più capriccioso del generale Kléber». Lettera di Beaurnonville al ministro della guerra, 10 gennaio 1797.

[252] «Fu portato a Parigi tra due gendarmi; gli chiesero ciascuno 200 lire in contanti, per il loro nutrimento, l'alloggio e il costo di andata e ritorno in diligenza». Jules Poirier, *Portraits militaires du Ier Empire: Lecourbe (1759-1815)*, cap I, p. 15.

[253] «Il generale Léchelle, che era comandante in capo dell'armata dell'Ovest contro i briganti, e che è causa della disfatta di Laval, si è avvelenato ieri sera; è morto due ore dopo». *Moniteur*, 21 brumaio anno II.

[254] «Il coraggio con il quale i controrivoluzionari, che la legge condanna, vanno a morte è veramente incredibile e prova che il crimine ha i suoi eroi come la virtù». *Thermomètre du jour*, 7 maggio 1793.

[255] «L'esecutore ha mostrato la sua testa al popolo; era paonazza come prima della sua morte; i suoi occhi aperti sembravano lanciare i loro sguardi sulla moltitudine innumerevole che riempiva la piazza della Révolution». *Bulletin du Tribunal criminel Révolutionnaire*.

minacciato i perturbatori di far portare loro un berretto da asino e di far loro percorrere la città attaccati alla coda del suo cavallo. Lescuyer ha cinquantanove anni. Barras ha arrestato al campo di Saorgio, accusandolo di connivenza con l'Inghilterra, Jean-Baptiste Brunet, generale in capo dell'armata d'Italia. Il 24 brumaio anno II (14 novembre 1793), esce dall'Abbaye per andare alla ghigliottina. Altro complice di Dumouriez: A. A. Collier de La Marlière d'Avaine, denunciato dal governatore di Lille. La sua testa cade un mattino di frimaio (26 novembre 1793). Il corso Camille de Rossy è accusato di «perfidia». Davanti al Tribunale Rivoluzionario batte i denti e trema, ma di freddo[256]. Sotto la neve muore l'8 piovoso (27 gennaio 1794); sette mesi più tardi, il 7 luglio, suo fratello Hyacinthe, comandante del 4° reggimento di cacciatori a cavallo, unito alla cospirazione di Saint-Lazare[257], subirà la stessa pena. Dopo Camille de Rossy, all'indomani, 9 piovoso, compare il generale de Marcé, accusato di aver favorito i vandeani. Conduce la sua difesa come una battaglia, focosamente[258]. Sconfitto nel marzo e nell'aprile 1793, è stato destituito, inviato davanti alla corte marziale di La Rochelle e rimandato a Parigi. Qui il colpo di sciabola di cui parla Camille Desmoulins lo attende. Il 28

---

[256] «Al grande tribunale passava allo scrutinio d'epurazione Camille de Rossy, ex nobile, generale di divisione nella nostra armata; figura longilinea molto olivastra; ben coperto da una guarnacca nuova; teneva la metà del suo mento nella sua mano e lasciava parlare il suo difensore, che faceva l'oratore; qualcuno diceva che non si affaticava a rispondere, sapeva bene ciò che lo aspettava; sì, dice un altro, probabilmente passerà la finestra nazionale domani. Giunge il momento di andarsene velocemente e trema di freddo; e ben dice qualcuno che il generale ha conservato i suoi stivali e con la sua guarnacca coprirà il suo petto; un moderato, dice qualcuno dietro. Il condannato muore due volte avendo la testa nuda e il petto scoperto con un tempo come quello.» Rapporto di polizia dell'osservatore Letasssy, 8 piovoso, anno II. *Archives nationales*, serie W, cartone 191.

[257] (N.d.R.) Si riferisce alla cosiddetta «cospirazione delle prigioni» un piano, dovuto soprattutto a Barère, che prevedeva la soppressione dei detenuti. A Saint-Lazare le vittime furono 165, giustiziate tra il 6 e l'8 termidoro 1794.

[258] Al 2° tribunale era il generale Mérasé (*de Marcé*) che si difendeva con molta energia ma con un'aria ipocrita; qualcuno diceva che costui doveva sicuramente passare alla piccola finestra nazionale e poiché dicono che abbia tradito nelle nostre armate l'ha meritato». Rapporto dell'osservatore di polizia Letassey, 9 piovoso, anno II. *Archives nationales*, serie W, cartone 191.

piovoso, viene giustiziato Antoine-Auguste Des Harbiers Letanduère, generale di brigata nell'armata d'Italia; il 2 marzo 1794, il visconte de la Roque, generale di brigata, altro complice di Dumouriez; all'indomani, Jean-Nestor de Chacel, generale di divisione; il 6 marzo, l'irlandese Joseph O'Moran, generale di divisione, accusato di *idiozia* dal suo collega Ferrières, che l'arresta il 16 agosto 1793 e lo manda in catene a Parigi; il 16 marzo, Pierre Quétineau, comandante della divisione di Bressuire e che ha accumulato una serie di disastri; il 13 aprile, il conte Arthur de Dillon, ex deputato della Martinica agli Stati Generali, e che muore gridando: «Viva il re!»; la domenica 13 aprile, J. Michel Beysser, generale in capo dell'armata delle Côtes de la Rochelle, arrestato per un ordine del Comitato di Salute pubblica del 19 settembre 1793, firmato da Prieur, Collot d'Herbois e Carnot; lo stesso giorno, l'aiutante generale Duret, hebertista condannato come complice di Chaumette; nella stessa carrettata: Claude Souchon, ex generale di brigata nell'armata del Pirenei Orientali, dove è stato destituito dopo qualche giorno di comando, accusato di federalismo; il 5 aprile, nell'infornata dei dantonisti, Westermann «accusato da Robespierre di «essere venuto a Parigi per tramare contro il governo[259]»; il 2 luglio, il marchese Eustache d'Aoust, generale in capo dell'armata dei Pirenei Orientali, figlio del marchese J. M. d'Aoust, deputato agli Stati Generali del baillage di Douai e deputato del dipartimento del Nord alla Convenzione; il 22 luglio, Charles de Flers, comandante di Breda in Olanda nel febbraio 1793 e che rese, con gli onori militari, la piazza il 2 marzo seguente; l'irlandese Thomas Ward, ex generale di brigata nell'armata del Nord; ed altri ancora, perché si può scegliere a caso nelle infornate e si troveranno più di venticinque vittime[260]. Tra tutti questi nomi, quattro attirano la nostra attenzione: sono quelli di Custine, Houchard, Biron e Beauharnais. La scure tagliò le quattro nobili teste, innocenti come molte altre, ma che si rassegnarono. A. Hugo[261] ha un bello scrivere di Custine che è una «disgrazia per l'onore della sua memoria che il suo nome sia all'inizio della lista dei capi, la cui ambizione sfrenata e le scandalose

---

[259] *Rapport de Courtois*, p. 44.

[260] «*Un membro a destra:* La convenzione ha ghigliottinato venticinque generali!» Assemblea legislativa, seduta del 17 luglio 1851.

[261] (N.d.R.) Abel Joseph conte Hugo (1798-1855), fratello di Victor, fu militare e saggista.

dilapidazioni fanno un così grande contrasto con patriottismo generoso e disinteressato dei soldati[262]», la posterità ha riabilitato la memoria del «fremente e insensato[263]» generale dai principali capi d'accusa riservati a lui dal Tribunale Rivoluzionario. Benché conte, aristocratico, il suo atteggiamento precedente testimonia per lui. Si erano dunque già dimenticati della suo vigoroso e violento apostrofare del 23 settembre 1792, a Francoforte sul Meno, dove il langravio di Assia-Cassel era chiamato «un caporale, un mostro, una tigre» e dove annunciava che «il giorno del giudizio era arrivato per i principi della Germania»? Nel luglio del 1793, è arrestato, rinchiuso all'Abbaye. Il 30 luglio Fouquier-Tinville dà l'ordine alla guardia di l'Abbaye di consegnare Custine all'usciere del Tribunale Rivoluzionario[264] che lo prende in consegna e si vede accompagnare, per l'ordine dato da Pache al comandante della guardia nazionale, da una nutrita scorta, perché «importa che una testa imputata di un così grande crimine non sfugga alla spada della legge[265]». Nella sala della Liberté, il processo ha inizio il 15 agosto. Non lo raccontiamo. Il 28 sale sulla carretta e un prete lo accompagna in quest'ultimo viaggio. «Ah! Il vile!», grida la folla[266]. Non è per lui l'ora di agitarsi e l'ultimo coraggio che mostra è di ignorare le grida e i fischi[267]. la sua orazione funebre ha parole

---

[262] *La France militaire, histoire des armées de terre et de mer, de 1792 à 1833; ouvrage rédigé par une société de militaires et de gens de lettres, d'après les bulletins des armées, le Moniteur, les documents officiels de l'Empereur Napoléon, des maréchaux, amiraux, généraux et officiers supérieurs de son entourage*. Rivista e pubblicata da A. Hugo, Parigi, Delloue, 1833-1838, 5 vol., in 8°; tomo I, p. 17.

[263] F. C. Galart de Montjoye, vol. cit., p. 5.

[264] Lettera di Fouquier-Tinville, firmata anche da Roussillon, vicepresidente del Tribunale Rivoluzionario (*Collection Paul Dablin*).

[265] *Collection Paul Dablin*, n° 276.

[266] *La glaive vengeur de la République Française*, p. 102.

[267] «I soccorsi della religione alleviarono l'orrore dei suoi ultimi momenti, e tale era la specie di fanatismo di quei tempi, che un uomo che si era sempre dimostrato coraggioso nei pericoli, fu accusato di pusillanimità perché, andando al supplizio, era accompagnato da un ecclesiastico». *Mémoires et souvenirs du conte Lavalette*, p. 79.

eloquenti: «Ha battuto i nemici del suo paese: per ricompensarlo gli hanno tagliato la testa sul patibolo[268]». La sua morte trascinò quella di suo figlio che fu giustiziato il 3 gennaio 1794[269].

Altra figura quella di Houchard, gigante alsaziano di sei piedi di altezza, dal portamento selvaggio, dallo sguardo terribile, il cui petto è tagliato e segnato da terribili cicatrici[270]. Il 7 settembre, ha battuto gli inglesi a Hondschoote; il 24, è arrestato e lo stesso giorno alla tribuna della Convenzione, Bouchotte, ministro della guerra, annuncia, tra applausi frenetici, che ha destituito il generale comandante dell'armata del Nord per non aver saputo approfittare della sua vittoria. Da là al tradimento, non c'è che un passo. Quel passo è fatto. Houchard, imprigionato all'Abbaye, in una lettera indirizzata, il 2 ottobre, a sua moglie, esamina le lagnanze portate contro di lui e particolarmente quell'accusa di aver venduto Dunkerque al duca di York. Probabilmente indica la verità imputando la sua detenzione a una bassa e ignobile gelosia. Analizza la sua condotta, constata che non possono far valere contro di lui le sue relazioni con il duca di Nassau, essendo un fatto che i rappresentanti del popolo ne erano a conoscenza.

«Bisogna attribuire e trovare dei torti - scrive - a qualcuno che si destituisce e bisogna far vedere ai soldati che è un tradimento per togliermi la loro fiducia perché non si stanchino di queste continue destituzioni, siamo così a 22 generali in prigione». E firma: «Al cittadino Houchard, alla prigione di Abbeys»[271].

Il 27 brumaio, porta sul patibolo una testa ornata con l'alloro della vittoria.

In Armand-Louis de Gontaut, duca di Biron, non è unicamente il generale sospetto e l'aristocratico che colpiscono, è ancora il favorito della regina, «questo cocco da letto che si vanta dell'adulterio in cui

---

[268] Lettera del barone Isidor Tayor allo sceicco Abou Ouas, a El Quarié, tra Jaffa e Gerusalemme; Parigi 16 aprile 1835. Gli raccomanda il marchese de Custine, nipote del generale, che sta andando a Gerusalemme. (*Catalogue E. Charavay, déc 1887,* n° 13)

[269] «È andato al supplizio con fermezza e tranquillità». *La glaive vengeur de la République Française.*

[270] *Mémoires du comte Beugnot,* tomo I, p. 191.

[271] *Collection de feu M. Paul Dablin.*

l'avrebbe trascinato Maria Antonietta»[272]. Dumouriez ha detto di lui: «Vorrei avere un Biron da mettere dappertutto. Lo vorrei soprattutto nel mio gabinetto, e ancor meglio al mio posto.» Don Giovanni Biron, ministro della guerra! Dumouriez amava il paradosso. Viene congratulato da Mirabeau in merito a cose militari, il quale conclude galantemente: «Ma io parlo di guerra davanti ad Annibale!» Non è solo alle femmine che il brillante duca faceva girare la testa!

Ma oggi Dumouriez è un traditore della patria e Mirabeau, il Mirabeau-Tonante, è divenuto sospetto. Questi certificati di poco prima si rivoltano contro Biron. Lo conducono da armata ad armata, da quella del Nord a quella del Reno, da Strasburgo alle Alpi, da Nizza alla Vandea. Eccolo incarcerato a Sainte-Pélagie e, per scacciare la noia della prigionia, fa ciò di cui è veramente capace: la corte alle dame. È un brillante salotto quello di Sainte-Pélagie, con Biron tanto più, perché vi prodiga le grazie del suo spirito leggero e il fascino della sua vivace conversazione davanti alle dame tra le quali risplende la bellezza fragile di Mme Montané. Tutto questo non può mancare di sollecitare la gelosia dei mariti e Montané, ex presidente del Tribunale Rivoluzionario[273], detenuto a la Force, «faceva chiedere con inquietudine a sua moglie, prigioniera a Sainte-Pélagie, se era vero che il generale Biron andasse nel quartiere delle donne[274]». Non abbiamo bisogno di conoscere la risposta di Mme Montané. La conosciamo in anticipo.

Quando Biron discese dal tribunale nel cortile della Conciergerie, Nougaret, che lo vide, racconta che salutò i prigionieri «con quella dignità cavalleresca che non apparteneva che alla vecchia corte dei re di Francia.[275]»

---

[272] Jean Bernard, vol. cit. p. 76.

[273] «Scenderà dal seggio di presidente per andare in prigione: per negligenza o per furbizia aveva rischiato di far assolvere Charlotte Corday.» Edmond Seligman, *Mme de Kolly, une conspiration politique et financière*, cap. XX, p. 242. La detenzione di Montané durò più di tredici mesi. In compenso la Convenzione lo nominò vicepresidente del tribunale civile del 3° arrondissement.

[274] Lettera inedita di Mme Roland a Sainte-Pélagie, 11 settembre 1793, pubblicata da Mme Clarisse Bader, *le Correspondant*, 10 luglio 1892, p. 153, *Madame Roland d'après des lettres e des manuscrits inédits*.

[275] P. J. B. Nougaret, *Histoire des Prisons de Paris et des départements contenant des mémoires rares et precieux, le tout pour servir à l'histoire de la*

«Ma certo, amici miei - disse loro - è finita, me ne vado.»

Questa rassegnazione allegra, altri l'hanno segnalata[276], e possiamo prenderla per veritiera. Quest'uomo, per il quale l'amore fu la passione e la galanteria la maggior preoccupazione, seppe morire degnamente, ripetendosi di aver «tradito il suo Dio, il suo re il suo ordine»[277]. Non era rimasto fedele che ad Eros. La sua testa cadde l'11 nevoso anno II, alla vigilia del nuovo anno.

Il mantello imperiale di Joséphine nasconde oggi pressoché completamente il fantasma del visconte Alexandre de Beauharnais. Questa figura, alta e pura, meriterebbe di uscire da questa penombra dove la relega la Creola. Nel maggio 1793, si trova all'armata del Reno come generale in capo. È là che lo raggiunge la proposta dei Comitati che gli offrono il ministero della guerra. In quel momento sembra volersi tirare indietro e si scansa definitivamente quando, dopo il decreto che allontana i nobili dall'armata, scrive al console generale della Comune di Parigi: «Soldato della mia patria, combatto per lei fino alla morte e quando la filosofia vi ordina di non vedere negli uomini che le loro virtù o i loro vizi personali, accordate la vostra fiducia a colui che ve la chiede per ricompensa della sua devozione»[278]. Nel Loir-et-Cher, alla Ferté-Imbaut, spera - Regolo che s'immola al suo orgoglio guerriero per portare nei campi l'aratro di Cincinnato - di farsi dimenticare, in attesa dell'ora in cui la patria in pericolo lo convocherà in sua difesa. Quest'ora non suonerà per lui, ed è l'accusa di aver lasciato la sua armata inattiva per quindici giorni, causa della perdita di Magonza, che verrà a strapparlo alla calma del suo agreste ritiro[279]. Mentre alla prigione dei Carmes attende il momento di prendere posto sui tragici gradini, di fronte a Hermann e a Fouquier, sua moglie, quella languorosa Joséphine che non immaginavamo

---

Révolution Française, notamment à la tyrannie de Robespierre et de ses agents e complices, Parigi, anno IV.

[276] Vicomte de Castellane, *Une évasion sous la Terreur; Revue Hebdomadaire*, 8 ottobre 1898.

[277] *Biographie moderne ou historique, civile, militaire, politique, littéraire et judiciaire*, Parigi, 1816, tomo I.

[278] *Collection Paul Dublin*, n° 210.

[279] Lalanne, *Dictionnaire historique de la France*.

capace di uno sforzo, corre ai Comitati, invia delle petizioni, scrive al Comitato di sicurezza generale, a Vadier che chiama «stimabile cittadino» e al quale ricorda: «Il mio ménage è un ménage repubblicano. Prima della Rivoluzione, i miei figli non si distinguevano dai sanculotti . . . Ti scrivo con franchezza, come sanculotto montagnardo»[280] . . . Si ricorderà di questa lettera la sanculotta montagnarda il giorno in cui, in una Notre-Dame pavesata, il felice corso di brumaio le metterà sulla fronte il diadema dell'Impero? In questo mese di nevoso, come può prevedere il destino che un giorno la consacrerà? Nel triste appartamento del 43 di rue Saint-Dominique, attende la risposta della sua supplica a Vadier. Passato nevoso, le stagioni si succederanno, lunghe, piene di angoscia. Sarà germinale, sarà messidoro, sarà termidoro infine e la giornata del 5. Alla vigilia ha ricevuto questo biglietto da Alexandre: «Nelle burrasche rivoluzionarie, un grande popolo che combatte per polverizzare i suoi ferri deve circondarsi di una giusta diffidenza e temere di più di dimenticare un colpevole, che di colpire un innocente.» Così accetta il suo destino e marcerà verso il patibolo, nel tempo in cui degli incanti magici evocheranno il suo supplizio nel vaso di cristallo di Cagliostro».

È la marchesa di Créquy che racconta l'aneddoto[281], alla quale è probabilmente possibile non dare molto credito, ma che merita di essere segnalata come significativa. «Una pupilla, una colomba - lei dice - vale a dire una giovane ragazza nell'età dell'innocenza, era messa davanti a un vaso di cristallo riempito d'acqua pura e per l'imposizione delle mani del gran Cofto[282], acquistava la capacità di comunicare con i geni della regione di mezzo, e vedeva nell'acqua tutto quello che poteva interessare la persona in funzione della quale si sollecitava la rivelazione. Ho visto, purtroppo per me, praticare questa operazione divinatoria alla prigione dei Carmes, a proposito del

---

[280] Questa condotta, alla quale non si può rimproverare di mancare di nobiltà, è stata singolarmente giudicata qualche volta. Per esempio: «Aveva ben lubrificato la ghigliottina (?); quando lei recita per questo nobile giacobino nessuno è tentato di compiangerlo». E. M. de Vogüé, *Pour Joséphine*, 1904. La frase non fa molto onore al suo autore.

[281] *Souvenirs de la marquise de Créquy*, Parigi, 1834, tomo IV, p. 116.

[282] Cagliostro aveva preso questo titolo fondando la *Mère-Loge d'adoption de la Haute Maçonnerie Egyptienne*.

visconte di Beauharnais, del quale una bambina di sette anni, la figlia del carceriere, vedeva così in una caraffa e descriveva esattamente tutti i dettagli del suo supplizio».

Nel letto della creola, il vincitore di Marengo andava presto a prendere il posto del ghigliottinato.

Quale verso si adattò mai meglio di quello del favolista, all'epoca in cui ventidue generali erano detenuti all'Abbaye? Sarebbe una lunga lista da redigere quella di tutti coloro che furono arrestati, rilasciati e ripresi ancora. Tutti furono colpiti; la ghigliottina ne risparmiò qualcuno, e tra questi Kellermann, il vincitore di Valmy, che il Tribunale Rivoluzionario assolse il 18 brumaio anno II (8 novembre 1794). Nel maggio '93, altre assoluzione erano intervenute in favore del generale Joseph de la Noue, del generale di cavalleria Stengel, del generale di divisione François de Miranda, al quale Brissot meditava di far portare la fiaccola rivoluzionaria nelle Americhe spagnole[283].

Ma per qualche nome depennato dalla lista rossa, quante teste sotto la mannaia con i loro allori?

---

[283] Abbiamo avuto notizia di una curiosa lettera di Brissot, del 1792, dove parlando di questo progetto di rivoluzione in America, che doveva fare di Miranda il governatore di Santo Domingo, aggiunge: «Con il suo coraggio, la sua intelligenza, il suo nome, può facilmente far cadere le catene poste dai Pizarro e Cortez». Sappiamo che Miranda era originario del Perù. Deportato il 18 fruttidoro, meditò di dotare Caracas di un governo consolare, riuscì a metà, infine fallì e morì nel 1816 nella prigione di Cadice, dove era detenuto da quattro anni.

IV

LE FIDANZATE DELLA GHIGLIOTTINA

Mandare le donne al patibolo per le loro opinioni, è confessare che erano capaci e degne di averne una, diceva quella rimbambita di genio che fu Mme de Staël[284]. Con ogni probabilità fu là il grande errore e crimine del Terrore; ma preso nell'ingranaggio delle misure estreme non poteva che avanzare o suicidarsi. Avanzò. Trecentotrentaquattro donne caddero sotto la lama di Sanson. Probabilmente conviene contare in questo numero quelle che veramente furono innocenti, come quella triste principessa Lubomirska e quella pietosa Mme Chalgrin, della quale Casimir Styienski ci ha raccontato la penosa storia. Ma in questa cifra ci furono delle teste che, esse stesse, volontariamente, andarono a mettersi sotto la scure, chiedendo, esigendo il colpo fatale. «Ci furono delle vere e pericolose colpevoli.» dice Picqué, il convenzionale degli Alti Pirenei. Il loro supplizio si estese disgraziatamente su donne imprudenti, credulone, ambiziose, fanatiche, folli, che forse sarebbe stato sufficiente rinchiudere, e che, in quel tormento, furono immolate. Il loro supplizio ha fornito ai realisti quei rapporti, quegli aneddoti toccanti e criminali probabilmente, ma che provocarono per la loro imprevedibile audacia; le vendette particolari[285], secondo l'elenco della Conciergerie, condussero al patibolo più delle rivoluzionarie che delle realiste, nemiche, cospiratrici prese con le armi nella mano[286]». Non mancano le prove per appoggiare quest'opinione imparziale e moderata; resta acquisito che la ghigliottina rimane innalzata davanti alla storia con il rosso cartello che Camille Desmoulins appese davanti alla Lanterne:

---

[284] «Il Terrore ... ha riconosciuto al tempo stesso tagliando la testa alle donne come agli uomini, il diritto che esse avevano di immischiarsi negli affari pubblici, e il torto che avevano di usare questo diritto». M. de Lescure, *Les femmes et la Révolution*, 1889.

[285] «La ghigliottina servì troppo sovente le passioni particolari». Dottori Cabanès e Nass, *La Nèvrose Rèvolutionnaire*, p. 97.

[286] J. P. Picqué, *l'Hermite des Pyrenées*.

«La mia gloria passerà, e io rimarrò sporca dei morti nella memoria dei secoli[287]».

Presi in considerazione, questi risultati, tralasciandone le cause, mettono costantemente in contraddizione gli storici e gli scrittori dell'epoca. Per alcuni, i boia del '93 fanno cadere le teste delle donne «come un monello falcia le rose con il suo bastone[288]»; gli altri vedono piangere dei boia interneriti sulla triste sorte delle loro vittime[289]. A chi credere e dove si trova la verità? Dove la troveremmo meglio se non nei fatti stessi, in quell'esecuzione della vecchia marchesa di Noailles o in quella di Mme d'Espreménil che una buona parola salvò nel 1790 e perse nel 1794?[290] Certo, questa ghigliottina che fa giustizia delle «vecchie donne idiote» è avvilita, folle e sembra lavorare a caso[291]. Un certo Lebon è odioso quando dichiara, dopo la morte di anziane devote al Pas-de-Calais: «A che cosa servono sulla terra?», ma questo, non sono tutti d'accordo nel condannarlo senza appello?

Il 5 marzo 1794 arrestano a Montpellier il vecchio vicario di Largentière (Ardèche), Jacques-Philippe Michel. Celebrava di nascosto la messa davanti a qualche donna. Il vicario è condannato a morte e le donne obbligate ad assistere all'esecuzione, sistemate attorno al patibolo[292]. Ad Arras, delle religiose sono ghigliottinate per un ordine di arresto del direttore del distretto che le accusa di «uccidere i malati come le stesse malattie, per le visioni della superstizione e del fanatismo». Una certa Taupin è condannata a morte, a Tréguier, come colpevole di aver nascosto due preti refrattari

---

[287] *Discours de la lanterne aux Parisiens.*

[288] Antoine-Vincent Arnault, *Souvenirs d'un Sexagénaire.*

[289] Lamartine, a proposito dell'esecuzione delle «vergini» di Verdun.

[290] Nel 1790, la folla si era accalcata davanti al palazzo d'Espréménil per saccheggiarlo. Un ingegnoso divertente, salito su una recinzione, evitò la cosa dicendo alla folla: «Guardatevi dal saccheggiare la casa, è del proprietario, gli deve i mobili, i suoi figli non sono i suoi e sua moglie è di tutti!» La folla fu disarmata. D'Espréménil aveva sposato in seconde nozze Mlle de Sanctuary. Era una donna molto onesta la cui fortuna fu salvata al prezzo del suo onore.

[291] Michelet, op. cit., tomo IV, *la Terreur*, prefazione del 1869, p. XXIII.

[292] Vedere H. Wallon: *Les Représentants du peuple en mission*, tomo III.

e di servire da intermediaria tra i complici della congiura bretone. La portano alla ghigliottina, alza gli occhi e a una delle finestre della piazza vede i suoi tre figli. Muore in silenzio, senza un grido. A Lione, due uomini, due mariti, sono stati appena condannati a morte. Le loro mogli si precipitano da Collot d'Herbois a chiedere la grazia. La polizia correzionale le condanna a sei ore di esposizione sul patibolo dove i mariti stanno per morire[293]. Ad Arras, la sorella del ci-devant conte di Béthune, Mlle de Modène, «starnutisce nel sacco[294]»; a Parigi, Mme Faudoas è ghigliottinata con suo padre e sua zia, il 25 messidoro anno II, per aver scritto che la sua «cagna aveva messo al mondo tre piccoli repubblicani». Aveva diciotto anni[295]. Thérezia Cabarrus è portata prigioniera da Versailles, in carrozza. In piazza della Révolution le fanno mettere la testa alla portiera davanti alla ghigliottina, che vi è in permanenza, e le dicono: «Nell'arco di tre giorni reciterai questa parte di persona». È la moglie del maresciallo di Mouchy, portata sotto un temporale, che le strappa dai suoi capelli grigi il berretto con cui ornava la sua ultima grazia[296]. Il 24 germinale, seria, mura, «abbastanza coraggiosa per morire bene[297]», è Lucille Desmoulins che, a otto giorni di distanza, monta sullo stesso patibolo di Camille, vestita di bianco con uno scialletto rosa, nell'ora in cui sua madre legge l'ultima lettera di sua figlia: «Buonasera, mia cara mamma, una lacrima scappa dai miei occhi, ed è per te, vado ad addormentarmi nella calma dell'innocenza». Ci resta di lei una piccola borsa che si sbiadisce in una collezione[298].

---

[293] Bertrand de Molleville, *Annales*.

[294] Lettera di Joseph Le Bon, 22 ventoso anno I.

[295] Conte de Reiset, *Modes et visages au temps de Marie-Antoinette*, tomo I, p. 385. Mme Loyer de Maronne, nei suoi *Souvenirs sur Chralotte Corday pour une amie d'enfance*, pubblicato da Pierre Calmettes nella *Revue Hebdomadaire*, 19 marzo 1898, racconta la cosa con una leggera variante: «Eleonora avrebbe potuto sfuggire al pericolo se non l'avessero sorpresa con una lettera dove diceva: «La mia gatta ha partorito tre cittadini, sono stata la loro madrina e si chiamano *Liberté, Egalité, Fraternité*».

[296] Su questa esecuzione vedere: *Souvenirs du comte de Mérode et Westerloo, Sénateur du Royaume de Belgique*, 1861, 2 vol. in 8°; Bruxelles.

[297] M. de Lescure, op. cit.

[298] *Collection de M. Etienne Charavay*.

Nel floreale anno II, l'infornata detta delle «vergini di Verdun» porta alla «tavola degli assegnati», Marguerite Croutte, prostituta, 48 anni; la baronessa de la Lance de Mongout, 69 anni; Anne Tabouillot, 46 anni; Angélique Lagiroussière, 48 anni; Anne Watrin, 25 anni; Thérèse Pierson, 41 anni; Suzanne Henri, 26 anni; Elisabeth Dauphin, 56 anni; Hélène Watrin, 22 anni; Françoise Herbillon, 54 anni; Gabrielle Henry, 25 anni; Henriette Watrin, 23 anni; ed è di loro che Lamartine dice: «La più vecchia aveva diciotto anni . . . I boia inteneriti piangevano con loro . . . ». C'erano, in effetti, tra loro due ragazze di diciassette anni, Barbe Henry e Claire Tabouillot, ma furono condannate a vent'anni di reclusione e a sei ore di esposizione sul patibolo. La più anziana di queste donne aveva 69 anni e non 18. M. de Lamartine non si fa carico delle cifre.

Tutti questi cortei passano, se ne vanno, appena guardati nella tormenta che le trascina, ma venne il giorno in cui le mani di Jean-Paul Marat gridarono vendetta, e tutta Parigi urlante, fremente, imprecante e lamentevole, sarà attorno al patibolo dove la mano di un servitore andrà a schiaffeggiare la pallida testa di Charlotte Corday.

Nella Parigi scossa dal tuono, questa notizia è risuonata: «L'Amico del popolo è morto!» Il «divino Marat[299]» non c'è più! alla sua memoria il ci-devant marchese de Sade dedica questi versi:

> Del vero repubblicano unico e caro idolo,
> Della tua perdita, Marat, la tua immagine consola.
> Chi ama un grande uomo adotta le sue virtù;
> Le ceneri di Scevola hanno fatto nascere Bruto!

Il 30 di rue dei Cordeliers dove giace il cadavere, colpito dal coltello dal manico nero, tra la prima e la seconda costola, la parte superiore del polmone destro attraversato e l'aorta tranciata[300], questo tugurio diventa il Panteon del martire della libertà che solo l'astuzia ha potuto abbattere[301]. La bella ragazza dai capelli castani[302], dallo scialle rosa[303]

---

[299] Camille Desmoulins: *Rèvolutions de France et de Brabant*, n° 32; *Le Vieux Cordelier*, n° 2, p. 18.

[300] *Procès verbal de l'ouverture du corp de Jean-Paul Marat, l'ami du peuple, par le citoyen Deschamps, chirurgien.*

[301] «Confesso di aver messo in atto un perfido artificio affinché potesse

ha colpito l'eczematoso[304]. La pace è in lei, ed è con l'anima piena di questa sorridente tranquillità che compare nella sala dell'Egalité, davanti ai cittadini Jourdeuil, Fallot, Ganney, Leroy, Brochet, Chrétien, Godin, Thoumin, Brichet, Sion, Duplain e Fauldès, giurati.

Intorno a lei, Parigi piange «il sacro cuore di Marat». Attorno a lei si prepara la pompa funebre le cui torce, caduta la notte, scuotono le loro fiamme sotto il cielo dove tuonano i temporali. Questi temporali, improvvisamente, scoppieranno durante la marcia della carretta; l'acqua inzaccherà questa donna «crudele e bella, di uno splendore per metà angelico e per metà demoniaco[305]» e incollerà le pieghe della tunica romana lungo il suo bel petto e le sue forme armoniose, la camicia rossa dei parricidi[306] che il tribunale la condannò a indossare per essere ghigliottinata[307]. Insensibile alle ingiurie, senza che un tratto del suo viso si fosse mosso, arrivò in piazza della Révolution. «Questa ragazza sostenne il suo carattere sino alla fine - dice Prudhomme - e il popolo fu come arrabbiato di trovare nel crimine questa calma»[308]. E sale su quel patibolo sul quale, dice un realista,

---

ricevermi . . . » Lettera di Charlotte Corday a Barbaroux: «*Aux prisons de l'Abbaye, dans la ci-devant chambre de Brissot, le second jour de la préparation de la paix.*»

[302] Passaporto di Charlotte Corday (vedere il suo fac-simile nella *Chronique médicale*, 1° gennaio 1897)

[303] Lo scialle che portava Charlotte Corday quando colpì Marat fa oggi parte della collezione del conte Boulay de la Meurthe.

[304] Marat era affetto da un *eczema-generalizzato*. Dottor Cabanès, *Le cabinet secret de l'Histoire*, tomo III, p. 156.

[305] T. Carlyle, *The French Revolution; a history*, Londra, 1888.

[306] «La videro sul corpo minuto e voluttuoso di Charlotte Corday; ed è in ricordo di questa donna coraggiosa che molte persone del suo sesso hanno portato lo scialle rosso», Sébastien Mercier, *Le Nouveau Paris*.

[307] «Chiunque sarà condannato a morte per crimini di assassinio, d'incendio o di prigione, sarà condotto al luogo dell'esecuzione vestito di una camicia rossa». *Jugement qui porte la peine de mort contre Marie-Anne-Charlotte de Corday d'Armont.*

[308] Prudhomme, *Les Révolutions de Paris*, tomo XVI.

Marat è morto[309]. La testa cade e subito il dramma ha un epilogo: il terzo aiuto di Sanson, François le Gros, schiaffeggia due o tre volte le guance della testa mozzata[310]. «Ebbene, dico che a quello schiaffo la testa arrossì, l'ho visto, la testa, non la guancia, avete capito bene? Non solo la guancia toccata, ma le due guance, e di un rossore uguale, perché il sentimento viveva in quella testa e si indignava di aver sofferto un'onta che non era portata dall'arresto[311]». Vorrebbe dire che la testa non sarebbe arrossita se il tribunale l'avesse condannata a quest'ultima «smargiassata maratista[312]»? Da parte nostra non osiamo pensarlo. La testa, dice la marchesa di Créquy, gettò degli sguardi di collera e di indignazione. Il dottor Séguret, anziano professore di anatomia, personaggio molto capace e coscienzioso, ci assicurò che era possibile[313]». Senza negare il fatto, un altro testimone lo mette in dubbio: «Io ero all'entrata della strada dei Champs-Elysées e, di conseguenza, a poca distanza dal patibolo, ma non ho visto tutto ciò. Prendete nota che non nego il fatto; dico semplicemente che non l'ho visto. Aggiungo che nessuno dei miei vicini lo vide, e che fu dopo qualche giorno che questa voce circolò per Parigi. Ignoro chi l'abbia inventata o, se più vi piace, chi l'ha raccontata per primo[314]».

Ammettendo che la testa di Charlotte Corday sia arrossita a quell'oltraggio postumo, come possiamo spiegare il fenomeno? «Semplice effetto ottico, probabilmente, concede Michelet; la folla turbata in quel momento, aveva negli occhi i raggi rossi del sole che filtrava dagli alberi dei Champs-Elysées[315]». Mediocre spiegazione se

---

[309] F. C. Galart de Montjoye, op. cit., p. 86.

[310] Prudhomme, *Les Révolutions de Paris*, tomo XVI, p. 684.

[311] Racconto di un testimone, Lendrus-Comus ad Alexandre Dumas padre. Blaze de Bury, *Alexandre Dumas, sa vie, son temps, ses oeuvres*; riprodotto dal dottor Cabanès, op. cit., tomo III, p. 201, note.

[312] Louis du Bois, op. cit. p. 27.

[313] Marchese de Créquy, *op. cit*, tomo VIII, p. 127.

[314] Georges Duval. *Souvenirs de la Terreur*. Parigi. 1842.

[315] J. Michelet, *op. cit.*, tomo VI, p. 233.

ci ricordiamo che un temporale aveva appena sommerso la città. Ma non cavilliamo su questo dettaglio e prendiamo nota del parere espresso da un medico: «Quel rossore che colorò le guance della bella Corday (fu certo, fu possibile nello stato sanguinante in cui doveva trovarsi la testa?) quel rossore proverebbe unicamente che la testa non aveva ancora perso il suo calore e le fibre il loro meccanismo, lo schiaffo del boia avrebbe prodotto il suo normale effetto, effetto che, invero, non avrebbe potuto prodursi su guance cadaveriche e completamente raffreddate dalle mani della morte[316]». È, pensiamo, una delle spiegazioni più ragionevoli e più verosimili date a questo fenomeno.

Sia quel che sia, il gesto di François le Gros, malgrado il crimine della ghigliottinata, fu unanimemente disapprovato. «Perché – scrive il convenzionale Sergent-Marceau al presidente del Tribunale Rivoluzionario – perché il cittadino incaricato dell'esecuzione della legge si è permesso di provocarlo (*il popolo*), aggiungendo al supplizio degli oltraggi che non gli si possono perdonare? . . . Chiedo al tribunale che rimedi all'oltraggio fatto alla natura, alla filosofia, da quello degli esecutori che, conformemente alla legge, ha mostrato al popolo la testa delle donna Corday, ma che si è permesso di coprirla di schiaffi . . . Chiedo, quindi, che sia censurato in presenza del popolo a una delle vostre udienze e che voi gli ordiniate di essere più contenuto[317]». Commentando la cosa nelle *Révolutions de Paris*, Prudhomme dice a sua volta: «I magistrati disporranno perché tutto ciò non si verifichi più. L'esecutore o il suo aiutante, dopo aver mostrato la testa di Charlotte Corday, compì l'infamia di darle due o tre schiaffi. Non ci fu che un grido di orrore contro colui che si permetteva una simile atrocità.» Sanson, chiamato in causa, reclamò, e Prudhomme rettificò: «Il cittadino Sanson, esecutore delle sentenze criminali di Parigi, reclama contro l'articolo n° 209, che l'incolpa di avere, lui o uno dei suoi aiutanti, schiaffeggiato la testa di Charlotte Corday dopo l'esecuzione; ci assicura, al contrario, che è un

---

[316] *Que penser enfin du supplice de la guillotine? Nouvel examen de cette question*, di René-Georges Gastellier, medico dell'ospizio di Sens, membro della società filosofica di Filadelfia; a Parigi, dai commercianti di novità, anno IV della Repubblica. Questo opuscolo di venti pagine, molto raro, datata da Sens «il tre frimaio anno IV», è talvolta segnalato con il titolo inesatto di: *Dissertation sur le supplice de la Guillotine*. Quello che abbiamo citato figura nell'edizione originale.

[317] *Collection de M. Bégis*; citato dal dottor Cabanès, p. 206.

carpentiere che è stato punito di questo eccesso inconcepibile e che ha riconosciuto il suo errore.»

E fu tutto.

Il cadavere di Marat, truccato da David, salì al Pantheon[318].

¤ ¤ ¤

«Lo donna ha il diritto di salire sul patibolo . . . » È il primo articolo della *Déclaration des droits de la femme et de la citoyenne* immaginata dalla cittadina Olympe de Gouges. Il 2 novembre 1793, il Tribunale Rivoluzionario le accorda questo diritto e la manda alla «piccola finestra nazionale».

Con Théroigne de Méricourt e Rose Lacomb, Olympe de Gouges è una delle amazzoni della Rivoluzione. Quando si è lanciata nella mischia, ha volentieri dimenticato quello che scriveva il 27 luglio 1792 a Bernardin de Saint-Pierre: «Sono una figlia della natura . . . non devo nulla agli uomini . . . [319]» E fonda il club della *Tricoteuses*, quel pessimo luogo che vomita attorno alla ghigliottina le sue furie, i suoi abbai, e fornisce il suo contingente all'innumerevole truppa delle figlie pubbliche del Terrore. È il fuoco della sua eloquenza meridionale (è nata a Montouban nel 1755), che infiamma il club e la getta urlante nelle strade di Parigi[320]. Tali pegni alla Rivoluzione non salveranno la

---

[318] La bibliografia relativa a Charlotte Corday è considerevole, ed è nostro obbligo segnalare qualche opera particolarmente documentata o originale. Il teatro si è impadronito di questa eroina cornelliana e Ponsard fu lontano dall'aver esaurito il soggetto. Citiamo: J. B. Salles: *Charlotte Corday* tragedia in cinque atti e in versi, pubblicata per la prima volta dopo il manoscritto originale con una lettera inedita di Barbaroux, da G. Morau-Chaslon, Parigi, 1864, in 4°; *Charlotte Corday*, tragedia in tre atti e in versi, Parigi, 1795, in 8°, il cui autore è ancora oggi sconosciuto; Louise Colet, *Charlotte Corday et Madame Roland*, quadri drammatici, Parigi, 1842, in 4°; Inoltre, si potranno utilmente consultare la *Bibliographie dramatique-historique de Charlotte Corday*, di Charles Vatel, Parigi, 1872, in 8°, e le diverse opere di Chéron de Villiers, di Morteyremar, di Conet-Gironville, di Louis du Bois, di Ad. Huard e i *Souvenirs d'un jeune prisonnier ou mémoires sur les prisons de la Force et du Plessis, pour servir à l'histoire de la Révolution*, Parigi, dalla cittadina Brigitte Mathé, anno II della Repubblica, in 8°, 88 pp.

[319] *Catalogue d'autographes*, N. Charavay, collezione G. Bord, maggio 1906.

[320] «È stupefacente, dicono, qual punto le donne siano diventate feroci e assistono tutti i giorni alle esecuzioni.» Fonte corte del Commercio, rapporto

sua testa, non ha contro di lei il fatto di aver voluto difendere Luigi XVI alla barra della Convenzione?

L'attore Fleury ci ha lasciato di lei un ritratto poco adulatorio, anche crudele: «Mme de G . . . era una di quelle donne autrici alle quali uno sarebbe tentato di offrire in regalo un paio di rasoi; una di quelle donne che sono arrivate con infinite pene a rendersi il meno femminili possibile. Questa donna era talmente desiderosa di battute, di parole ad effetto e di parole sublimi, che aveva delle caldane quando non si vedeva circondata da autori e da accademici, non per lasciarsi istruire da loro, ma per esserne circondata, per gettare su di loro la sua luce; li voleva avere quasi come un monarca ha delle guardie del corpo»[321]. Fleury ebbe con lei, alla *Comédie Française*, qualche grana. Più tardi se ne è vendicato tracciando della ghigliottinata questo ritratto sotto al quale non la si riconosce molto. Volentieri afferma che era brutta e riporta in merito degli aneddoti che ferirebbero la suscettibilità della donna meno vanitosa. Tuttavia, ritroviamo nella lista delle centoquaranta nove donne più belle di Parigi, pubblicata dall'autore de l'*Hommage aux plus jolies et vertueuses femmes de Paris ou nomenclature de la classe la moins nombreuse*, il nome di Olympe de Gouges[322]. Bisognò, quindi, che fosse piaciuta agli occhi di questo amante delle bellezze che esigeva dalle elette nella lista «un bel seno, ben arrotondato,, bianco, sodo, etc . . . , una gamba sottile, agile, ben tornita . . . » L'articolo due del suo lavoro dichiarava: «Ammettiamo nella nostra lista solo donne che sono generalmente riconosciute belle. Siamo su questo punto di un rigore assoluto». Possiamo dunque ammettere che Olympe de Gouges era bella.

Condannata, sollecitò un rinvio, dichiarandosi incinta. Poiché i chirurghi esitavano, Fouquier-Tinville tranciò la questione dicendo

---

di polizia del 26 piovoso, anno II. *Archives Nationales*, serie W, cartone 191.
«Il popolo dice che ha notato che le donne erano diventate sanguinarie, non predicano che il sangue, che c'è tra di loro un certo numero di donne che non lasciano la ghigliottina né il tribunale rivoluzionario.» Fonte corte del Commercio, rapporto di polizia del 6 piovoso, anni II, serie W, cartone 191.

[321] *Mémoires de Fleury, de la Comédie-Française (1789-1822)*, p. 45.

[322] La lista menziona i nomi di Mmes Lavoisier, Rivarol, de Murat, de Mirabeau, de Cartellane (leggere Castellane), e quelli di qualche dama della vecchia corte. Compare senza indicazione dell'autore, del luogo e della data. Rimandiamo il lettore alla riedizione che diamo nell'appendice della nostra opera le *Femmes et la Terreur* (Fasquelle, editore).

che la donna de Gouges, rinchiusa da cinque mesi in prigione, lontano ogni uomo, non aveva potuto avere alcun rapporto sessuale. Il rinvio fu respinto. Portarono l'amazzone[323].

※ ※ ※

L'esecuzione di Mme Roland fu l'ultimo colpo portato dalla Montagna alla Gironda morente. Questa morte brutale assicurò all'amante di Buzot, «ancora grassa e fresca»[324], l'immortalità della storia. Se l'avesse evitata, di lei sarebbe rimasto solo un mediocre e voluminoso ammasso di declamazione alla Jean-Jacques. Roma, Bruto, i greci, tutto ciò inebriò la signorina Philippon. «Non concepisco le donne che si elevano fino al sublime se non attraverso la devozione, l'abnegazione di esse stesse; se vogliono giungervi con lo stoicismo, rasentano il ridicolo»[325].

È una donna, Mme de Cavaignac, che giudica così quella che il *Père Duchêne* chiama «la donna Coco Roland»[326] e «la regina Roland»[327]. Tutto questo, queste ingiurie, le vanno a gridare sotto la sua cella, quella cella dove Charlotte Corday scrisse il suo testamento a Barbaroux. Nelle sue *Mémoires*, si arresta un attimo a quell'atroce ricordo dell'insulto venuto dalla strada da una voce anonima: «La pubblicazione di una volgare menzogna, il rumoroso annuncio fatto sotto la mia finestra da uno di quei fogli di *Père Duchêne*, lurido scritto con il quale Hébert, sostituta della Comune di Parigi, avvelena tutte le mattine il popolo ignorante che beve come l'acqua la calunnia,

---

[323] Su Olympe de Gouges vedere di Dorat-Cubières: *Les Abeilles ou l'heureux gouvernement*, poema letto al liceo Egalité, il 4 luglio 1792, preceduto da un'epistola a Marie-Olympe de Gouges e seguito da un poema sulla morte di Michel Lepelletier, Parigi, 1793, in 8°, 34 pp; Léopold Lacour, *Les origines du féminisme, Trois femmes de la Révolution,* Parigi, in 8°; dottor A Guillois, *Études médico-psycologiques sur Olympe de Gouges et considérations générales sur la mentalité des femmes pendant la Révolution Française.*

[324] M. de Lescure, op. cit.

[325] *Les Mémoires d'une inconnue*, pubblicate dal manoscritto originale (1780-1816), Parigi, 1894, in 8°, p. 30.

[326] *Le Pére Duchêne*, n° 202.

[327] *Le Pére Duchêne*, n° 208.

mi aveva convinta che si progettava contro di me qualche orrore. Quel foglio diceva che l'autore mi aveva fatto visita a l'Abbaye e che, avendo ottenuto la mia fiducia sotto l'apparenza di un brigante della Vandea, aveva avuto la mia confessione circa i collegamenti di Roland e dei brissottini con i ribelli di quel dipartimento e il governo inglese. Questo ridicolo racconto era condito di tutto ciò che fa gli ornamenti del *Père Duchêne*; le somiglianze fisiche non erano meglio riportate delle altre; non ero solo trasformata in controrivoluzionaria, ma anche in una vecchia sdentata, e si finiva con l'esortarmi a piangere i miei peccati in attesa di espiarli al patibolo. I venditori ambulanti, probabilmente ben istruiti, non lasciarono per un minuto i dintorni della mia residenza; accompagnavano l'annuncio della *visita di Père Duchêne*[328] con le più sanguinose provocazioni al popolo del mercato»[329].

Il 18 brumaio anno II, nella sala della Liberté, Mme fu condannata a morte.

Alle quattro e mezza, con Lamarche, il direttore della fabbrica degli assegnati, salì sulla carretta. Era un freddo e sinistro giorno di dicembre. La giornata finiva e già la bruma leggera e la cenere grigia del crepuscolo avvolgevano le strade di Parigi. Il corteo superò il Pont-au-Change e si avviò sul lungofiume della Mégisserie. È lei, in questo momento, quella regina della Gironda, una povera donna sulla carretta, girata verso l'altra riva del fiume, verso l'angolo dove, ancora oggi, di fronte al Vert-Galant, si alzano le due vecchie case gemelledel Pont-Neuf? Era là «lo scenario dei suoi anni felici che dominava l'imponente massa imponente del Panthéon francese»[330].

In quella vecchia casa, rosa negli addii della luce morente, erano trascorsi gli anni della sua penosa infanzia. Le ante, ora chiuse, sembravano delle palpebre chiuse su pupille vergognose delle loro

---

[328] Si tratta certamente del numero che ha per titolo: *La grande visite du Père Duchêne à la citoyenne Roland, dans la prison de l'Abbaye, pour lui tirer les vers du nez et connaître tous le projets des envieux contre la République. Son entretien avec cette vieille édentée qui s'est déboutonnée vis-à-vis de lui, et qui lui a découvert le pot aux roses au sujet de la contre-révolution quel le Brissotins, les Girondins, les Buzotins, les Pétionnistes entonnaient, d'accord avec les brigands de la Vandée, et sourtout avec le quibus de l'Angleterre.*

[329] *Mémoires de Mme Roland*, tomo II, p. 50, edizione del 1865.

[330] Georges Cain, *Coins de Paris*, p. 79.

lacrime. Forse, nella visione della sua felicità d'altri tempi, prese una nuova forza, un coraggio più altero; forse rialzò la sua testa dalla capigliatura ben pettinata che vide Beugnot, e fermò il suo cuore al rimpianto della vita perduta, al ricordo di Eudora abbandonata, di Roland randagio, braccato, da qualche parte in una campagna ostile.

L'aspro vento di dicembre sollevava la stoffa leggera del suo ricamo inglese di mussolina bianca, ornato di chiaro e legato con una cintura di velluto nero. Attraversata l'ex rue Royale, si avvicinarono alla piazza funebre. In quel vasto spazio battuto dai venti di brumaio e già avvolto dalla penombra crepuscolare, una massa bianca, alta, si erigeva: la statua della Liberté.

Fece il segno della croce e salì gli scalini[331]. La sorella dei Gracchi non c'era più[332].

Sembra che a ognuna di queste grandi esecuzioni del '93 si colleghi una leggenda presto divenuta un problema storico. Per Charlotte Corday è lo schiaffo sulla testa mozzata, per Luigi XVI è la parola dell'abate Edgeworth; per Mame Roland è il suo apostrofare alla statua della piazza della Révolution: «Oh libertà! Quali crimini si commettono nel tuo nome!» La storia che non si accontenta di sentimentalismi deve rifiutarsi, crediamo, di annotare tutto ciò. Come la maggior parte delle parole celebri *in extremis*, questa deve essere ed è apocrifa. I giornali del tempo non ne fanno alcuna menzione e né il *Bulletin du Tribunal criminel Révolutionnaire*, né il *Glaive vengeur de la République Française*, così fedeli e straordinariamente imparziali in ciò che concerne gli ultimi istanti dei giustiziati, ne parlano. Questo silenzio non annulla singolarmente la testimonianza di Rioùffe che cita la parola, ma che non cita che quelli che condannano il regime del Terrore? Chateaubriand che lo traveste e se ne appropria, l'avrebbe fatto se le testimonianze contemporanee fossero state unanimi ad attribuirla alla ghigliottina del 18 brumaio[333]? Queste ragioni sembrano sufficienti. Impediscono a Mme Roland di essere morta meno stoicamente?

---

[331] *Bulletin du Tribunal criminel Révolutionnaire*, n° 59.

[332] «Morì come avrebbe potuto farlo la madre, o piuttosto la sorella dei Gracchi». Louis Blanc, op. cit. tomo IX, libro X, cap. XIII.

[333] «La libertà non deve essere accusata dei misfatti che si commettono in suo nome.» Chateaubriand, *De Buonaparte et des Bourbons*.

Un'ultima parola su questa statua che gioca una parte in questa vicenda. Nell'agosto 1793, aveva rimpiazzato sul piedistallo quella di Luigi XV di Bouchardon, che Pigalle aveva contornato di quattro figure: la *Forza*, la *Prudenza*, la *Giustizia* e l'*Amore della Pace*, «il che faceva dire, da un epigramma del tempo, che le Virtù erano ai piedi e il Vice a cavallo»[334]. Impassibile, aveva visto svolgersi davanti a lei la tragedia terrorista, dominando la ghigliottina con il suo eroico comportamento, offrendo nei suoi anfratti un asilo ai piccioni e alle colombe dei Champs-Elysées. Inzaccherata del sangue delle ecatombi, la dipingiamo in rosa o in rosso? Poco importa[335]. Nascosero i grumi che attestavano il regno della spada della legge. Ma battuta dai venti in quella grande piazza, immersa nei temporali di piovoso, screpolata dal gelo di frimaio, la statua finì col creparsi e distruggersi. Un fascio di ottantatré lance che simboleggiavano i dipartimenti della Repubblica, la rimpiazzò sino al 14 luglio 1799, giorno in cui venne eretta la nuova immagine della Liberté di Lemot. Si può dunque rilevare una piccola inesattezza nell'accattivante e pittoresco racconto fatto da Vandal, in brumaio, degli avvenimenti dell'8 novembre 1799: «L'ampia piazza aristocratica si sviluppava nella cornice delle balaustre contornate da fossati; in mezzo al terrapieno, la statua in gesso della Liberté, quella che aveva visto tanti crimini, si sgretolava sul suo piedistallo in rovina»[336]. È sicuramente una potente antitesi quella di questa statua della Liberté distrutta all'aurora dell'avvento di Bonaparte; non c'è che un'ombra in questo quadro preciso e vigoroso: è che dal 14 luglio precedente la statua era nuova.

A sua volta essa scomparve, il 12 giugno 1802 si alzava al suo posto un piedistallo finto dove doveva erigersi la colonna della Concorde. Fu solo un progetto mai realizzato; nel 1802, quel piedistallo fu abbattuto e la piazza attese la monarchia di luglio, per vedere alzarsi sull'asse dei

---

[334] Edouard Fournier, *Promenade historique dans Paris*, 1894, cap. XIV, pp. 354-355.

[335] «Era stata dipinta in rosso, ma, ora scolorita, appariva sporca e degradata, il collo così crepato che la testa era sul punto di cadere.» *Un roman du Premier Consul (depuis le 18 brumaire jusqu'à la paix d'Amiens)* tradotto dallo svedese da Paul Lacour e Wallenberg (1898). «L'immonda statua che aveva finito di dipingere in rosa per nascondere il sangue di cui era macchiata...» Edourd Fournier, op. cit..

[336] Albert Vandal, l'*Avènement de Bonaparte*, tomo I.

Champs-Elysées, quella pietra stupida e ridicola che, dal 1836, simboleggia il gusto estetico di Luigi Filippo[337].

Alle undici di sera, il 16 frimaio, il vicepresidente Dumas pronunciò contro «l'infame prostituta Du Barry»[338] la pena di morte. Nel corso dell'udienza, la disgraziata era stata prostrata, ingiuriata da quella feroce virtù repubblicana. Dumas aveva parlato dei suoi «vergognosi piaceri» e preso l'auditorio a testimone degli eccessi passati di «questa Laïs[339] celebre per la dissolutezza dei suoi costumi, la notorietà e lo sfarzo delle sue depravazioni.» Lei era là, senza voce, livida, sprofondata sul banco, insultata dal pubblico dei sanculotti che le rinfacciava i 6.000.000 di lire ricevuti da Luigi XV nel corso degli anni del suo reale legame amoroso. La sentenza che la colpisce la qualifica come «ex cortigiana» e sono i suoi baci prodigati al reale amante, le venali carezze dei salotti di Louveciennes, tutto il suo passato amoroso, di tenerezze e di lussuria, di quella che la galanteria vide debuttare con il nome di Mlle Lange, che va a espiare in quel giorno.

Le mani contorte, singhiozzante, spettinata, la trascinano. È notte. Fa freddo. In una delle camere sottostanti la cancelleria, attende l'ora in cui i testimoni si rallegrano di «vedere questa dama nel paniere dalle uova rosse». I testimoni! . . . Tra loro è arrivato Zamor, «il piccolo *sapajou*[340-341]» nominato per un capriccio dell'Amante

---

[337] Bibliografia; altre opere che abbiamo segnalato: A. Join Lambert, *Le mariage de Madame Roland, trois années de correspondance amoureuse (1777-1780)*, in 8°; Dauban, *Étude sur Madame Roland et son temps*, seguito da lettere di Madame Roland a Buzot e da altri documenti inediti, in 8°; Dauban, *Lettres en partie inédites de Madame Roland aux demoiselles Canet*, seguite da lettere di Madame Roland a Bosc, Lanthenas, Robespierre, etc., da documenti inediti con un'introduzione e delle note, Parigi, 1867, 2 vol., in 8°; *Lettres autographes de Madame Roland adressées à Bancal des Issarts, membre de la Convention*, pubblicate da Mme Henriette Bancal des Issarts e precedute da un'introduzione di Saint-Beuve, Parigi, 1835, in 8°; Mme Lenormand, *Quatre femmes au temps de la Révolution*, Parigi, 1872, in 12°; e tra le numerose edizioni delle *Mémoires* di Mme Roland, quelle di Berville e di Barrière, pubblicate nel 1827 in 2 vol., in 8°, e uscite dai tipi di Balzac.

[338] Atto d'accusa di Fouquier-Tinville contro un gruppo di abitanti della regione di Rochechouart, 26 ventoso anno II.

[339] (N.d.R) Laïs era il nome di numerose prostitute nella Grecia antica.

[340] (N.d.R.) Primate. Espressione dialettale.

governatore di Louveciennes con 3.000 lire di stipendio annuo, Zamor, botolo che oggi le morde i talloni e depone contro di lei con la foga bassa e ignobile del servo ingrato. Quale dovette essere, nella stanza fredda e buia della Conciergerie, la vigilia di questa donna «ancora orgogliosa di essere stata per un momento la prima delle cortigiane dell'impero»[342]? Il sorridente corteo delle ore d'altri tempi, dei giorni passati, snodò probabilmente il suo girotondo davanti a lei; i visi amati dovettero apparirle in fondo ai suoi ricordi, tutti i suoi amanti prostrati ai suoi piedi, quel bello ed elegante lord Hug Seymour, al quale scriveva in uno slancio appassionato della sua affettuosità: «il mio cuore è vostro, senza riserve ...» e per il quale fece il miracolo di scrivere senza errori di ortografia[343]; il duca di Brissac che la chiamava: «Caro cuore ...» il fratello della regina, Giuseppe II, venuto a Louveciennes sotto lo pseudonimo di Falkestein e che offrendole il braccio per visitare i giardini, ricordandosi della sua disgrazia, le mormorò: «Madame, la bellezza è sempre regina ...» Tutto ciò, i fantasmi amati del suo passato, ai quali il segno posto sopra al suo occhio sinistro come una mosca[344], le sue labbra sottili e i suoi capelli tinti[345] furono cari, tutto ciò probabilmente lo evocò in

---

[341] *Mémoire de Madame Campan.*

[342] Prudhomme, *Les Révolutions de Paris*, n° 81.

[343] Ci hanno trasmesso una sua curiosa lettera, indirizzata, da Louveciennes, il 16 ottobre 1780, a M. Buffault per ringraziarlo della sua offerta di inviarle ogni settimana un sacco con 1.200 lire. La lettera termina con queste righe dall'ortografia pittoresca: «*J'ai tant de gens qui demand et si peut à leur donner, qu'il faut les contenter. Je vous et attandu mercredi toute la prémidi. J'espère avoir bientôt le plaisir de vous voir.*» Collection de M. S ... V ...

[344] *Registre d'écrou du Sainte-Pélagie.*

[345] «I suoi capelli erano cinerini e ricci come quelli di una bambina», dice Mme Vigée-Lebrun nei suoi *Souvenirs*. «Drouais ci ha conservato di questa cortigiana i capelli biondi, le ciglia e le sopracciglia brune.» E. Charavay, *Revue des documents historiques*, tomo I, p. 129 (1873-1874). M. Lenotre, in *Vieilles maisons, vieux papiers*, (2ª serie, p. 122 e sugg.) studia questa questione del colore dei capelli della Du Barry e conclude che erano neri. Distrugge le testimonianze dei contemporanei che videro l'amante di Luigi XV bionda, come Drouais e Mme Vigée-Lebrun, concludendo che ai tempi del suo splendore la cortigiana si serviva «di una mistura decolorante, infuso di camomilla o altro, e che nel momento dei suoi viaggi, del suo arresto e del

quella notte d'angoscia in cui «sentiva i dolori dell'agonia[346]». Gli occhi terrorizzati, sbarrati, attende l'alba, con la sua luce flebile. Poi, un pallido e avaro sole di dicembre salì sul cielo grigio. Un brontolio sordo, pesante, rombò in lontananza, si avvicinò, si ingrandì, si fermò. La carretta era arrivata. «Si mise a lanciare delle forti grida[347]». Certo piange, certo implora, certo urla «chiamando aiuto[348]», certo supplica. Perché volete che sia forte, eroica, sublime? Non è quello il suo ruolo. È un penoso relitto della monarchia, una donna dolente, scossa da frenetiche convulsioni[349], semplicemente una donna, infine, e perché volete prenderla in giro per non aver letto Plutarco?[350]

Alle sue spaventose urla, alle sue grida di sconforto, la folla ammutolisce. Non è molto abituata a queste esplosioni di disperazione. Muoiono più rassegnati, più silenziosi di costei nelle altre infornate[351]. Possiamo dire con Michelet, che ci si ricordò che la morte è qualche cosa, che si dubitò che la ghigliottina, quel supplizio così dolce, non fosse alcunché[352].

----

suo processo, aveva rinunciato, il che si spiega naturalmente, a questo raffinatezza di civetteria.»

[346] *Mémoires historiques de Jeanne Gomart de Vaubernier, comtesse du Barry, rédigés sur des pièces authetiques*, da M. de Favrolle; Parigi, Lerouge, anno XI (attribuito alla baronessa Brossin de Méré).

[347] Vedi *supra* nota 346.

[348] Bailieu, *Essais historiques sur les causes et les effets de la Révolution de France avec notes sur quelques événements et institutions.*

[349] H. Wallon, *Histoire du Tribunal Révolutionnaire de Paris avec le journal de ses actes*, tomo II.

[350] Il rimprovero è stato fatto da M. de Lescure, nell'opera che abbiamo citato di lui.

[351] «Un uomo di mia conoscenza, abbastanza sfortunato da trovarsi sorpreso dalla folla crudele che ritornava dall'esecuzione di Madame Du Barry, ascoltava due donne del popolo delle quali una diceva all'altra: «Come ha gridato, quella là! . . Se gridano tutti come questa, io non vengo più». *Mémoires de Madame la duchesse d'Abrantès*, tomo III, p. 364.

[352] È un capitolo speciale che bisognerebbe dedicare alla bibliografia della Du Barry e i limiti del nostro lavoro lo impediscono. Tuttavia, segnaliamo i due libri di Pidasant de Mairobert: *Lettres de la comtesse du Barry avec celles des*

Caduta la testa, gettarono il corpo della ex amante reale nella fossa comune della Ville-l'Evêque[353].

¤ ¤ ¤

Il 21 floreale anno II, il terzo regicidio fu consumato sulla figlia del grande delfino, sorella di Luigi XVI, Philippine-Marie-Hélène-Elisabeth de France, nata a Versailles il 23 maggio 1764.

Il tribunale, quel giorno, era composto da René-François Dumas, presidente; Gabriel Deliége e Antoine-Marie Maire, giudici; Charles Adrien Legris, cancelliere, Trichard, Laporte, Renaudin, Grénier, Brochet, Auvrest, Duplay, Fauvety, Meyère, Prieur, Fievez, Besnard, Famber e Desboisseaux, giurati. Fouquier-Tinville non si presentò all'udienza. Fu il suo sostituto, Gilbert Lieudon, che lesse la requisitoria preparata per l'uomo dell'ascia. Si ebbero, quel giorno, venticinque condannati, tra i quali cinque membri della famiglia de Loménie. Una delle donne dell'infornata, Mme de Serilly, dichiarandosi incinta, ebbe un rinvio che la salvò. Il suo nome, tuttavia, fu iscritto nel registro dei decessi e, più tardi, con il suo

---

princes, seigneurs, ministres et autres qui lui ont écrit et qu'on a pu recueillir, Londra, 1779, in 12°, e *Les anedoctes sur Mme la comtesse du Barry*, in 12°, del quale tre edizioni apparvero a Londra, 1776 (346 pp.), 1777 (331 pp.) e 1778, 2 vol. Inoltre: *Précis historique de la vie de la comtesse du Barry*, Parigi, 1774, in 12°, 93 pp.; *Mémoires de la comtesse du Barry*, Bruxelles, 1829, 5 vol., in 12°; *Petits mémoires intimes; lettres galantes d'une femme de qualité, 1760-1770*, Parigi, 1895, in 8°; Mme Elliot, *Mémoires sur la Révolution Française*, tradotto dall'inglese da conte de Baillon, con un apprezzamento critico di Saint-Beuve, Parigi, 1861, in 12°, 256 pp.; O. Uzanne, *Documents sur les moeurs du XVIIIe siècle, anedoctes sur la comtesse du Barry*, Parigi, 1880, in 8°; Paul Gaulot, *Amours d'autrefois*, Parigi, 1903, in 12°. Segnaliamo, infine, due pamphlet, tra gli innumerevoli che assillarono la favorita: *Egalité controuvée, ou petite histoire de la protection, contenant les pièces relatives à l'arrestation de la Du Barry, ancienne maîtresse de Louis XV, pour servir d'exemple aux patriots trop ardents qui veulent sauver la République et aux modérés qui s'entendent à merveille pour la perdre, par Greive, défenseur officieux des braves sans-culottes de Louveciennes, ami de Franklin et de Marat, factieux et anarchiste de premier ordre et désorganisateur du despotisme depuis vingt ans dans les deux hémisphères*; e *La Gazetta noire par un homme qui n'est pas blanc, ou oeuvres posthumes du gazettier cuirassé, imprimé à cent lieues de la Bastille et à 1000 lieus de la Sibérie*, 1784, in 8°, 292 pp.. Quest'ultima è l'opera di Théveneau de Morande di cui la Du Barry comprò il silenzio al prezzo di una pensione di 4.000 lire.

[353] Vedere il libro VI, cap. I, *Les fosses communes de la Terreur*.

certificato di morte in mano, comparve al processo di Fouquier-Tinville.

Verso le cinque il corteo sboccò sulla piazza della Révolution. Vicino al patibolo i condannati presero posto su di una panca di legno[354] e Sanson iniziò l'appello. Al loro nome gli uomini si alzano, si inchinano davanti alla principessa e salgono gli scalini malfermi. È un bel crepuscolo di maggio, tiepido e dolce. Un cielo sereno trascina sulle Tuileries le sue nuvole rosa e lievemente le avvolge. La lama cade sempre. Ora è il turno delle donne. Chiedono a Mme Elisabeth il permesso di abbracciarla[355] ed è con questo bacio sulle labbra che quelle teste bionde o bianche cadono nella segatura fangosa. Infine, è il turno della «grassa Elisabeth»[356]. La rovesciano sulla bascula, il suo scialletto cade, una spalla nuda, rosa e graziosa appare. «In nome del cielo, copritemi!», geme la voce strangolata[357]. Il corpo ha un grande soprassalto, il coltello è caduto. Sono le sei.

¤ ¤ ¤

Una delle ultime grandi infornate del Terrore fu quella delle «camice rosse», che comprendeva cinquantaquattro condannati che Sanson giustiziò, in Place du Trône, in ventotto minuti.

C'era l'ammiraglio che aveva tentato di uccidere Collot d'Herbois e la figlia del cartolaio di rue de la Lanterne, Cécile Renault, indifferente[358], dopo che aveva visto «come era fatto un tiranno», e

---

[354] E. Beauchesne, *La vie de Madame Elisabeth, soeur de Louis XVI*, Parigi, 1869 tomo II, p. 128.

[355] *Loge historique de Madame Elisabeth de France,* seguito da numerose lettere di questa principessa, di Antoine Ferrand, anziano magistrato, autore de l'*Esprit de l'histoire;* a Parigi, da Desenne, libraio di *Monsieur,* conte d'Artois, fratello del re, rue Chantre Saint-Honoré, n° 26, 1814, p. 127. Una nuova edizione comparve nel 1861, corredata da un frontespizio e da un fac-simile, in 8°. *Les Mèmoires de Madame Elisabeth de France, soeur de Louis XVI*, annotata e riordinata da F. de Barghon Fort Lion, Parigi, 1858, Auguste Vaton editore, rue du Bac, 59, non sono che un plagio pressoché letterale della precedente opera.

[356] Prudhomme, *Les Révolutions de Paris,* n° 171.

[357] Louis Jourdan, *Les femmes devant l'échafaud.*

[358] Rapporto dell'esecuzione dell'usciere Château. Bibliografia: Feuillet de

sospetta di aver voluto, con due piccoli coltelli da tasca, attentare ai giorni di Robespierre, le Sainte-Amaranthe, la madre, la figlia, i figli; la figlia, alla quale, come Charlotte Corday, «la camicia rossa aggiungeva un porpora splendente ai suoi colori verginali»[359]. A qualche mese di distanza raggiungeva il suo amante Hérault de Séchelles[360], poco difficile nella scelta delle sue amanti. Nel 1790, la ragazza Sainte-Amaranthe era già segnalata nell'*Almanach des honnêtes femmes*, intendendosi quelle che non lo sono molto, e la lista delle donne galanti del 1793 la menziona tra le *ninfe* dell'epoca. I frequentatori del salotto della madre, al 50 del Palais-Egalité, penetravano famigliarmente nella piccola porta bassa del 7 di rue Vivienne. Quali saranno i nomi di quelli che andarono, venuta l'oscurità, a gustare i piaceri amorosi nelle braccia di questa «selvaggia e affascinante» Emilie?[361]». Per gli uomini sconosciuti nell'89, divenuti illustri nella tornata del 93, questo nome di vedova dalla tavola apparecchiata e dalla pensione ammobiliata[362] ha il fascino un po' libertino di ciò che hanno molto rimproverato all'*ancien régime*. Quelle donne galanti del Terrore, in mezzo ai terribili rivolgimenti dell'epoca, conservano una grazia declinata e indifferente, un certo fatalismo che avvolge il loro ricordo di un fascino morbido e malinconico[363].

Conches: *Louis XVI, Marie-Antoinette et madame Elisabeth,* lettere e documenti inediti, 6 vol., in 8°; dello stesso: *Correspondance de Madame Elisabeth de France, soeur de Louis XVI,* pubblicata sugli originali autografi e preceduta da una lettera di Mgr Darboy, arcivescovo di Parigi, 1868, in 8°; G. du Fresne de Beaucourt, *Etude sur Madame Eilsabeth d'après sa correspondance,* seguito da lettere inedite e altri documenti, Parigi, 1864, in 8°; Parisot, *Vie de Madame Elisabeth de France, soeur de Louis XVI,* Parigi, 1814, in 8°; Mme Guénard, *Histoire de Madame Elisabeth, soeur de Louis XVI,* Parigi, 1802, 3 vol., in 18°.

[359] Des Essarts, *Procès célèbres jugés depuis la Révolution.*

[360] «È lei, tuttavia, che ha saputo trattenermi per più tempo nonostante i miei difetti». *Lettre de Hérault de Séchelles à Suzanne Giroust, femme Quillet* (la Morency).

[361] *Mémoires de Fleury, de la Comédie-Française (1789-1822),* p. 142.

[362] *Mémoires de Mlle Flore, actrice des Variétés,* p. 252.

[363] Sull'esecuzione della Sainte-Amaranthe si trovano dei dettagli poco conosciuti in *Encore une victime ou mémoires d'un prisonnier de la maison d'arrête*

A questa infornata sacrificata ipocritamente all'austera e rude virtù di Maximilien Robespierre, va aggiunto il conte de Rossay-Fleury il quale, dalla prigione di Luxembourg, ha reclamato, il 28 pratile, a Fouquier-Tinville, *il diritto di salire al patibolo con tutta la gente onesta.*

Non languì molto: il 29, è sulla carretta dei Sombreuil, dei Sartine, di Rhoan-Rochefort e di Laval-Montmorency, che precedono e che seguono due cannoni portati dalle guardie, con le micce accese in mano.

È l'ultima orgia della Femmina Ghigliottina.

---

dite des Anglaises, rue de l'Oursine, di E. J. J. Foignet, Parigi, 1793, in 8°, 32 pp.

V

LE INFORNATE DEL TRIBUNALE RIVOLUZIONARIO

Sembra facile, a prima vista, stabilire con certezza, in base ai documenti dell'epoca, il numero dei ghigliottinati caduti sotto il ferro della legge. Ebbene, niente è più difficile. Ad ogni pagina ci si scontra con le più flagranti contraddizioni, con le cifre più diverse. È sufficiente sfogliare i principali storici della Rivoluzione per convincersene. Per Thiers il numero delle vittime si innalza a 1867; per Bouchez e Roux, gli autori dell'*Histoire Parlamentaire,* a 2669; per Louis Blanc a 2750. A quale di loro credere con certezza? Pertanto, proseguiamo e troveremo ancora altre cifre, senza contare quelle date da Campardon e Wallon nelle loro opera sul Tribunale Rivoluzionario. Durante i 718 giorni che durò, il numero dei giustiziati fu di 2742, assicura Ch.-Louis du Bois[364]; Théophile Lavallée riprende le cifre di Buchez e Roux, 2669[365]; Berriat de Saint-Prix[366] dà quella di 2719, che scompone nella seguente maniera:

7	dal tribunale del 17 agosto 1792
1256	dal 10 marzo 1793 al 22 pratile
1351	dal 22 pratile al 9 termidoro
105	dal 10 termidoro al 12 termidoro

È il calcolo che sembra più esatto. Nelle sue *Révolutions de Paris* e, più tardi, nel suo famoso *Dictionnaire*[367], Prudhomme fa il calcolo delle esecuzioni di Parigi, Lione, Marsiglia, Tolone e redige il seguente quadro:

---

[364] Op. cit..

[365] Thèophile Lavallée, *Histoire des Français*, 1847, tomo IV, p. 172.

[366] Berriat de Saint-Prix, *La justice révolutionnaire à Paris, Bordeaux, Brest, Lyon, etc.*, 1851.

[367] L. Prudhomme, *Dictionnaire des individus envoyés à la mort judiciarement, révolutionnairement, et contre-révolutionnairement pendant la Révolution, particulèrment sous le règne de la Convention nationale*, Parigi, anno IV, 6 vol., in 8°.

Convenzione nazionale dal 21 settembre 1792 al 25 ottobre 1795, o era repubblicana anno 3.

Individui ghigliottinati		18.613
Di cui	Ci-devant (ex) nobili	1.278
	Donne, *idem*	750
	Religiose	360
	Preti	1.135
	Mogli di artigiani	1.467

Non è nostra intenzione fermarci a discutere questa lugubre statistica; confrontiamola semplicemente a quella dei consigli di guerra sotto Luigi XV, dove troviamo una cifra di 40.000 uomini passati per le armi[368].

All'inizio della Rivoluzione, non sono i realisti che, nel *Journal de la Cour et de la Ville*, hanno dichiarato che la Francia poteva essere «rigenerata solo in un bagno di sangue»? Immaginate ciò che Mme Roland chiama «la puzzolente aristocrazia di gente senza costumi[369]» trionfante; quel Terrore bianco avrebbe avuto meno patiboli del Terrore rosso? Ahimè! Il 1815 ci ha dimostrato che il berretto rosso non aveva niente da invidiare ai gigli. Quante teste risparmiate dal ferro del '93, la Restaurazione condannò ai proiettili dei fedeli di Gand[370]? Un giorno, forse, dopo la bella opera di Henry Houssaye, 1815 (*la Terreur blanche*), scriveremo di quest'ora sanguinosa e delle sue più crudeli vendette.

Dopo le prime esecuzioni dell'aprile 1793 e dell'agosto 1792, dove la lama cade al chiarore delle fiaccole come per Louis Guyot des

---

[368] Honoré Valant, *Nouveaux essais sur la peine de mort*, 1827.

[369] *Mémoires*, tomo II, p. 108.

[370] (N.d.R.) A Gand, in Belgio, si rifugiò Luigi XVIII durante i *Cento giorni* (1° marzo – 22 giugno 1815) di Napoleone. Questo valse al re l'appellativo di «*notre père de Gand*», dal titolo di una canzone popolare.

Maulans[371], arrestato il 12 dicembre 1792 nel Bourg-Egalité e trovato in possesso di due passaporti e di una coccarda bianca, cominciano quelle grandi infornate che eseguono «al fine di pulire e sgomberare le prigioni in un istante[372]».

Cadono delle teste bianche: il 1° floreale anno II, Bochard de Saron, 64 anni; Rolland, 64 anni; de Gougue, 67 anni; Dupuis de Marcé, 69 anni; Bourrée de Corberon, 70 anni; Fredy, 74 anni; il colonnello Nort, 68 anni; il 19: de Saint-Amand, 74 anni; Papillon d'Auteroche, 64 anni; il 27 germinale: l'abate Cassegrain, 76 anni; il curato Jean Decous, 79 anni, il 28 germinale; all'indomani: il marchese de Laborde, 72 anni; Hariague de Guiberville, 72 anni; Mesnard de Chousy, 74 anni; poi ancora, sempre, mischiati alla grandi infornate: Bertrand de Beauvais, 68 anni; Nicolas Delaroque, 75 anni; François Laverdy, 70 anni; Augustin Leullot, 70 anni; Antoine-Cappon-Château-Thierry, 72 anni; l'eguaglianza mischi questi capelli bianchi con quelli biondi, nello stesso paniere.

È a proposito di una di queste esecuzioni di anziani dove bisognò portare il paziente sul patibolo, che l'osservatore dello spirito pubblico, Hanriot, scrive: «L'umanità, in tutte le altre occasioni avrebbe ecciato la pietà e la commiserazione, ma la vendetta nazionale ha preso il posto della pietà, nel momento in cui la testa è caduta si è sentito unicamente urlare: «Viva la Repubblica![373]».

Sono degli stampatori sospetti di pubblicazioni mancanti di civismo: Renon, Toulan, Froullé, Pottier, Levigneur, Jean-Philpe Bance e suo figlio François, Collignon, Gattey, Beaudevin, Girouard, Bouillard; è, il 1° pratile, Michel Webert, l'editore degli *Actes des Apôtres*; è, il 22 messidoro, il redattore del *Feuille du matin*, Pierre-Germain Parisau; era il 25 agosto 1792, De Rozoy, il redattore del foglio realista, la *Gazette de Paris*.

Sono intere famiglie, dei parenti che ghigliottinano preferibilmente insieme, tale M. de Malesherbes, sua figlia, la presidente di Rosambo,

---

[371] Il 27 settembre 1793 pagarono alla vedova Favier 96 lire per 4 dozzine di fiaccole fornite, il 6 aprile 1793, per l'esecuzione di Guyot des Maulans, Era la prima condanna a morte pronunciata da Tribunale Rivoluzionario.

[372] H. Taine, *Les origines de la France contemporaine*, tomo VII, p. 271.

[373] Rapporto di polizia del 7 ventoso anno II; *Archives nationales*, serie W, cartone 112.

la contessa di Chateaubriand, «immolate insieme, lo stesso giorno, alla stessa ora, sullo stesso patibolo»[374].

«Gli spettatori dicevano: bisogna che non ci siano gelosie tra loro; devono passare tutti dalla piccola finestra[375].» Coloro contro i quali, nella seduta del 30 marzo 1793, Marat si è scagliato alla Convenzione[376], coloro che, a Coblenza, hanno preso l'abito blu, la veste rossa, i calzoni gialli, i bottoni con il giglio dell'armata di Condé[377], i soldati o i comandanti di quei reggimenti dove dei ragazzini di dodici anni pagano seicentodieci luigi per il grado di sottotenente[378], gli emigrati, infine, poiché questa parola dice tutto, sono promessi senza appello a quel patibolo «dove conviene mandare tutte le persone sospette[379]».

Ogni giorno porta i suoi fatti di cronaca. È Chaumette[380] che si dimena sulla carretta, solleva il popolo beffardo e grida: «Ecco la sorte che si riserva ai tuoi amici! Gli scellerati! I mostri! I cannibali! Moriranno tutti tra poco! Sono io che ve lo dico, cittadini! Lo vedrete!»[381]. A Lione, è Châlier, *l'amico dell'umanità*, al quale la mannaia cade tre volte sul collo tagliando a metà la carne e che, tra le urla di orrore del popolo, grida al boia: «Amico attaccami la mia

---

[374] Chateaubriand, *Mémoires d'outre-tombe*, tomo II, p. 103.

[375] Rapporto di polizia dell'osservatore Letasseye, 19 piovoso anno II; *Archives nationales*, serie W, cartone 112.

[376] «È urgente che, nella crisi in cui ci troviamo, le teste degli emigrati cadano sotto la spada della legge.» Seduta della Convenzione del 28 marzo 1793, *Moniteur* del 30 marzo, n° 89.

[377] *Journal de M. Suleau*, vol. II.

[378] *Souvenirs sur la Révolution, l'Empire et la Restauration par le général comte Rochechouart, aide de camp du duc de Richelieu, aide du camp de l'empereur Alexandre Ire, commandant la place de Paris sous Louis XVIII*; Memorie inedite pubblicate da suo figlio.

[379] *Mémoires de Mme Roland*, tomo II, p. 79.

[380] M. Aulard ha pubblicato con un'introduzione e delle note le *Mémoires de Chaumette sur la Révolution du 10 août 1792*, Parigi, 1893, in 8°.

[381] Des Assarts, op. cit., tomo II, p. 250.

coccarda; non sai che muoio per la libertà?[382]». Questa orribile macelleria, gli onori dell'apoteosi conferiti dalla Convenzione[383], la rue Beaurepaire e la piazza Beaurepaire lasciano questi nomi per quello di Châlier[384], questo trionfo postumo potranno ripagarlo? Per Châlier la ghigliottina non è che un buffetto sul collo![385]

¤ ¤ ¤

In quella folla che circonda la ghigliottina, i giorni in cui non c'è «riposo al teatro[386]» circolano i propositi più eccessivi. I rapporti di polizia ci hanno conservato delle curiose conversazioni, che portano nuovi elementi allo studio del popolo rivoluzionario. È Perrière che racconta. Alla data del 16 ventoso: «Un cittadino al quale mi sono avvicinato nel momento in cui conducevano un condannato al supplizio, mi dice che la ghigliottina non era ancora pronta a riposarsi e che ne attendeva ancora più di ventimila.» Sebbene poliziotto, Perrière ha un momento di stupore. Ascoltiamolo: «Cosa! – gli dico un po' stupito – A Parigi solamente?» «Oh, no! – risponde un po' sconcertato – in diversi dipartimenti[387]». E Perrière si tranquillizza. All'indomani, 17 ventoso, è Le Breton che osserva: «Dicono che ci siano ben altre teste da far cadere[388].» Tuttavia, qualche giorno prima, l'8 ventoso, Rollin ha sentito un linguaggio differente: «Ieri, numerosi cittadini si sono permessi di mormorare sul numero che la ghigliottina, dicevano, uccide tutti i giorni tanto a Parigi che nei

---

[382] Henriquez, *Epitres et évangiles du républicain pour toutes les décades de l'année*, 1794.

[383] *Moniteur*, 28 luglio 1793.

[384] *Moniteur*, 10 e 22 dicembre 1793.

[385] P. J. B. Nougaret, op. cit.. Attribuisce la parola a Lamourette mentre scende dal tribunale dopo la sua condanna. Fu ghigliottinato il 21 nevoso anno II (10 gennaio 1794).

[386] Lettera di Benet, cancelliere della commissione di Marsiglia, a Payan il maggiore, 15 di frimaio anno II (cit. da Courtois).

[387] *Archives nationales*, serie W, cartone 112.

[388] *Archives nationales*, serie W, cartone 112.

dipartimenti. Uno, tra gli altri, diceva che per la maggior parte non era convinti dei crimini che si rimproveravano loro.» Rollin, a questo linguaggio sedizioso, si allontana per cercare una guardia. «Nel frattempo si sono dispersi[389]», conclude malinconicamente.

È il tempo in cui gli *chouan* possono scrivere: «Il francese ha paura della ghigliottina![390]». «È vero che tutti gli esseri pensanti che andavano alla morte erano già per metà morti?[391]» Pressoché tutti i rapporti di polizia, quasi tutte le testimonianze contemporanee affermano il contrario. «Muoiono con coraggio in pieno Terrore.[392]», dice Jules Claretie, ed è vero. Michelet che parla dei condannati che vanno alla morte con una rosa in bocca esagera probabilmente, ma tuttavia non siamo lontani dal credere con lui, che la Francia «ha riso nel Terrore[393]». E in questa Francia dove tutto è scherzo, si scherza sul patibolo[394]. La ghigliottina non spaventa, non spaventa più, perché l'esercizio del «terrore» ha reso indifferente il crimine come i liquori forti stancano il palato»[395]. Quei condannati, che l'umanità impedisce a Herman, presidente del Tribunale Rivoluzionario, di lasciare «più di ventiquattro ore nelle ombre della morte[396]», perché la cosa è contraria ai suoi principi, quei condannati marciano verso il patibolo, sottomessi, con la rassegnazione del bestiame verso il macello.

---

[389] *Archives nationales*, serie W, cartone 112.

[390] Lettera di un agente degli *chouan*, 23 novembre 1794, citata da *Censeur*, 1815, riprodotta nelle *Mémoires authentiques de Maximilien de Robespierre*, tomo I, p. 41.

[391] Restif de la Bretonne, *Les nuits de Paris, ou le spectatteur nocturne*, Londra e Parigi, 1788-1789, in 12°.

[392] J. Claretie, prefazione a *La Névreuse révolutionnaire*, p. IX.

[393] J. Michelet, op. cit., tomo VII, *Robespierre*, cap. III, p. 35. Il fatto può sembrare immaginato. Niente di più vero, tuttavia. Jourdan Coupe-Tête andò al patibolo con un mazzo di lilla tra i denti.

[394] H. de Balzac, *Une ténébreuse affaire*.

[395] Saint-Just.

[396] Lettera di Herman ai membri del Comitato di Salute Pubblica, Parigi, 7 nevoso anno II. (*Collection de feu M. Paul Dablin*.)

¤ ¤ ¤

Il 10 novembre, mentre era a cenare, Sanson ricevette una lettera. La mise a fianco del piatto e continuò il suo pasto. Bevuto l'ultimo sorso di vino, pulite le dita sporche di grasso nella salvietta, aprì la lettera e lesse:

21 brumaio

TRIBUNALE CRIMINALE RIVOLUZIONARIO ISTITUITO DALLA LEGGE DEL 10 MARZO 1793, ANNO 2° DELLA REPUBBLICA

L'esecutore delle sentenze criminali non mancherà di recarsi *domani 21[397] del mese di brumaio 1793[398]* alla Maison de Justice per porre in atto l'esecuzione della sentenza che condanna *Jean Silvain Bailly ex sindaco di Parigi*.alla pena di *morte*.

L'esecuzione avrà luogo alle ore undici del *mattino* sulla piazza della spianata tra il Campo di Marte e La Rivière de Sesne.

L'Accusatore Pubblico
A. Q. Fouquier

Aut. Tribunale 20
1793[399] brumaio dell'Anno 2.

Sarà seguita la normale strada, vale a dire per la rue St-Honoré e il ponte della rivoluzione.

Sanson depose il foglio.
«A mezzogiorno sarà tutto finito», disse.
Dopo essersi nascosto in Bretagna e a Melun, Bailly era stato arrestato l'8 settembre 1793, appena arrivato da tre giorni in questa città. Il 9 novembre fu fatto uscire dalla Force per comparire davanti ai suoi giudici. Non doveva più ritornare nella sua prigione. La prima

---

[397] I passaggi in italiano sono di mano di Fouquier-Tinville nel pezzo originale conservato al Museo Grévin.

[398] La data è stata cancellata nell'originale.

[399] *Idem.*

udienza durò dalle nove del mattino alle due e mezza; ripresa alle cinque, non terminò che alle dieci, per ricominciare l'indomani dalle dieci alle quattro.

L'11 novembre salì sulla carretta.

Sotto la pioggia fine e penetrante di brumaio, il corteo seguì la strada indicata da Fouquier-Tinville. Attraverso le umide brume della triste mattina, l'anziano sindaco poteva vedere, là in basso, attraverso la fila di alberi spogli, il Campo di Marte dove, il 17 luglio 1791, aveva fatto applicare la legge marziale[400]. Ogni giro di ruota della carretta lo avvicinava alla terra dove il sangue colò per ordine della municipalità. Dall'alto del suo cavalletto di tavole scorrevoli si alzava la ghigliottina, che elevava le sue magre braccia al di sopra della folla ondeggiante e bagnata.

Bruscamente, un uomo balzò sul patibolo e urlò:

«La terra sacra della Federazione non può essere sporcata dal sangue impuro di un così grande criminale!»

Mille mani applaudirono, e malgrado gli sforzi di Sanson e dei suoi aiutanti, afferrarono le assi, trasportarono il paniere, la bascula, la mannaia in uno dei fossati lungo la Senna.[401] Lui, il condannato, era là, in piedi sulla carretta. Lo fecero scendere; braccia furiose lo trascinarono, inciampando, sulla carreggiata verso il luogo scelto per il suo supplizio. La pioggia cadeva sempre. Sotto gli scrosci ghiacciati l'anziano uomo curvava le spalle, fradicio. Le sue labbra sottili tremavano; l'acqua scorreva sul suo collo. Batteva i denti.

«Tu tremi, Bailly!» Lo sbeffeggiò un uomo.

L'altro alzò il capo e disse piano:

«È il freddo.[402]»

Fu la sua ultima frase. «È morto come il giusto Platone o come Gesù Cristo – dice Riouffe – in mezzo all'ignominia: sputarono su di lui.»

Su quella faccia rugosa la pioggia lavò gli sputi[403].

---

[400] Precedentemente la legge marziale era stata applicata dall'Assemblea Costituente il 21 ottobre 1789, a proposito dell'assassinio di un panettiere accusato, a torto, d'accaparramento.

[401] *Bulletin du Tribunal criminel Révolutionnaire*, n° 81.

[402] *Le glaive vengeur de la République Française*, p. 141.

[403] Su Bailly vedere: Fr. Arago, *Biographie de Jean Bailly*, Parigi, 1852, in 4° e una critica alquanto vivace ma interessante di Détrou: *Vie de M. J. S. Bailly, premier maire de Paris*, dedicata e presentata all'Assemblea nazionale, Parigi,

Il sistema del Terrore

※ ※ ※

Pochi giorni dopo Bailly, è Barnave, giustiziato insieme a Duport du Terte, l'ex ministro della giustizia di Luigi XVI. Come Mirabeau, Barnave ha preso le parti della monarchia. Il primo si è venduto alla corte, il secondo si è dato alla regina all'indomani della rotta di Varennes. Pensiamo alle Tuileries[404]. È sufficiente. Barnave muore «con un contegno fermo e tranquillo[405]». Il 16 floreale anno II, cade il fermier generale[406] Lavoisier. Non è lo scienziato che viene colpito, è l'uomo solidale con i ventisette «tiranni delle gabelle», che l'accompagnano sui gradini del tribunale. Incaricati di riscuotere, a loro beneficio e attraverso i loro agenti, le imposte, le somme del monopolio del sale, del tabacco, delle dogane interne ed esterne, in cambio del canone versato al re, i fermier generali hanno da tempo accumulato sulle loro teste la tempesta del malcontento popolare. Quel fulmine li colpisce tutti[407] e la scienza piange su quella nobile testa, piena di genio[408].

1790, in 18°.

[404] «Quest'uomo ha molto talento; avrebbe potuto essere un grande uomo, se l'avesse voluto: lo potrebbe ancora . . . » Lettera di Mme Elisabeth a Mme Raigecour, 25 settembre 1791.

[405] *Le glaive vengeur de la République Française*, p. 141.

[406] (N.d.R.) Il *fermier-général* era l'appaltatore delle riscossione dei tributi.

[407] Sanson sbrigò in trentacinque minuti l'infornata dei fermier generali.

[408] I sigilli posti sui beni di Lavoisier furono tolti il 10 pratile anno III, (29 maggio 1795) con un ordine firmato Grégoire e Mentelle, segretari del Comitato di Istruzione pubblica. *(Collection Paul Dablin)*. Mollien, il futuro ministro del Tesoro pubblico, sotto l'Impero, fu compreso nei procedimenti contro i fermier generali. Volle avvelenarsi e non diede seguito al suo progetto grazie all'intervento di Lavoisier. Dovette la libertà a un oscuro gioielliere. Mollien era entrato nella *Ferme* dopo aver esercitato una funzione nel Controllo della *Ferme* stessa. Su Lavoisier vedere per le edizioni Grimaux: *Lavoisier d'après sa correspondance, ses papiers*, Parigi, 1888, in 8°.

Le Muse potranno bagnare di lacrime di rimpianto la bella testa di André Chénier, enorme, simile a quella di Mirabeau, e che la poesia ha segnato della sua luminosa aureola.

La Rivoluzione ha ignorato questo poeta. Ha conosciuto di lui solo la suo ode blasfema ai mani di Marat, avvolgendo il fantasma di Charlotte Corday di un sudario armonioso delle sue strofe piene di imprecazioni. Di lui ancora non ha potuto leggere che i suoi violenti articoli del *Journal de Paris*. Passata la tempesta, si è saputo quale voce era stata uccisa, quale eco sonora usciva e cantava nell'anima di quest'uomo dall'alta statura, dalla carnagione abbronzata, pieno di sufficienza e di orgoglio[409], che fu poeta in un secolo di battaglia e che alterò la sua voce cristallina per urlare gli inni di imprecazione della sua indignazione. E quel giorno cadde la maschera del freddo rimatore che fu suo fratello Marie-Joseph.

Nel paniere sanguinante, il 7 termidoro, le sue labbra, consumate dalla rabbia impotente, diedero il bacio fraterno a Jean-Antoine Roucher[410].

¤ ¤ ¤

Molto spesso, sotto le Galeries de Bois du Palais Egalité, gli strilloni del *Père Duchêne* hanno annunciato la «sua gioia», «la sua più grande gioia». Viene un giorno che non ne avrà, che non condividerà, è quello in cui Parigi apprende del suo arresto. Nella notte tra il 23 e il 24 ventoso (13-14 marzo) è arrestato al suo domicilio, corte dei Forges, rue Neuve-Egalité, ex Bourbon Ville-Neuve. Alla notizia, Parigi scoppia in un grande riso frenetico. «È impossibile – scrive l'ispettore

---

[409] *Les Mémoires d'une inconnue*, p. 78.

[410] Roucher, segretario, nel 1786, della loggia delle *Neuf-Soeurs,* abitava al 24 di rue Noyers, Chénier al 24 di rue Sentier. Alfred de Vigny racconta, in *Stello*, la sua esecuzione in piazza della Révolution. Ebbe luogo alla Barrière du Trône Renversé. Perché i poeti vogliono scrivere la storia? Tra le numerose opere dedicate ad André de Chénier, quelle di Becq de Fouquières sono particolarmente valide, citiamo in particolare: *Documents nouveaux sur André Chénier, accompagnés d'appendice relatifs au marquis de Brazais, aux frères Trudaine, à F. de Pange, à madame de Bonneuil, à la duchesse de Fleury,* Parigi 1875, in 12°; *Lettres critiques sur la vie, les oeuvre, les manuscrits d'André Chénier,* Parigi, 1881, in 12°; Robert de Bonnières, *Lettres Grecques de Madame Chénier, précédées d'une étude sur sa vie,* Parigi, 1879, in 8°, etc., etc...

Henriot, il 26 ventoso – descrivere la gioia di tutta Parigi nell'apprendere l'arresto di Hébert e dei suoi soci[411]».

Il 1° germinale (21 marzo) ha inizio il processo dell'anziano operaio di loggia. Pourvoyeur, nel suo rapporto del 26 ventoso, ha già annunciato che tutte le finestre di rue Saint-Honoré sono affittate e occupate per veder passare il Père Duchêne[412], tanto si è certi, in anticipo, della sentenza che sta per abbattere il «mercante di infornate». Come si parla di rimandare l'esecuzione alla prossima decade, Perrières annota che è unicamente «perché tutti la vedano»[413]. Quel giorno, il 4 germinale, il tempo è meraviglioso, il tempo che avrà Danton e che serrerà il cuore appassionato di Camille Desmoulins.

Da quando il giorno si è levato, i gruppi si assembrano nelle strade, si formano davanti al Palazzo di Giustizia, al Palais-Egalité, ed è il Père Duchêne, sempre lui, che occupa l'attenzione pubblica. È il soggetto fecondo di tutti i propositi, di tutte le conversazioni.

«Ah! Il cane, non imprecherà più! Deve essere maledettamente in collera![414] Se il suo progetto fosse riuscito, avremmo avuto una nuova San Bartolomeo[415]! Ci saremmo sgozzati l'uno con l'altro senza sapere il perché[416]. È maledettamente in collera: gli hanno tolto tutte le infornate!»

E una risata enorme, la risata di Parigi scossa da una crisi di ilarità, attraversa le strade, tuona sotto il cielo chiaro di germinale: alla fine dei bastioni, delle pertiche, dei pezzi di legno, si alzano delle pipe e dei fornelli che paveseranno il corteo di Père Duchêne[417]. Le donne dei

---

[411] *Archives nationales*, serie W, cartone 112.

[412] *Archives nationales*, serie W, cartone 174.

[413] Rapporto di Pourvoyeur, 26 ventoso, *Arch. Nat.*, serie W, cartone 112, pezzo 65.

[414] Rapporto di Pourvoyeur, 4 e 5 germinale, *Arch. Nat.*, serie W, cartone 174, pezzo 5.

[415] (N.d.R.) Il riferimento è alla notte di San Bartolomeo del 23-24 agosto 1572, in cui, a Parigi, furono trucidati gli ugonotti da parte dei cattolici. Le stime delle vittime vanno dalle 5.000 alle 30.000.

[416] Rapporto di Grivel, 4 e 5 germinale, *Arch. Nat.*, serie W, cartone 174, pezzo 69.

[417] Rapporto di Grivel, 4 e 5 germinale, *Arch. Nat.*, serie W, cartone 174, pezzo

mercati hanno dei bouquet in mano[418]; i bambini gridano la notizia dell'arrivo del corteo; cantano a piena voce il refrain che il *Rougiff* ha pubblicato al mattino:

> Cielo! Era così patriota,
> faceva dei discorsi così belli!
> Perché fischia lo scervellato,
> Il famoso mercante di infornate?[419]

Più lontano un altro refrain:

> Il cabriolet di Pont-aux-Choux
> Vi trascina con diciotto spilorci
> Hébert, questo patriota della sciocchezza,
> Che trovandosi preso come un ghiozzo
> Non parlava più di fare una mozione!

E nel frattempo gli imbroglioni fanno dei buoni e fruttosi colpi nelle tasche dei cittadini zelanti[420]. In mezzo a questi canti, questi clamori, salutati dalle fiaccole all'estremità delle canne e dai fuochi sopra i bastioni, sbucano le carrette.

Il Père Duchêne attira tutti gli sguardi. Ognuno gli rimprovera la sua vigliaccheria, la sua scelleratezza, la sua ipocrisia. Schiacciato contro le sponde della «carrozza dalle trentasei portiere», che ha tante volte celebrato accompagnandosi con i suoi «mascalzone! fottiti!», vacilla al trotto sconnesso dei cavalli. È triste e costernato[421], prostrato[422], il mercante di infornate. Il clamore popolare lo frusta

---

69.

[418] Rapporto di Monti, 4 e 5 germinale, *Arch. Nat.*, serie W, cartone 174, pezzo 64.

[419] J. J. Dussault, *La Complainte du Père Duchêne*, sull'aria di: *Je l'ai planté, je l'ai vu naître* (*Le Rougiff*, 4 germinale anno II).

[420] Rapporto di Rollin, 4 e 5 germinale, *Arch. Nat.*, serieW, cartone 174.

[421] Rapporto di Perrières, 4 e 5 germinale, *Arch. Nat.*, serie W, cartone 174, pezzo 4.

[422] Rapporto di Grivel, 4 e 5 germinale, *Arch. Nat.*, serie W, cartone 74, pezzo

senza pietà. Come Momoro[423], non ha il coraggio di sghignazzare, di essere furioso come Ronsin[424] che sembra il meno afflitto dalla morte che lo attende[425]; non ha quello che il poliziotto Dugast chiama «il senso di freddezza di Ana Karsis Cloots[426]». È là «come la femminuccia più debole[427]», il Père Duchêne alla sua ultima ora. Ma questo supplizio dell'ingiuria popolare non è il peggio di ciò che ancora lo attende. L'infornata dei suoi complici lo precede sul patibolo, poiché l'onore della seduta è per lui[428].

L'ispettore Perrières racconta in modo pittoresco l'orribile fatto: «I boia, dopo avergli passato la testa nell'anello fatale, risposero al desiderio che il popolo aveva espresso di votare questo grande cospiratore a un supplizio meno dolce della ghigliottina, tenendo la mannaia sospesa per parecchi secondi sul suo collo criminale, a facendo girare, nel frattempo, i loro cappelli vittoriosi intorno a lui e assalendolo con grida pungenti di *viva questa repubblica*, che aveva voluto far morire. C'erano forse quattrocentomila anime testimoni di questa esecuzione[429]. Lo scatto praticato da Sanson mette fine alla scena.

Alle sera, la città è in festa, l'aria sembra più pura, la natura più ridente, tutto sembra aver cambiato volto[430]. La serata è calda. Rue

---

69.

[423] Momoro de Besançon era il redattore del *Journal du Club des Cordeliers*. Fu da lui che, 1790, comparve quello scandaloso pamphlet intitolato: *Lettre du diable au pape, sur la suppression des règles dans les communautés des filles*, dall'Inferno, di Momoro, stampatore del Diavolo, in 8°, 22 p.

[424] *Idem.*

[425] Rapporto di Dugast, 4 e 5 germinale, *Arch. nat.*, serie W cartone 174, pezzo 67.

[426] *Idem.*

[427] Honoré Riouffe, op. cit.

[428] Rapporto di Grivel, cit.

[429] Rapporto di Perrières, 4 e 5 germinale, già citato.

[430] F. C. Gallart de Montjoye, op. cit., p. 132.

Mouffetard, delle vecchie discutono sull'uscio e parlano del ragazzino, il figlio della fruttivendola la cui bottega è ora occupata da uno stagnino che, un tempo, «pronosticava loro ciò che doveva essere per le nere torri alle quali si consegnava[431]». Questo ragazzino è il cospiratore passato oggi sotto la spada della legge e il cui trapasso rallegra i moderati[432]. Ognuno maledice il suo nome, ciascuno getta nella sua fossa la pietra del suo disprezzo e della sua ingiuria. L'enorme invettiva di Parigi è scagliata sugli hebertisti: «Come non si osò dire una parola contro di loro, da quindici giorni si declama con veemenza contro questi perfidi, questi mostri esecrabili. È il modo di fare degli uomini rozzi; fanno i coraggiosi quando si è ucciso il nemico[433]». È Grivel, spione filosofo, che dedica in questo modo un'orazione funebre al mercante di infornate. Tuttavia, dietro di lui lascia dei fedeli che, a voce bassa, lo proclamano martire del suo patriottismo. Stiano attenti! «Aspettiamo che parlino più forte e li sorvegliamo[434]». E in questa piccola frase di un rapporto di polizia sembra di sentire cigolare la mannaia nella sua guida di rame arrugginito.

¤ ¤ ¤

Tutto questo sangue sparso formava dei rossi stagni sulla terra della piazza della Révolution. Il suolo se ne impregnava profondamente e il tallone dei passanti ne portava le tracce lontano. Come una spugna pressata, il sangue sgorgava tra le impronte dove i cani lo andavano a leccare. Questo atroce dettaglio non è una leggenda realista, abbiamo il coraggio di riconoscerlo.

Ci è fornito da una lettera, del 13 maggio 1793, del procuratore sindaco al cittadino Guidon, che noi abbiamo visto, come carpentiere del quartiere, occuparsi della costruzione della prima ghigliottina. Il procuratore sindaco dichiara «che il sangue dei giustiziati rimane sulla piazza dove è stato versato, che dei cani vengono ad abbeverarsene, e

---

[431] Rapporto di Perrières, 4 e 5 germinale, già citato.

[432] Rapporto di Soulet, 4 e 5 germinale, *Arch. nat.*, serie W, cartone 174, pezzo 66.

[433] Rapporto di Grivel, 4 e 5 germinale, *Arch. nat.*, serie W, cartone 174, pezzo 69.

[434] *Archives nationales*, serie W, cartone 124, pezzo 18.

che molti uomini abbassano i loro sguardi a questo spettacolo che porta gli animi alla ferocia[435]». Questa testimonianza ufficiale, possiamo dire, Prudhomme la conferma nelle *Révolutions de Paris*, dove dopo aver parlato del nuovo supplizio, rileva che esso «non nasconde abbastanza agli spettatori la vista del sangue; lo si vede colare dal taglio della ghigliottina ed arrossire in abbondanza il pavé dove si trova il patibolo. Questo spettacolo repellente non dovrebbe essere offerto agli occhi del popolo; sarebbe facile riparare a questo inconveniente, più grave di quanto si pensi, poiché famigliarizza con l'idea della morte, inferta, è vero, in nome della legge, ma con un sangue freddo che porta alla ferocia ponderata».

Nei giorni d'estate, l'odore è intollerabile. Delle belle mosche verdi, azzurre, dorate fanno dei vortici su quelle pozzanghere coagulate che bevono la terra e che seccano gli ardori del sole di fruttidoro. I secchi d'acqua gettati dagli aiutanti di Sanson le cacciano, ma all'indomani, con le nuove infornate, ritornano.

Questo ricordo, alla Restaurazione, farà un campo maledetto della piazza fatale e farà scostare Luigi XVIII terrificato[436]. Più tardi, al triplo galoppo dei suoi calessi, la supererà, sempre paurosi all'avvicinarsi della sera, di tutte le ombre tragiche che popolano questa piazza dove non vi è alcuna pietra votiva[437] e dove si impennarono di disgusto i pacifici buoi della festa di pratile[438].

---

[435] *Revue Rétrospective*, 1835, 2ª seri, tomo I, p. 33.

[436] *Oeuvres complètes de M. le vicomte de Chateaubriand, membre de l'Académie Françoise*, tomo V, *Mélanges politiques: Le vingt et un janvier mil huit cent quinze (MDCCCXXXVI)*.

[437] «... Nessuno, tra i vecchi terrorizzati o i loro eredi, ha avuto l'idea, neanche sotto il regno dello pseudo legittimo Luigi XVIII, di far mettere qualche pavé nero che avrebbe indicato per sempre il posto occupato un tempo dal patibolo». Romaney, *Pensées d'un Naundorffiste, La Legitimité*, p. 480, febbraio 1906.

[438] «... Benché fosse stata lavata, benché fosse stata ricoperta da una spessa sabbia, si fermarono, paralizzati dall'orrore ed è solo con un colpo di pungiglione che li si forzò a passare oltre». Louis-Vincent Arnault, op. cit.

LIBRO IV

IL CAPITOLO DEI REGICIDI

I

IL 21 GENNAIO 1793

Nel 1792 comparve un piccolo opuscolo di otto pagine: *Le Procès de Louis XVI mis au cachot pour ses forfaits*. Simile a tutti quelli che, a dozzine, comparivano tutti i giorni, non avrebbe attirato l'attenzione se non fosse stato illustrato, sul frontespizio, con un piccola ghigliottina e, sotto questo emblema, una sola parola:

Aspetto

Non aspetterà per molto tempo.

Il 20 gennaio la neve ha coperto Parigi del suo sudario e del suo silenzio. Giunta la notte, l'ultima notte di Luigi Capeto, la pioggia si è messa a cadere. Nelle strade ora è il fango, un fango ghiacciato che insudicia le scarpe. A quest'ora mattutina, la nebbia si è alzata con la luce esitante del giorno. L'ex piazza Luigi XV è deserta, avvolta dall'opaca bruma. Alle otto, tre uomini sbucano dalla via Nationale, ombre curve che si affrettano.

Attraversano la piazza, dirigendosi verso l'entrata dei Champs-Elysées dove si alza la ghigliottina[439]. I tre uomini salgono sul palco. Nella bruma soffoca il rumore sordo e prolungato della lame che, a

---

[439] «Il patibolo era eretto all'ingresso dei Champs-Elysées e il piedistallo che, era servito da basamento alla statua di Luigi XV, reggeva allora quella della Liberté». Mortimer-Ternaux, *Histoire de la Terreur (1792-1794) d'après des documents authentiques et des pièces inédites*, tomo V, p. 504. C'è un errore, la statua della Liberté fu eretta in questo posto solo nell'agosto 1793.

due o tre riprese, cade. È Sanson che è venuto a provare la macchina. Soddisfatto scende e se ne va con i suoi aiutanti. È l'ora in cui Santerre[440] supera la soglia del vecchio maschio della Commanderie du Temple. Da tre ore il re è in piedi. Alle cinque, Cléry lo ha svegliato. Alle sei e mezza l'abate Edgeworth ha celebrato la messa con il calice e gli oggetti sacri prestati dalla Chiesa dei Cappuccini del Marais, su ordine della Comune[441].

Il re aspetta.

«Mi state cercando, Signore?», chiede a Santerre.

«Sì»

«Bene»

---

[440] (N.d.R.) Antoine-Joseph Santerre (1752-1809) fu il comandante della Guardia nazionale e prese parte a maggiori avvenimenti della Rivoluzione.

[441] Ecco due brani poco conosciuti, relativi all'ultima messa di Luigi XVI.

«Un crocefisso, un messale, un calice, un corporale e una pala e una patena, un amitto, una plancia, un cordone, un manipolo, una stola, una pianeta, due tovaglie da altare, una grande e una piccola ostia.

Io sottoscritto, ministro del culto cattolico, gradito dal consiglio della Comune, in seduta al Tempio, per dire la messa domani nell'appartamento di Luigi Capeto, conformemente al suo desiderio, desidero che mi si forniscano gli oggetti dettagliati nella precedente lista. Questo venti gennaio millesettecento novantatré.»

Firmont

I commissari della Comune fissarono:
«Noi sottoscritti, commissari della Comune, di guardia alla torre del Tempio, deliberando sulla domanda sopra enunciata, preghiamo il cittadino curato della parrocchia di San Francesco d'Assisi di voler prestare gli oggetti dettagliati nella domanda qui esposta, e sul desiderio di Luigi Capeto, per fargli sentire una messa, che deve essere celebrata nella sua camera, alla torre del Tempio, domani mattina, alle sei precise, e di inviare questi oggetti al consiglio del Tempio da una persona che sceglierà a questo fine, oggetti che gli saranno restituiti nella mattinata dello stesso giorno.
Preghiamo, inoltre, il cittadino curato di volerci inviare questi oggetti questa sera, se possibile, o farci assicurare dal presente latore che saranno inviati domani, alle cinque del mattino.
Fatto dal consiglio del Tempio, questa domenica sera, venti gennaio, millesettecento novantatré.
Anno secondo della Repubblica.»
Gli oggetti furono portato alle due del mattino.

Va nel vicino studio a prendere il suo testamento e prega Jacques Roux di rimetterlo alla Comune.

«Non è compito mio, io sono qui per condurvi al patibolo», gli viene risposto.

«È giusto», osserva il re e affida il testamento a Baudrais, il commissario della guardia del Tempio, con un rotolo di venticinque luigi d'oro da restituire a Malesherbes, che glieli aveva prestati. L'ora è giunta. A un segno di Santerre si mettono in marcia. Scendono le scale. La vettura è là. È quella di Clavière, il ministro, che rimpiazza la berlina del sindaco che la Comune ha rifiutato per l'ultimo viaggio reale. A fianco dell'abate Edgeworth de Firmont, il re si siede in fondo alla vettura. Il maresciallo d'alloggio e il luogotenente della gendarmeria Labrosse prendono posto sulla panchetta davanti. Il «tiranno» piega il suo cappello sui suoi occhi. È vestito con una lana bruna, una camicia bianca con calzoni grigi, calze bianche e un gilet di mollettone bianco. L'abate apre il suo breviario e legge: «*Judicame me, Deus, et discerne causa meam de gente non sancta: ad homine iniquo et doloso erue me . . .*» il re riprende i versi dell'ufficio dei morti: «*giudicatemi, Signore, e sostenete la mia causa contro una nazione spietata, liberatemi da questi uomini pieni di inganno e di ingiustizia . . .*»

Nel silenzio mattutino la carrozza si mette in marcia.

È dapprima il sordo brontolio dei cannoni trainati alla testa di un corteo formato da 14.000 uomini armati. Improvvisamente i tamburi e le trombe irrompono, scandendo la loro eroica marcia davanti alla vettura. In un grande spazio libero, avanza lentamente, portata al passo dai cavalli. Non si vedono i volti immobili di quelli che trasporta.

Dalle sette del mattino, in una doppia fila di fucili e di picche, gli uomini sono schierati lungo il viale. Nelle loro sezioni, i comitati siedono in permanenza; la Comune siede all'Hotel de la Ville; le barriere sono chiuse[442].

In questo muto circolo che avanza, quali possono essere i pensieri del pover'uomo nella sua ultima ora? Si rammenta tra i trascorsi mesi di gennaio, quello del 1786 dove alla stessa data, ha scritto sul suo diario personale queste due laconiche parole: «*Niente. Disgelo.*» Ripensa a quello del 1792 quando, in favore di Mme Elisabeth ha firmato un ordine di pagamento di 36.000 lire, «computate 6.000 per i regali; 6.000 per la fiera di Saint-Germain e 24.000 per gli svaghi nei

---

[442] Disposizione del dipartimento di Parigi, inviata dalla Comune alle sezioni il 20 gennaio 1793.

primi sei mesi del 1792, in ragione di 4.000 lire al mese[443]»? Non sappiamo. È attorno a questa vettura, in questa vettura, il mistero della morte. Le orecchie sono sorde al rumore della città e, arrivato alla Port Saint-Denis, Luigi XVI non saprà neanche che due uomini si fanno ammazzare in quel momento per lui. Il barone Bayz, il suo amico Devaux e due altri realisti, sciabole alla mano, hanno tentato di forzare le fila armate urlando: «A noi francesi! Salviamo il re!» È un momento di stupore, un breve parapiglia. Due dei cospiratori sono uccisi sulla soglia del n° 8 di rue de Cléry. De Batz e Devaux scappano. La vettura è passata. I tamburi rullano sempre, le trombe fanno vibrare i loro rami. All'altezza della Madeleine, suonano le dieci. La vettura gira. Ancora qualche minuto e il re dirà:

«Siamo arrivati, credo?[444]»

La vettura si ferma. È qui.

In mezzo al grande spazio circondato da cannoni sorvegliati da uomini nel pugno dei quali fuma la miccia, si alza la ghigliottina. Di fronte a lei, nel posto d'onore, si allineano i battaglioni dei «bravi marsigliesi».

Un ultimo scambio di parole ha luogo nella vettura:

«Signori – dice il re – vi raccomando il signor abate.»

Il maresciallo d'alloggio si sporge verso la portiera.

«Signori – continua il re – vegliate affinché non gli accada nulla di male dopo la mia morte.»

«Va bene, va bene», mugugna il luogotenente della gendarmeria.

Scendono. Nella nebbia, la grande folla si agita. Gli allievi del Collège des Quatre-Nations guardano, in piedi sulle balaustre, davanti ai fossati. In fondo agli scalini, Sanson attende. Si tratta di togliere gli abiti al condannato. Resiste. L'abate interviene e si rassegna. Gli vogliono legare le mani. Protesta con tutta la sua maestà regale offesa. Le parole dell'abate lo calmano. Offre le mani. Sanson le lega con un fazzoletto. Un colpo di forbici, che fa rabbrividire la sua nuca di un colpo di freddo, fa cadere i capelli. Appoggiato col gomito sulle braccia dell'abate, il re mette il piede sul primo scalino. Sono le dieci e ventidue minuti[445].

---

[443] Collection de feu M Paul Dablin.

[444] «Alle dieci e dieci minuti, la vettura arrivò sulla piazza della Révolution». Magin, *Histoire de France*, tomo II, p. 348.

[445] Rapporto dell'esecuzione.

Penosamente sale, ansimando. Alcune voci gridano: «Grazia! Grazia!» dietro «i mucchi di pavé che si trovano non lontano dal patibolo e dal piedistallo vedovo della statua di Luigi XV[446]»? Poco importa. Continua a salire. Spera nella liberazione, nel supremo sforzo che solleverà il popolo di Francia alla sua «voce terribile[447]»? È da là che viene il suo coraggio?[448] Eccolo in piedi sul palco, lo sguardo verso i tamburi che battono. Grida: «Tamburi, tacete!»

Il rullio cessa. Si paralizzano improvvisamente anche le dita delle trombe. Un grande stupore cade nel silenzio e nel silenzio la voce proclama:

«Francesi, io muoio innocente di tutto...»

Si alza una sciabola, un figura vistosamente decorata si alza al disopra della criniera di un cavallo, una voce urla, strangolata:

«Tamburi!... Avanti la legge!...»

Altre voci si incrociano:

«Esecutori, fate il vostro dovere!... La legge!... Avanti la legge!»

In questo momento di confusione, il volto del re si scompone[449]. Arretra di un passo. I cinque aiutanti del boia si precipitano su di lui. Resiste loro, si inalbera sotto le mani che lo tengono. Si libera, «una specie di lotta[450]». Eccolo rovesciato, piegato, stretto, legato. La bascula si abbatte. Il getto di sangue caldo sgorga. Sono le dieci e ventiquattro minuti[451].

---

[446] «L'incidente delle voci che gridarono: *Grazia!*, è alquanto dubbio. Louis Combes, *Episodes et curiosités révolutionnaires*, p. 104.

[447] Thomas Carlyle, op. cit.

[448] «Il coraggio del tiranno nei suoi ultimi momenti non veniva che dalla speranza che aveva di essere liberato dal popolo.» Lettera attribuita a Talleyrand, al ministro Lebrun, Londra 24 gennaio 1793. Citata in *Monsieur de Talleyrand*, tomo II, p. 110. Quest'opera, senza nome dell'autore, comparve nel 1835, in quattro tomi, alla libreria Lecointe e Pougin, quai des Augustins, n° 49, Parigi. Portava sul frontespizio: *Né pamphlet, né panegirico*.

[449] *Thermomètre du jour*, 13 febbraio 1793.

[450] Sébastien Mercier, *Nouveau Paris*.

[451] *Le Républicain*, 22 gennaio 1793.

In ginocchio sui gradini, l'abate singhiozza qualcosa: preghiere? Incoraggiamento?

La testa, col collo a brandelli e la mascella mutilata[452], viene portata ai quattro angoli del patibolo. Sporca le assi del suo sangue. Dapprima un istante di silenzio, di stupore trionfante, poi da tutti i petti un grido all'unisono: «Viva la Repubblica![453]» Il cabriolet di Philippe-Egalité si allontana al galoppo[454]. Sul palco pieno di sangue si arrampica un uomo, che inzuppa il suo braccio nel vischioso mare di sangue e lo sparge sulla folla urlante.

«Repubblicani, il sangue del re porta fortuna![455]»

È tutto. I battaglioni se ne vanno, segnando il passo al ritmo dei tamburi, allo squillare eroico delle trombe. La vita di Parigi ricomincia. Alla sera, la Comédie-Française va in scena l'*Enfant Prodigue* di Voltaire. La Repubblica si è liberata dell'ostaggio monarchico. «Non ci sono che i morti che non ritornano[456]». Un anno più tardi in questa stessa piazza, un cittadino si ricorderà di questo anniversario per dichiarare, con la franchezza di un sanculotto:

«È oggi un anno che il grosso porco è morto![457]»

¤ ¤ ¤

Dobbiamo necessariamente terminare questo capitolo con i due punti interrogativi che si pone la storia: il 21 gennaio 1793, chi ha ordinato il rullare dei tamburi, chi mise il bavaglio sulle labbra del re?

Generalmente l'onore, se così possiamo dire, è attribuito a Santerre, il «motore delle insurrezioni operaie[458]». La biblioteca

---

[452] Louis Combe, op. cit., p. 105.

[453] *Mémoires de M. l'abbé Edgeworth de Firmont.*

[454] Thomas Carlyle, op. cit.

[455] Prudhomme, *Les Révolutions de Paris*, n° 185 (dal 19 al 26 gennaio 1793).

[456] Casimir Stryenski, op. cit., p. 8.

[457] Barrère, *Rapport sur les crimes de l'Angleterre envers le peuple français et sur ses attentats contre la liberté des nations*; 7 pratile anno II.

[458] Albert Vandal, *L'avènement de Bonaparte*, tomo I.

municipale di Nantes[459] possiede il suo stato di servizio redatto da lui stesso. Probabilmente non ha voluto, a quell'epoca, ravvivare i ricordi del '93, e obbliga noi a cercare in altri documenti delle indicazioni sul carattere che gli attribuiscono.

Il primo documento da consultare è naturalmente il rapporto dei commissari della Comune, in particolare: Jacques Roux e Jean-Claude Berbard delegati per assistere all'esecuzione. Bene, costoro dichiarano, brevemente ma chiaramente: «Ha voluto parlare al popolo, Santerre si è opposto». Il *Moniteur*, alla data del 23 gennaio, è non meno breve e affermativo: «Sembrava voler ancora comandare: il comandante generale ordina al giustiziere di fare il suo dovere.» Una dei suoi biografi annota la sua confessione: «Feci tacere i tamburi che segnavano la marcia . . . [460]» Tacere? Non è quindi l'ordine di rullare che diede? E questo per dire una frase che gli attribuirono: «Santerre l'interruppe e disse: «Vi ho condotto qui non per arringare, ma per morire»?[461]

È la risposta di Jacques Roux a Luigi XVI, al Tempio, un pochino travestita. Mercier, nel suo *Nouveau Paris*[462], mette Santerre fuori causa: «Dicono che fu l'attore Dugazon che anticipò il comando di Santerre e ordinò il rullio dei tamburi». Ecco il poco eroico Santerre che «non ebbe di Marte che la birra» privato del suo unico titolo di gloria davanti alla posterità. Ma quel che ne dica Mercier, non è probabilmente che un rumore che corse all'epoca. Egli stesso non osa farsene garante. Possiamo dunque, senza temere di travisare la verità, assicurare che fu Santerre che diede l'ordine ai venti tamburi dell'armata in linea, e non della guardia nazionale, l'ordine di rullare davanti alla testa che cadeva.

È più difficile rispondere affermativamente al secondo interrogativo, quello che chiama in causa l'abate Edgeworth e il suo apostrofare Luigi XVI sulla bascula. Vediamo prima qualcuno di coloro che gli accordano la paternità del celebre motto. È Prudhomme che dichiara, meno di un mese dopo l'esecuzione: «Il prete Edgeworth,

---

[459] Collezione Labouchère, vol. 661, pezzo 154.

[460] A. Carro, *Santerre, général de la République Française. Sa vie politique et privée*, scritta da dei documenti originali lasciati da lui e le note di Augustine Santerre, suo figlio maggiore; Meaux, 1869, in 8°.

[461] *Procès des Bourbons* Amburgo, 1798.

[462] Sèbastien Mercier, *Le nouveau Paris*, cap. LXXXII.

che ha detto a Luigi XVI portandolo alla morte: *Andate , figlio di San Luigi, il cielo vi attende*, è a Londra, attualmente . . . [463]». Questa testimonianza, della penna del redattore delle *Révolutions de Paris*, ha la sua importanza. Vi si può aggiungere quella di Mercier: « . . . le parole del confessore furono sublimi: *Andate, figlio di San Luigi, salite al cielo!*[464]»

Per contro, lord Holland dichiara: «Questa frase è una completa finzione. L'abate Wedgeworth ha confessato francamente e onestamente che non si ricorda di averla detta[465].

L'abate ha veramente fatto questa confessione? Una testimonianza portata nel 1835 lo spiega in questi termini[466]: «Il cardinale de Bausset raccontava sovente che chiese un giorno all'abate se era vero che avesse indirizzato quelle parole al reale paziente. L'abate gli rispose: «Non mi ricordo»; è l'unica scappatoia per continuare a lasciarsi attribuire, senza troppo rendersi complice di una contro verità, una frase alla quale il suo nome doveva tutta la sua celebrità.[467]» Sembra difficile che l'abate Wedgeworth abbia potuto dimenticare le circostanze del dramma del 21 gennaio e il suo ruolo nel momento del regicidio. Questa scusa di dimenticanza è la stessa di cui, più tardi, ritornati i gigli, Cambronne si servirà per rispondere alle domande che gli porranno sulla *parola* o sulla *frase* di Waterloo. «Non mi ha mai detto di aver pronunciato quelle sublimi parole» dice il conte d'Allonville[468]-[469]. A chi credere in mazzo a tutte queste

---

[463] Prudhomme, *Les Révolutions de Paris*, n° 188 (9 febbraio 1793).

[464] Sèbastien Mercier, op. cit.

[465] Lord Holland, *Souvenirs diplomatiques*.

[466] D . . . lettera al direttore della Revue Rétrospective, sull'autenticità delle frasi storiche, *La Revue Rétrospective*, 1835, 2ª serie, tomo IV, p. 458.

[467] Un articolo del *Cabinet de Lecture* del 14 settembre 1831, al quale il nostro anonimo corrispondente sembra aver fatto qualche prestito, attribuisce l'invenzione di questa frase a Charles His, giornalista di quell'epoca, che lo stampò il giorno stesso dell'esecuzione di Luigi XVI.

[468] Ovviamente si fa riferimento al famoso «*merde!*» che Cambronne avrebbe opposto a un generale inglese che gli chiedeva la resa nella battaglia di Waterloo (18 giugno 1815).

[469] Conte d'Allonville, op. cit. tomo III, p 159.

contraddizioni? Da parte nostra, osiamo pensarlo. Pressoché tutte queste cose riportate dalla storia lo sono, tanto è raro, in mezzo ai grandi avvenimenti della vita umana, perché un'intelligenza mediocre o anche media sia colpita dalla luce del genio. Il tocco appropriato è la caratteristica degli uomini di spirito e questi uomini lo perdono facilmente nei drammi nei quali il caso li pone, e l'abate Edgeworth non era semplicemente che un brav'uomo.

Dopo la morte del re, andò in Inghilterra. Nel 1796, il 19 settembre, Luigi XVIII, in esilio a Blankenburg, lo chiamò presso di sé e, nella sua corte, gli diede il titolo di cappellano a fianco di Louis-Joseph de Montmorency Lava, cardinale barone. Il 23 maggio 1807, l'abate Edgeworth morì, a Mittau, di febbre per le infezioni conseguenti alle ferite riportate a Jena. Un epitaffio latino, opera di Luigi XVIII, ornò la lapide mortuaria e proclamò, in un umile cimitero in terra straniera, che egli «armò di forza Luigi XVI per l'ultimo combattimento dove perì per il crimine di sudditi empi e ribelli, e mostrò a questo intrepido martire i cieli aperti».

Il 29 luglio dello stesso anno, l'abate de Bouvens, pronunciava nella cappella francese di King-Street, a Londra, la sua orazione funebre.

II

DOVE FINÌ LA GHIGLIOTTINA DI LUIGI XVI?

Dobbiamo riconoscerlo, l'argomento che stiamo per affrontare appartiene alla leggenda, ed è unicamente perché teniamo a completare il più possibile questo museo segreto della ghigliottina, che qui ci soffermiamo.

Nessun documento autentico, degli Archivi nazionali o municipali, ci fornisce delle indicazioni sulla sorte che fu riservata alla ghigliottina di Luigi XVI. È certo, tuttavia, che gli stessi legni servirono alle esecuzioni sino alla fine del Terrore e che solo la lama fu sostituita, quando fu fuori uso. Le *Mémoires de Sanson*, che noi sappiamo apocrife, riportano l'aneddoto secondo il quale il primo condannato a morte del Tribunale Rivoluzionario, Guyot des Maulans, ghigliottinato il 6 aprile 1793, avrebbe chiesto a Sanson se la lama che stava per decapitarlo era quella che era servita all'esecuzione del re. Sanson gli rispose negativamente, affermando che la lama era stata cambiata. La cosa è possibile, benché noi non abbiamo alcun mezzo per verificarla.

Una leggenda vuole che la ghigliottina, essendo stata tirata a sorte, sia andata alla città d'Auch. È là che il conte de Reiset pone un'avventura romanzesca, troppo romanzesca per poter essere accettata. Il conte O'Mahony, recandosi a casa di Mme de Marignan, fu sorpreso alle porta di Auch da un violento temporale che lo costrinse a cercare un riparo sotto una specie di hangar. Là, stanco, in attesa della fine del temporale, si sedette su dei pezzi di legno sparsi. Giunto a casa di Mme de Marignan, apprendeva che il suo riparo era la casa del boia e i pezzi di legno quelli della ghigliottina di Luigi XVI.

Quest'aneddoto ha l'aria di quelli che, verso il 1816, ci sono stati offerti dai realisti scampati al Terrore.

Questo macabro argomento è stato oggetto di un articolo di Hugues Le Roux[470], che Lenôtre ha riportato[471]. Se bisogna credergli, la ghigliottina di Luigi XVI sarebbe quella che oggi funziona alla Guyana,

---

[470] *Le Figaro*, 20 luglio 1891.

[471] G. Lenôtre, op. cit., p. 254.

nell'arcipelago della Salute. Infine, secondo un altro articolo[472], la lama che ha tranciato la testa del re sarebbe oggi entrata, per via ereditaria, nella famiglia del boia Roch.

È a titolo di curiosità che riportiamo questi dettagli, senza che si possa credere che vi prestiamo fede. Possiamo pensare che la ghigliottina di Luigi XVI, come si diceva precedentemente, restò a Parigi e che continuò la sua tragica permanenza fino al giorno in cui non fu relegata in un riparo definitivo. Là, questi legni del Terrore imputridirono, probabilmente dimenticati, disprezzati, e la lunetta che strinse il collo del monarca e quello di Robespierre, cadde nella polvere e, in un giorno di pulizia, cadde nella fogna per una scopata di un aiutante del boia.

L'antitesi non gioca fatalmente un ruolo in tutti gli atti finali delle tragedie umane.

¤ ¤ ¤

Se la sorte del tragico strumento ci è sconosciuta, non è così per quella dei giudici di Luigi Capeto. Non riesumeremo la vita dei convenzionali scampati al «rasoio nazionale», quando la tormenta fu passata. Trecento sessantadue rappresentanti lasciarono cadere sul collo di Luigi XVI la fatale sentenza. Tra loro, cinquantasei dovevano seguirlo sullo stesso patibolo; ventisette dovevano conoscere le amarezze dell'esilio e apprendere, come aveva detto Danton, che «non si porta la patria sotto le suole delle proprie scarpe». Tra questi ultimi qualcuno doveva morire, assassinato o suicidato; qualcuno finì pazzo. Infine, novantatr. 93! Numero fatidico! Furono poi funzionari e grandi dignitari dell'Impero. Come Fouché, attorcigliarono la «corda della lanterna nel cordone della Legion d'Onore». La Restaurazione impiegò gli uni, graziò gli altri o cacciò dalla Francia quelli che aveva giurato di «ripulire il suolo della Francia dalla razza infame dei tiranni». Nell'esilio, attesero il ritorno della Repubblica. Qualcuno la vide; altri morirono all'aurora in cui le aquile del secondo Impero si levarono sulla Francia.

¤ ¤ ¤

Concludiamo questo breve capitolo con un curioso dettaglio dato da Henri Lavedan, e che non manca di pittoresco[473]. La morte di Luigi

---

[472] *La Paix*, 13 gennaio 1892.

XVI fu messa in musica «in un pezzo per pianoforte dove l'arpa e il violino sono d'accompagnamento *ad libitum*». Si intitolava: *La mort de Louis Seize arrangée et composée par F. D. Mouchy*; la vendevano a 6 lire «dal cittadino Mallet, artista mercante di musica, di strumenti, di corde di Napoli e di Norimberga, rue Neuve-de-l'Egalité, ex Boubon, all'Hamonie». Ciò che fa la stranezza, il tragico e il curioso, di quest'opera trattata col più sincero rispetto, è che, qua e là, al di sopra delle note, le diverse tappe del dramma vi sono segnate con delle brevi frasi accompagnate esse stesse dall'indicazione del sentimento musicale che deve sottolinearle. *Luigi XVI al Tempio con la sua famiglia* (andantino), *Mozione fatta alla Convenzione per portarlo in giudizio* (allegro). Contemporaneamente, sotto certi tempi o accordi, si legge: *Molti oratori parlano contemporaneamente . . . Mormorii . . . Appello nominale . . . Il decreto è deliberato* . . . L'annuncio «fatto a Luigi XVI del decreto che di sua messa in stato d'accusa», porta la raccomandazione: *affettuoso*. Quello della «disperazione della famiglia» si esprime con *agitato*. *Presto* descrive «la sollecitudine di Malesherbes nella difesa» e *amoroso* la malinconia della risposta di Luigi al suo avvocato. E gli avvenimenti seguono così il loro corso, precipitano . . . L'annuncio fattogli della sentenza dalla Comune (*tempo giusto*). I suoi addii, il suo cammino verso il supplizio (*adagio*), il suo discorso incominciato sul patibolo coperto dal rumore dei tamburi (*larghetto*), i tamburi (*più veloce*), la sua morte su uno scatenamento di tremolii in ottava».

Questa morte è stata portata in teatro, pochi anni dopo il 93. Nel 1797, il libraio Elion pubblicò d'Et. Aignan e J Berthevin, *La mort de Louis XVI*, tragedia in tre atti, in 18°; e tra tutte quelle che videro la luce a partire dal 1814, si può citare quella pubblicata da Gueffier, nel 1814, in 8°, il cui autore è rimasto anonimo e che successivamente è diventata rara.

Così, nei piccoli aneddoti, il tempo ha diminuito il tragico ricordo di quella giornata della quale tutti i re sentirono il brivido sul collo[474].

---

[473] *L'Illustration*, gennaio 1907.

[474] Nel 1905, l'11 luglio, anche noi abbiamo rappresentato sulla scena del Théâtre des Indépendants, un adattamento drammatico in quattro atti del processo di Luigi XVI, con il titolo: *L'Affaire Capet*.

III

L'AUSTRIACA

Forse è azzardato dire che solo i politici da caffè di provincia sono oggi convinti che non sia del tutto una testa innocente quella che cadde il 16 ottobre 93.

Maria Antonietta, che non ebbe nulla del carattere francese, né per educazione, né per razza, restò sempre una straniera. «Era pressoché criminale da parte di una principessa», scrive Jules Simon. Ignorò come il popolo che venerò San Luigi e acclamò Enrico IV si conquista, come si guadagna questo grande cuore fraterno di Parigi. La «moglie Capeto» davanti alla Francia fu di una insolenza estrema: è lei che uccise la monarchia, e Luigi XVI fu la sua vittima. La sua arroganza, il suo sdegno, il suo disprezzo fecero di fatto cadere la lama sul collo della monarchia. E se il sangue di tutti i massacri, di tutti i fucilati, di tutti gli assassinati, di tutti gli sgozzati e di tutti i ghigliottinati dell'89 e del 93 grida vendetta verso qualcuno, è sicuramente verso l'austriaca nella quale il cataclisma scatenato e il furioso uragano rivoluzionario trovano la loro origine. Ebbe l'insolenza degli aristocratici, la loro arroganza altera e insopportabile e tutte le vecchie tare della loro razza. Ci piace ignorare la vita privata di questa donna che, se de Fersen e Biron non furono i suoi amanti, fece di tutto per farlo credere; vogliamo prendere in considerazione solo il suo atteggiamento davanti alla nazione, il suo atteggiamento pubblico davanti al popolo. Questo atteggiamento è allo stesso tempo di sfida e di provocazione. Se vi è una testa tagliata poco degna di lacrime nelle rosse giornate del 93, è sicuramente quella di questa regina austriaca che possiamo, amiamo crederlo, piangere come donna, ma per la quale, come sovrana, bisogna ratificare la terribile sentenza del Tribunale Rivoluzionario che colpì in lei un nemico pubblico.

Si leggano le sue lettere a Mercy-Argenteau[475], i suoi appelli allo straniero, perché per la Francia l'Austria è lo straniero. Questa

---

[475] (N.d.R.) Florimond-Claude conte Mercy-Argenteau (1727-1794), fu un abile diplomatico austriaco che giunse a Parigi, come ambasciatore, nel 1766, dopo aver svolto analoga funzione a Torino e a San Pietroburgo. Lasciò la capitale francese per Bruxelles nel 1789.

corrispondenza è edificante, nessuno può pensare di negarlo. Il 2 agosto, la separano da sua figlia, al Tempio. La rassicura: «Figlia mia ritornerò. Parlerò ai miei giudici, mai i francesi oseranno condannare una straniera che non hanno il diritto di giudicare»[476].

Una straniera! Regina di Francia, principessa francese, si considera sempre come una straniera, lo confessa ed è un realista che ci informa! «Era naturale che la regina desiderasse che la restaurazione della casa dei Borboni fosse dovuta alla sua casa[477]». Alla sua casa! Una casa straniera, antica nemica della Francia e che se ne ricorderà sempre e che si troverà sempre a entrare in tutte le coalizioni che minacceranno la Francia! «Quando la chiamavano *l'Austriaca*, scrive molto giustamente Arthur Levy, sembrava, a prima vista, un facile insulto, volgare e gratuito. Ma alcune voci erano arrivate sino al popolo che ingiuriava consapevolmente. Non si era saputo che, in diverse circostanze, la regina di Francia era stata l'agente preoccupato unicamente degli interessi dell'Austria? E, ancora, quando pronunciava quell'ingiuria odiosa, il popolo, con l'intuizione innegabile delle folle, sembra aver intuito che mai questa donna si era identificata con la patria francese. Potete leggere tutta la sua corrispondenza, vi troverete pressoché in ogni pagina le parole: «Quella nazione», quando parla della Francia, del paese di cui è regina[478]. Necessariamente «con i suoi progetti di violenza e di guerra civile, rese le rappresaglie inevitabili[479]».

Suo fratello ha parole violente e dure per rimproverarle certi sbandamenti di condotta. A Versailles o a Marly, dove guadagna o perde delle somme che ammontano, nella stessa serata, a 7.000 lire[480], Giuseppe II qualifica il suo salotto di gioco come una *bisca*. Bisca dove, una sera, il conte Arthur Dillon sarà derubato del suo portafoglio zeppo di biglietti della Cassa di sconto[481].

---

[476] F. de Barghon-Fort Rion, op. cit., p. 69.

[477] Antoine Ferrand, op. cit., p. 169.

[478] Arthur Levy, *La Culpabilté de Louis XVI et de Marie-Antoinette*, p. 25.

[479] Jean Bernard, op. cit., pp. 45-46.

[480] Gaston Maugras, *Le monde, le jeu, les courses, à la Cour de Marie-Antoinette*, 1894.

[481] *Idem*.

Quando tutti questi scandali saranno passati dalla corte a Parigi, quando si potrà dare il nome ai suoi amanti, veri o presunti[482], quando ci sarà qualcosa di marcio nel reame di Francia e quel qualcosa sarà la monarchia, allora il nome della regina ritornerà sinonimo di tutte le ingiurie e la sua persona l'oggetto di tutti gli oltraggi. Lebrun-Pindare troverà, per insultarla, dei begli accenti, gli unici che ha avuto:

«Regina che ci diede la collera celeste,
che il fulmine non ha bruciata nella sua culla!»

Sarà un'«Erinni, che ha staccato tutti i serpenti dalla sua capigliatura e li ha lanciati in mezzo alla Francia[483]», sarà «un mostro vomitato dalla bocca d'Alecto[484]», la *Panettiera*, quella della quale Hébert ha promesso la testa ai sanculotti e che minaccia di uccidere con le sue mani[485], e suo figlio, quel dolente Luigi XVII, non sarà più che «un bastardo adulterino legittimato dall'impostura»[486].

Più tardi, avranno un di che scusarla con l'aiuto delle ragioni più speciose, nulla prevarrà contro l'unanimità di quella collera popolare.

Chi li conterà quei pamphlet che, dal 1789 al 1792, l'avvolgeranno nella bufera delle loro minacce, delle loro ingiurie, delle loro blasfemie e della loro oscenità? La sua amicizia con la Polignac sembra sospetta e subito si alza la mietitura dei libelli. Sono la *Confessione e pentimento di Madame de P . . . o la novella Maddalena pentita*, il *Testamento di Madame la duchessa di Polignac*, la *Lettera di Madame de Polignac*, la *Ultima risorsa di Madame de Polignac*, o

---

[482] «Secondo Mme de Tilly, la regina era la più virtuosa delle donne del suo regno . . . ; ma ebbe due amanti.» *Passages retranchés des Mémoires de Lauzon; Revue Rétrospective*, tomo I, p. 86, 1833; *Observations préliminaires de l'éditeur* (J. Taschereau).

[483] Camille Desmoulins, *Révolutions de France et de Brabant*, n° 62, gennaio 1791.

[484] *Petit dictionnaire des grands hommes de la Révolution*, di un cittadino attivo ex nulla. (N.d.R.) Alecto viene considerata in mitologia una progenitrice delle erinni.

[485] *Historical manuscripts Commission; report on the manuscripts of J. B. Fortescue, esp. Preserved at Dropmore.*

[486] *L'ombre du mardi gras ou les mascarades de la Cour.*

dialogo tra questa dama, il suo confessore, un medico inglese e un barone svizzero; e, ancora, *Il vero carattere di Maria Antonietta, regina di Francia e di Navarra, nata duchessa d'Austria il 2 novembre 1755*[487]; è la *Descrizione del Serraglio reale di animali viventi, stabilitosi alle Tuileries presso la Terrazza nazionale, con i loro nomi, qualità colorate e proprietà*[488]; è il *Piccolo Carlo IX, o Medici scagionato*[489]; è . . . Ma possiamo citarli tutti?[490] È un'onda montante, sorda, continua, implacabile che batterà le mura di Versailles fino al giorno in cui le bottegaie riporteranno con la Panettiera, il Panettiere e il Piccolo Garzone. Il fango li coprirà. Il ricordo delle acclamazioni di altri tempi sarà inutile, perché è come dice l'inglese Burke[491]: il secolo della cavalleria è passato.

In Francia ci sarà solo una regina: la Ghigliottina.

---

[487] Redatto su numerosi manoscritti di sua mano. A Versailles, da Montensier, palazzo delle Courtisanes. Particolarmente dedicato agli amori femminili della regina.

[488] Parigi, stamperia dei Patrioti, 1789, in 8°, 8 pp.

[489] Parigi, 1789, 77 pp.

[490] Essendo la maggior parte dei pamphlet su Maria Antonietta divenuta estremamente rara, può essere interessante ricordare qualche loro titolo: *Antoinette d'Autriche, ou dialogue entre Catherine de Médicis et Frédégonde, reines de France aux Enfers*, Londra, 1789, 15 pp.; *L'Autrichienne en goguette ou l'Orgie royale*, opera proverbio, Parigi, 1789; L. Prudhomme, *Les crimes des Reines de France, depuis le commancement de la monarchie jusuà Marie-Antoinette*, Lione, Prudhomme il maggiore, 1791, in 8°; *Le Portefeuille d'un talon rouge contenant des anedoctes secrètes et galantes de la cour de France*, Parigi, 1780, comparso in realtà il 18 giugno 1779 a Versailles, in 12°, 59 pp.; l'autore è il conte Paradès che attacca violentemente i costumi lesbici della corte. Vi è da sottolineare che quasi tutti questi pamphlet e libelli accusano Maria Antonietta di amori contro natura e di relazioni intime con Mme de Polignac e qualche altra dama di corte. Nel momento in cui correggiamo le bozze di questo libro, H. Henri d'Almeras pubblica un eccellente studio sui pamphlet contro Maria Antonietta: *Les Amoureux de la Reine Marie-Anotinette, d'après les pamphlets*, Parigi, La Librairie Mondiale, 1908.

[491] Burke: *Réflexions sur la Révolution de France et sur les procédés de certaines sociètès à Londrea relatifs à cet événement*, trad. del 1791

IV

LA LAMA SUL COLLO GRECO

Non vi è nulla di più tragicamente sobrio del disegno fatto da David, a una delle finestre di rue Saint-Honoré, il mattino del 16 ottobre 93. Istintivamente, lo sguardo va a quel bel «collo greco» di cui parla Mme Vigée-Lebrun[492] e che sarà l'ultimo scherno del Père Duchêne[493]. È là, in quel roseo biancore, che va ad abbattersi la lama; si è presi, afferrati, dal sentimento della pietà, si osserva ancora e, bruscamente, l'atteggiamento altezzoso della testa, la smorfia sprezzante delle grosse e spesse labbra austriache[494], a questa ultima sfida, la pietà cessa. Ci sentiamo divisi tra troppi sentimenti contrari, ed è del resto una donna che va a morire. Per ventidue ore di udienza non ha ceduto, sostenendo fino alla fine, arditamente, ciò che il suo ruolo aveva di sconcertante e odioso.

Un decreto della Convenzione nazionale, il 1° agosto 1793, l'ha portata dal Tempio alla Conciergerie e dalla Conciergerie alla Sala della Liberté. Là un parrucchiere, un liutaio, un cappellaio, un carpentiere, l'hanno interrogata[495] e l'hanno condannata, poiché «non è possibile che una donna coperta del sangue del popolo francese,

---

[492] Mme Vigée-Lebrun, *Souvenirs*, Parigi, 1891, 2 vol., in 12°.

[493] «La più grande gioia di tutte le gioie di Père Duchêne dopo aver visto con i propri occhi la testa della vecchia femmina separata dal suo collo da gru», n° 299.

[494] Maurice Boutry, *Autour de Marie-Antoinette*.

[495] Ganney, Renaudin, Baron, Devèze. Gli altri giurati erano: Antonelle, ex deputato del Bouches-du-Rhône all'Assemblea legislativa; Souberbielle, chirurgo; Besnard; Fievé e Lumière, membri del comitato Rivoluzionario della sezione del Museum; Thouin; Chrétien; Desboisseaux; Nicolas, stampatore del Tribunale Rivoluzionario; Sambat, pittore e Trinchard, falegname. Herman presiedeva assistito da quattro giudici: Coffinhal, Maire, Donzé-Verteuil e Deliège. Fouquier-Tinvillle pronunciò la requisitoria; Chauveau-Lagarde e Tronson-Ducoudray, nominati d'uffico, perorarono per la regina. La giuria la condannò all'unanimità.

potesse essere assolta da un tribunale popolare, un tribunale rivoluzionario»[496]. Tutto questo, il 3 ottobre, Billaud-Varennes l'ha dichiarato alla tribuna della Convenzione e i giurati si sono ciecamente sottomessi all'ordine caduto da quelle fredde e sottili labbra. Il 21 gennaio è stato per loro un esempio. Il 15 ottobre se lo ricorderanno.

Dopo la Convenzione colpiranno con rigore[497].

Alle undici e dieci, supera la porta della Conciergerie e un leggero rossore le sale alle guance. Non le hanno fatto la grazia di una vettura: la carretta delle infornate è là. Sulla tavola inchiodata tra le sponde, la Vedova Reale attesterà l'uguaglianza repubblicana. A fianco di lei sale – malgrado lei – il prete costituzionale Girard. Ha il suo crocefisso nero tra le mani. Con un ultimo moto di disprezzo, Maria Antonietta gli volta le spalle. La frusta del cocchiere schiocca. Partono.

La regina ha vestito un négligé bianco ricoperto da una grande mantella di mussolina, incrociata sotto il mento. I capelli, leggermente grigi, sono tagliati sulla nuca e le danno l'aspetto di una donna già anziana. Un berretto di lino trema agli sbalzi della vettura, sulla sua testa rialzata. Le mani sono legate dietro la schiena; notano nel pugno destro un nastro nero annodato. All'uscita della Cour de Mai, la carretta si infila in due cordoni di guardie nazionali, armi in pugno[498]. Probabilmente, in questo momento, la regina si irrigidisce. «La morte non è niente, è l'agonia che è lunga e crudele», ha detto. Ecco l'ultima tappa di questa agonia, l'ultima stazione della monarchia condannata e umiliata. Sulla folla che si spinge, si schiaccia e grida, lancia uno sguardo dove l'indifferenza si mischia al disprezzo. La fischino, l'ingiurino, che le buttino in faccia le oscenità mille volte ripetute dal 1789, poco importa, «niente ora può più farmi male», ha dichiarato[499]. Ognuno noterà questa tranquillità altezzosa. Uno zotico d'Argentan griderà al suo Comitato: «La sgualdrina ha fatto la bella fine del maiale a Godille, il salumiere di casa nostra, è andata al patibolo con una fermezza incredibile . . . ha attraversata quasi tutta Parigi

---

[496] *Journal des Débats et des Dècrets*, n° 380.

[497] «Siamo obbligati ad ammettere che Maria Antonietta, più responsabile, essendo più intelligente del re, non poteva attendersi dal Tribunale Rivoluzionario un giudizio meno severo di quello pronunciato dalla Convenzione.» Arthur Levy, op. cit., p. 9, prefazione.

[498] *Biographie Michaud*; art. Marie-Antoinette.

[499] *Récit de Madame Royale*.

guardando tutti con disprezzo e alterigia . . . La furfante ha avuto coraggio fino al patibolo senza brontolare . . .[500] Altri, non sospetti, riconosceranno che ha conservato «lungo la strada una feroce tranquillità[501]». Attorno a lei salgono le contestazioni mischiate ai refrain della *Carmagnole* del *Ça Ira*, quel *Ça Ira* la cui era le fu cara in altri tempi, la *Brunette* di Dupuis, le ricorda le ore di Versailles e le belle notti di piacere dove cenavano alla Laiterie del Trianon[502]. Arie d'altri tempi e di altri momenti, sono quelle che culleranno la sua memoria in questa terribile ora e le faranno apparire il passato che sta espiando delizioso e sorridente. Poi, sono delle altre arie ancora dove il suo trapasso è canzonato, ridicolizzato:

> Contro Antonietta la vedova
> La Francia non fece che un grido;
> Subì la stessa prova
> Del Sire suo marito! (*bis*)
> A domare questa ex regina
> Il ferro non è riuscito
> Sua Maestà sovrana
> Si mostrava accorciata![503]

Davanti al sagrato di Saint-Roch, la folla è densa. Rose Lacombe ha ammassato là le donne dei mercati e le magliaie. All'arrivo della carretta, una bordata di fischi l'accoglie. Un refrain sboccato scandisce le grida. Al di sopra delle teste rotea una sciabola. È l'ex commediante Grammont che urla:

«Ecco l'infame Antonietta! È fottuta, amici miei!»

E tutto questo dura cinque, dieci minuti. La regina resta immobile. Solo le labbra hanno una piega, la sua piega di disprezzo veramente regale. Davanti a questa folla francese che la fischia, è l'austriaca sprezzante e la sua espressione di disgusto eguaglia solo la collera

---

[500] Lettera di La Pierre, membro del Comitato Rivoluzionario d'Argentan, citata da de Lescure negli *Autographes e le goût des authographes en France et à l'étranger*, Parigi, 1865, in 8°.

[501] *Comte rendu aux Sans-Culottes de la République française par très haute, très puissante et très expéditive dame Guillotin*, etc.

[502] Jean Bernard, op. cit., pp. 213-214.

[503] *La Révolution en vaudevilles*, Parigi, anno III.

popolare. Avanzano, tuttavia, attraverso la marea umana le cui grida inseguono la carretta, ma a poco a poco, passato Saint-Roch, diminuiscono. È quasi il silenzio, un silenzio ostile che avvolge il corteo. Sotto il passaggio dei Giacobini spicca una larga scritta, ancora fresca di pittura:

>LABORATORIO DI ARMI REPUBBLICANE
>PER FULMINARE I TIRANNI

L'occhio spento delle regina si alza, decifra l'iscrizione e si stupisce. Si volge verso Girard:
«Che cosa è?», chiede
Girard alza il crocefisso. La carretta avanza sempre. Più lontano vi sono altri palazzi governativi, sulle facciate il motto egualitario:

>LIBERTÀ, EGUAGLIANZA, FRATERNITÀ O LA MORTE![504]

. . . *o la Morte!* La regina distoglie lo sguardo e nello stesso momento, all'angolo della rue Nationale, si staglia la grisaglia del cielo della piazza della Révolution. È il momento in cui Lafont d'Aussonne pone la sua leggenda: «Alla vista del patibolo, gli occhi di Maria Antonietta si fermarono, il pallore della morte coprì il suo viso, la sua testa ricadde sul petto. Aveva cessato di esistere. Un'apoplessia fulminante terminò i giorni della regina e fu il suo triste cadavere e non lei che i repubblicani portarono sul patibolo.[505]»

È pressoché inutile fermarsi a discutere questa favola infantile. «Salì sul patibolo con coraggio[506]» dice un testimone oculare.

---

[504] «L'autore di questo motto ha diritto di essere conosciuto dalla posterità. È Pache, allora sindaco di Parigi, dopo essere stato ministro». Beaulieu, *Essais historiques sur les causes et les effets de la Révolution de France avec notes sur quelques événements et institutions*. Da parte sua Charavay afferma che il motto è dovuto al Club dei Cordiglieri: «Momoro, in qualità di membro dell'amministrazione dipartimentale di Parigi, fece mettere questo motto sugli edifici della capitale durante il Terrore. Vi aggiunsero le parole: *o la morte. Catalogue d'une importante collection de documents autographes*, etc, Parigi, 1862, p. 162.

[505] Lafont d'Aussonne, *Mémoires secrets et universels des malheurs et de la mort de la Reine de France*, Parigi, 1836, 2 vol., in 8°.

[506] *La Glaive vengeur de la République Française*

Pestando un piede di Sanson, disse: «Pardon, signore», fece cadere il suo berretto e fu rovesciata sulla bascula. Era mezzogiorno e un quarto. La testa esposta ai quattro punti cardinali aveva le palpebre agitate da un brivido convulsivo[507]. Le abituali grida la salutarono. Ognuno ritornò ai propri affari; questa morte fece poco effetto[508]. Ne parlarono poco. L'indifferenza ha avvolto questo fantasma della vedova, e Mallet du Pan ha potuto scrivere: «Le corti sono apparse così poco preoccupate di questa catastrofe che il pubblico ne ha ben presto perso la traccia». Il regicidio non era più una novità dal 21 gennaio 1793. «Forse non c'era bisogno di arrivare sino a quel punto; ma poiché i nostri legislatori hanno preso gli avvenimenti sotto la loro responsabilità, raduniamoci attorno a loro; spegniamo tutti gli odi e che non se parli più[509]». L'ultimo giglio della Francia era falciato: che non se ne parli più. E così un giornalista sotterrò Maria-Antonietta d'Austria, sorella dell'imperatore di Germania, della regina delle Due Sicilie, dell'elettore di Colonia, del granduca di Toscana, del duca di Parma e della duchessa di Sassonia-Teschen.

E non se ne parlò più.

---

[507] *Mémoires de Sanson*

[508] J. Michelet, op. cit., tomo VI, *La Terreur*, p. 367.

[509] *Mercure Universel*, 1793

LIBRO V

L'EPOPEA DELLA RAGAZZA GHIGLIOTTINA

I

FATTI DIVERSI DALLA GHIGLIOTTINA

Mentre alle frontiere in pericolo l'epopea giacobina scandiva la sua marcia, al canto «dei bravi marsigliesi», trionfava a Parigi l'epopea della terribile «ragazza ghigliottina».

Gli innocenti scherzi di un tempo si realizzano, e più di uno di quegli allegri amici che si salutavano[510], nel 1792, con un ironico: «Alla lanterna!» aveva portato la sua testa sul rosso altare dove officiava l'esecutore delle sentenze criminali. Per una singolare concezione di disprezzo della vita umana, la ghigliottina era entrata nei costumi di «questo popolo violento ma clemente; eccessivo ma generoso», come diceva Mirabeau dopo la razzia del palazzo Castries, all'indomani del famoso duello di Lameth. Questa accettazione di un supplizio, oramai nazionale, nessun popolo lo testimoniò più allegramente di quello del 1793. E tuttavia, si vedeva sorgere, ogni giorno, uno dei discepoli di Rousseau – non si contavano più durante il Terrore – che proponeva l'abolizione della pena di morte[511], seguendo così l'esempio già dato da

---

[510] Vedere: *Un Prussien en France en 1792 – Lettres intimes de J. P. Reichardt*, tradotto e annotato da A. Laquiante, Parigi, in 8°, 1892.

[511] «Non è stabilito che il Terrore era un tempo di umanità? In effetti, non si chiedeva l'abolizione della pena di morte quando si ammazzava tanta gente?» Chateaubriand, *Mémoires d'outre-tombe*.

Maximilien Robespierre alla Costituente[512]. Proposte inutili e superflue, che sceglievano l'ora delle «grandi infornate» del Tribunale Rivoluzionario. Ma questa sensibilità alla moda si cancellava sotto il clamore altrimenti possente della grande vita tempestosa di Parigi.

Alla sua entrata nei costumi francesi, la ghigliottina è subito battezzata nel gergo.

Vadier la chiama: il *vasistas*[513-514], la Convenzione la saluta con il pomposo appellativo di *spada della legge*, ma per il popolo è il *rasoio nazionale* e Sanson è il suo barbiere. Nonostante ciò che dice Balzac, del quale abbiamo già segnalato la grande fantasia in materia di storia, la ghigliottina non è ancora l'*Abbaye de Mont-à-regret* (l'abbazia del Monte del dispiacere)[515]. Più tardi, il gergo darà diritto di citazione a questa espressione, ma a quell'ora della Rivoluzione, è il *rasoio*, è *la piccola Louison, la tavola degli assegnati, l'accorciamento patriottico, la piccola gattaiola*, cara a Père Duchêne, è infine la Santa Ghigliottina[516], quella a cui indirizzano delle litanie glorificanti:

----

[512] «Lo stesso sentimento che mi ha portato, ma invano, a chiedere all'assemblea Costituente, l'abolizione della pena di morte . . . » Opinione di Robespierre sulla questione: «*Quale pena Luigi Capeto, ex re dei francesi, deve avere?*»

[513] (N.d.R.) *Vasistas*: piccola parte di una porta o di una finestra che si apre a volontà.

[514] Mèmoires de Sénar, p. 141.

[515] «Nel 1790, Guillotin trova, nell'interesse dell'umanità, la veloce macchina che risolve tutti i problemi sollevati dal supplizio della pena di morte. Subito i forzati, gli ex galeotti esaminano questa macchina messa sui confini monarchici del vecchio sistema e sulla frontiere della nuova giustizia, la chiamano di colpo l'*Abbaye de Monte-à-Regret*! Studiano l'angolo descritto dalla mannaia d'acciaio e trovano, per descriverne l'azione, il verbo *falciare*» H. de Balzac, La Dernière Incarnation de Vautrin, p. 37.

[516] Troviamo in un rapporto di polizia sull'umore pubblico, firmato da Perrières, alla data del 26 ventoso anno II, queste parole: «Il rumore di un nuovo complotto tramato con maggiore nefandezza di tutti gli altri contro queste giornate (del popolo) e la sua libertà, è probabilmente la causa del nuovo atteggiamento da parte sua. Oh! I mascalzoni! Oh! Gli scellerati! Dicevano, che si avvicinino, che periscano! Hanno ragione di dire – aggiungeva a proposito della ghigliottina – che non c'è altra santa che possa

Santa Ghigliottina, protettrice dei patrioti, pregate per noi!
Santa Ghigliottina, paura degli aristocratici, proteggeteci!
Macchina amabile, abbiate pietà di noi!
Macchina ammirevole, abbiate pietà di noi!
Santa Ghigliottina, liberaci dai tiranni!

La lugubre e ballonzolante carretta dove si pigiano cinque o sei condannati, in base all'importanza dell'infornata, è la carrozza della *trentasei portiere* (allusione alle sponde), il *faccia a faccia del padrone Sanson*.

Arrivati sulla piazza dell'esecuzione, i condannati stanno per *giocare alla mano calda*[517], *provare la cravatta alla Capeto, fare la bascula, chiedere l'ora alla vasistas, mettere la testa nella piccola finestra*. «Vado a fare un giro alla piccola finestra», dichiara Admiral, colui che nella notte dal 3 al 4 pratile (anno II) tentò di assassinare Collot d'Herbois. Ma l'espressione che in questa sinistra fraseologia prevale, è: *starnutire nel sacco*. Sénar, nelle sue «rivelazioni attinte nei faldoni dei Comitati di Salute pubblica e della Sicurezza generale», non esita ad attribuirne la paternità a Vadier. Comunque sia, l'espressione è all'epoca famigliare. Guffroy, l'oscuro avvocato del Pas-de-Calais, che dell'anagramma del suo nome aveva fatto un titolo di giornale: *le Rougiff*, esclama nel n° 14, ai nuovi arresti in massa: «Andiamo, dama Ghigliottina, rasate velocemente tutti questi nemici della patria!» E conclude con un veemente: «Testa nel sacco!»[518]

---

salvarci.» (*Archives nationales*, serie W, 112). In una lettera a Richard, il rappresentante della Sarthe alla Convenzione, il comitato rivoluzionario d'Angers scrive: «*La sacra, santa ghigliottina*».

[517] (N.d.R.) Il riferimento sarcastico è all'omonimo gioco.

[518] Queste ripetute apologie della ghigliottina sotto la penna di Guffroy, dovevano un giorno costituire una grave accusa contro di lui. Nel verbale della seduta dei Giacobini pubblicato il 16 ventoso anno III dal *Journal de la Montagne* n° 113, possiamo leggere: « . . . è stato detto che il foglio che ha per titolo: Journal de *Rougiff*, non aveva l'approvazione di alcun uomo di gusto né di alcun patriota; che il giornale era la tomba del buonsenso; che di conseguenza, non potendo aver un gran numero di abbonati, era necessario che avesse degli uomini invisibili che gli fornissero i fondi per la stampa; che questo giornale conteneva dei principi contro rivoluzionari, e che era necessario impedire la circolazione di un foglio che propagandava la moderazione». Questa accusa, perlomeno inattendibile, fu fatale per questo redattore entusiasta della ghigliottina. I Giacobini lo esclusero dal loro

E le teste vanno nel sacco. Dalle ghigliottine di Francia colano fiumi fumanti di sangue innocente degli uni, di sangue colpevole degli altri; e, ubriacato da questo effluvio del massacro, Vouland esorta:

«Andiamo a vedere celebrare la messa rossa![519]»

È una messa, in effetti, un olocausto alla gloria della terribile dea del *salutare Terrore*[520].

× × ×

Il berretto rosso è il simbolo della Rivoluzione che appesero agli alberi della Liberté e di cui ricoprirono ai portali delle cattedrali le statue dei santi e il Cristo in croce, con le braccia ornate da fiumi di nastri tricolore; lo stesso berretto rosso sembra cedere il passo alla ghigliottina, oserei dire. Come la virtù, come il terrore, come il sanculottismo, la ghigliottina è all'ordine del giorno. Si vedranno in seguito le strane canzoni e gli inni bizzarri che ispirò ai poeti e ai rimatori dell'epoca.

Montò sui tavoli con una vaudeville di una gaiezza facile da immaginare: *la Ghigliottina dell'amore*[521]; ornò dei piatti[522], delle tazze[523]; dei sigilli[524]. Il temibile strumento mischiato così nella vita

---

consesso (seduta del 13 ventoso anno II) ripromettendosi di denunciarlo alla Convenzione e al Comitato di Sicurezza generale.

[519] *Mémoires de Sénar*, cap. XIII, p. 107.

[520] Fouché.

[521] Vedi il *Journal des Spectacles*, luglio 1793.

[522] Gustave Gouellain, l'*Assiette dite à la Guillotine*, Parigi, in 8°, 1872.

[523] Le collezioni del Museo Carnavalet contengono una di queste tazze di un bel colore, che rappresenta in un largo medaglione l'esecuzione di Maria Antonietta. Lo stesso museo possiede un piatto dove è raffigurato il supplizio del re.

[524] «Gatteau . . . aveva per sigillo una *ghigliottina*, il cui calco è ancora sulla cera che sigillava una delle sue lettere. Questo *Gatteau* era impiegato nella sussistenza militare». *Rapport fait au nom de la commission chargée de l'examen des papiers trouvés chez Robespierre et ses complices*, di E. B. Courtois. (A Parigi dalla stamperia nazionale delle Leggi, nevoso, anno III della Repubblica).

quotidiana, familiarizzava con l'idea della morte. Non la evitavano con l'orrore che, in altri tempi, li faceva sviare dalla forca di Montfaucon o dalla ruota di piazza de Grève.

Nelle mani dei ragazzini diventava il gioco abituale e il dottor Max Billiard ha potuto scrivere[525]: «Il vento di follia che passava sulla Francia aveva alterato a tal punto il senso morale, che si abituavano i ragazzini a giocare al patibolo. Si vendevano delle piccole ghigliottine, come oggi «dei piccoli soldati», e li si poteva vedere, nel pomeriggio, sotto l'ombra dei Champs-Elysées, a qualche passo dal patibolo alzato sullo spiazzo attuale dell'obelisco dei Pharaons[526]. Si potevano vedere, diciamo, i papà, le madame e i loro bebè, scoppiare dal ridere alla parata dei Pulcinella, dove la scena tradizionale della forca era sostituita da quella della ghigliottina[527]».

Non è un'assenza di senso morale nel «tempo in cui le ghigliottine immolano migliaia di vittime[528]», ma una caratteristica indifferenza, la stessa che non sollevò una sola volta la folla in favore dei condannati, al passaggio delle lunghe teorie di carrette in marcia verso la barriera del Trône-Renversé o la piazza della Révolution.

Sotto la minaccia del triangolo egualitario, tutte le teste erano chine e la proposta delle *Révolutions de Paris*[529], che chiedeva di scrivere sulla ghigliottina i due versi classici:

E la guardia che vigila alle barriere del Louvre
Non difende il nostro re.

Si realizzò solo all'apogeo del Terrore.

Quella ghigliottina, che il n° 7 del *Rougiff* chiedeva «in permanenza in tutta la Repubblica», costituiva il più sicuro degli spauracchi e possiamo, senza timore, affermare che fu quella visione da incubo che

---

[525] Max Billiard, Les tombeaux des rois sous la Terreur, 1907.

[526] Il posto reale della ghigliottina fu tra i cavalli di Marly; vedere a questo proposito le stampe dell'epoca.

[527] Vedi Charles Nodier: Souvenirs de la Rèvolution.

[528] Discorso di Domolard al Consiglio dei Cinquecento, seduta del 13 fruttidoro, presidenza di Siméon. *L'Historien*, n° 650, 15 fruttidoro, anno V, p. 217.

[529] *Les Révolutions de Paris*, n° 146, (dal 21 al 28 aprile 1792), p. 177.

uccise Vicq d'Azyr[530] e lo faceva delirare in preda ai tormenti dell'agonia[531]. Al suo cospetto, il 20 giugno, al momento dell'invasione delle Tuileries da parte del popolo, Maria Antonietta aveva rischiato di svenire[532]. Più tardi, resa forte dal dolore, affronterà con calma la spada vendicatrice e, uscendo dalla Conciergerie, darà sul patibolo eretto di fronte alle Tuileries, il commovente esempio della maestà reale che tiene testa al suo disastro.

ж ж ж

La ghigliottina ebbe i suoi cortigiani, il suo culto. Ebbe anche, per quanto possa sembrare incredibile, i suoi giornalisti. Tra le grida degli strilloni dell'epoca, i titoli si urlavano per le strade, qualche ora dopo le sedute del Tribunale Rivoluzionario:

«Ecco delle novità a tutte le ore! Ecco il mio resto a due *liard*[533-534]! Sentenza della Comune! Dono patriottico! La lista dei vincenti alla lotteria della Santa Ghigliottina[535]!

E ora immaginate in una soffitta, in una triste camera ammobiliata, degli amici, dei familiari di coloro i quali sono stati giudicati nella giornata. All'orribile titolo urlato nella strada, discendono, timorosi, danno la monetina di rame al venditore e, ansimanti, con il cuore che batte precipitosamente, riguadagnano il loro rifugio. Là, il rugoso foglio con l'inchiostro ancora fresco è aperto. Occhi tumidi di lacrime si lanciano sulle righe diseguali, cercano i nomi dell'infornata di quella

---

[530] Anziano primo medico di Maria Antonietta.

[531] Lémontey, *Eloge historique de Vicq d'Azyr* (seduta pubblica dell'Académie Française, 25 agosto 1825).

[532] «Gli uomini, le donne, le picche e i coltelli, le grida e le ingiurie, tutto si rovescia contro la regina. Uno di questi cannibali le mostra un pugno di verghe con la scritta: «*Per Maria Antonietta!*», un altro le presenta una ghigliottina, un altro ancora una forca e una bambola di donna . . . ». E. e J. De Goncourt, *Histoire de Marie-Antoinette*.

[533] (N.d.R.) Il *liard* era una monetina di rame del valore di un quarto di soldo.

[534] *Lettres bougrement patriotiques*, n° 39, di Lemaire. Ne comparvero 400 numeri.

[535] *Déjeuner du mardi ou la verité à bon marché*. Questo giornale era redatto da Mirabeau il giovane. Ne comparvero 7 numeri (1791).

sera o dell'alba dell'indomani. E qualche volta, sovente, il nome è là, perso tra dieci, venti, trenta altri, e quel nome è quello di un morto, amico o parente. Tragica epoca in cui questi fogli leggeri venivano, come una brutale e volgare lettera di lutto, a colpire in pieno cuore quelli che aspettavano, speravano ancora! Nel momento in cui scriviamo, qualcuno tra di essi è là, in un fascio, sgualcito, segnato agli angoli dall'impronta unta e nera dei pollici anonimi che lo brandirono. Di quei fogli funebri, macchiati, ingialliti, dalle lunghe liste inesorabili, si sprigiona in questa ora la visione dei cortei in marcia verso il luogo dell'esecuzione. Attraverso questi nomi stampati con caratteri sgangherati, poco scorrevoli, usati, noi immaginiamo i volti già segnati dal pallore e dall'angoscia della morte. Sono delle mogli, delle madri, delle amanti. Sono dei giovani uomini, dei generali, degli esattori dell'*ancien régime*. Sono dei francesi, infine . . . Ah! Il triste e lugubre fascio! Sapremo mai gli occhi che hanno pianto lassù, le mani tremanti che li sgualcirono, le camere desolate dove portarono la tragica notizia di tutte quelle morti aggiunte alla lunga e interminabile lista dei «vincitori» dell'orribile lotteria?

Tuttavia, è bene sottolineare qui la specie di disgusto e di indignazione che sollevò qualche cuore, di cui un rapporto di polizia dimenticato ci porta, oggi, dopo più di cento anni, la consolante eco. È l'ispettore del morale pubblico, Latour-Lamontagne, che abbiamo già citato numerose volte, che, alla data del 2 ventoso anno II, nota la cosa. «Ci si indigna sempre – dice – di sentire gridare ovunque con una sorta di ostentazione la lista dei ghigliottinati. Non possiamo che attribuire delle intenzioni controrivoluzionarie a quelli che hanno pubblicato quest'opera. Non c'è via di mezzo, o è una lista di proscrizione e di infamia per le famiglie dei giustiziati, o cercano di rendere odioso alla Francia intera il tribunale. Quest'ultima congettura è ancor più verosimile se l'editore non avesse avuto delle intenzioni patriottiche, e non avesse mancato di aggiungere alla lista dei condannati la lista più numerosa ancora e ben più consolante di tutti coloro che il tribunale ha prosciolto. Ovunque si chiede la soppressione di questi libelli, si vorrebbe anche che gli autori fossero perseguiti[536], a meno che un patriottismo ben conosciuto ne giustificasse le buone intenzioni[537]».

---

[536] La speranza di Latour-Lamontagne doveva essere esaudita. Uno degli autori di queste liste, Tisset, del quale abbiamo avuto occasione di parlare, fu perseguito, condannato, e il suo patriottismo dovette probabilmente apparire o poco conosciuto o insufficiente, poiché fu ghigliottinato e il suo nome si aggiunse alla lista dei suoi confratelli e concorrenti.

Ma ecco un altro foglio. Il suo frontespizio, che rappresenta dei cadaveri di «tiranni», gente di corte, dei generali, dei vescovi effigiati a fianco di un paniere rigurgitante di teste mozzate, è accompagnato da due versi significativi:

> Questi mostri in pezzi, per potenza divina,
> Annunciano il lavoro della Signora Ghigliottina.

È il *Rendiconto ai sanculotti della Repubblica francese dalla altissima, potentissima e velocissima signora Ghigliottina, signora del Carousel, della piazza della Révolution, e della Grève e altri luoghi, contenente i nomi, i cognomi, le caratteristiche di quelli e di quelle cui essa ha accordato dei passaporti per l'altro mondo; il luogo della loro nascita, la loro età, il giorno del loro giudizio, dalla sua installazione nel mese di luglio del 1792 fino ad oggi, redatto e presentato agli amici delle sue imprese dal cittadino Tisset, rue della Barillerie*[538], *cooperatore del successo della Repubblica Francese*[539].

Il titolo era lungo, ma le magliaie lo ricordavano facilmente. Nonostante questi pegni dati «alla velocissima dama Ghigliottina», il cittadino Tisset ricevette nondimeno da lei i suoi «passaporti per l'altro mondo». Con lui scomparve il sanguinoso *Compte rendu*. Il suo concorrente – quest'uomo dal sinistro mestiere aveva un concorrente! – rimase solo a ragguagliare il pubblico sui lavori Ghigliottina. Era un signor Dulac che pubblica il famoso foglio: *Le Glaive vengeur de la République Française ou Galerie révolutionnaire, par un ami de la Révolution, des moeurs et de la justice; imprimeur aux Jacobins Saint-Honoré*.

Anche lui dava i nomi, l'età, le caratteristiche, i crimini e le ultime parole di tutti i «grandi cospiratori e traditori della patria la cui testa è caduta sotto la spada nazionale». Infine, per completare questa breve rivista retrospettiva della stampa sanguinosa di un tempo, menzioniamo, per memoria, una pubblicazione in-folio unico che comparve il 1° marzo 1848 con il titolo:

---

[537] *Archives nationales,* serie W, cartone 112.

[538] L'attuale boulevard du Palais. Tisset aveva giudicato necessaria la vicinanza del suo ufficio al Tribunale Rivoluzionario.

[539] Dalla stamperia del *Caculateur patriote,* Ai corpi senza testa, Parigi, anno II.

LA GHIGLIOTTINA
di
UN VECCHIO GIACOBINO

1848 – *Nessuno ci passerà.*
1793. *Tutti ci passeranno.*

La vignetta del giornale pretendeva di rappresentare Luigi Filippo che apriva la sua camicia per mostrare, tatuata sul suo petto, una ghigliottina[540]. La seconda pagina del giornale era peraltro firmata con l'anagramma del suo nome : *Olusi Lippephi*. Questo manifesto, di ispirazione reazionaria e che comparve una sola volta, bisogna dirlo, è stato stampato da Bonaventure e Ducessois, 55, quai dei grandi Augustins, a Parigi.

In tutte queste pubblicazioni, nate per caso dall'attualità, avremmo potuto spigolare molti articoli, tagliare molti passaggi. A che pro? Il lettore non avrà, senza qualche fremito di disgusto, seguito questa lunga enumerazione di fatti diversi dalla ghigliottina. È stato tuttavia necessario dedicarci a questi fatti collaterali al terribile strumento, alla sua storia aneddotica in una parola, alla sua moda. I commenti del *Compte rendu* di Tisset e del *Glaive vengeur* di Dulac erano in merito superflui. Volgari, osceni, crudeli, che cosa ci avrebbe insegnato che non sappiamo già sul regno della spada della Legge? Tuttavia, è un uomo proscritto, vittima del Terrore dopo esserne stato un incosciente ingranaggio, al girondino Pétion, che chiederemo la conclusione di questo capitolo. Il pezzo è curioso a diverso titolo e soprattutto per la sua ironia e le circostanze in cui fu scritto. È ciò che ci stimola a riportarlo qui, e in questa rivista della stampa, l'articolo di Petion doveva avere il suo posto.

---

[540] L'idea di questo sinistro tatuaggio non è tramontata. In effetti, mercoledì 4 settembre 1907, abbiamo potuto leggere nella rubrica dei tribunali del *Journal*, la seguente notizia: «Il 15 agosto scorso, verso mezzanotte, il signor Bauer passava davanti a un bar del faubourg Montmartre, quando Lachaux Michel, di vent'anni, uscito dal bar, si gettò su di lui, lo rovesciò e lo colpì con numerosi calci. Lachaux è senza domicilio; passa la sue notti nei bar del faubourg Montmartre in compagnia di donne . . . Lachaux si presentava all'udienza con una fascia sulla fronte, essendo stato ferito. Il presidente gli fece levare la fascia e abbiamo potuto vedere che Lachaux aveva, tatuata sulla fronte, una piccola graziosa ghigliottina . . . »Questo giovane mascalzone aveva letto la *Guillotine par un vieux jacobin de 1848*?

Compreso nella proscrizione dei deputati della Gironda, l'ex sindaco di Parigi aveva, in compagnia di Buzot, l'amante dell'elegiaca donna di Roland e di Barbaroux, guadagnato Saint-Emilion dove, dal 1° pluvioso al 30 pratile, il parrucchiere Trocart li sottrasse alle ricerche dei comitati rivoluzionari. È là, in un tugurio oscuro divenuto la sua prigione, che Pétion scrisse quest'articolo, vero pamphlet redatto nella fraseologia eccessiva e declamatoria dell'epoca, per schernire il regime livellatore della Montagna. In una lettera scritta a Etienne Charavay, Charles Vatel, autore dell'opera ormai classica su *Charlotte Corday et les Girondins*, fissa in questi termini la data esatta dell'articolo di Pétion: «Pétion parla di un cocchiere di carrozza, di una serva mandata al patibolo. Bene, tra le vittime del Tribunale Rivoluzionario vi è un solo cocchiere, F. A. Mangin, condannato a morte il 7 floreale (26 aprile) e una domestica, M. F. Rolland, cameriera di M.me Dutillet, condannata e giustiziata contemporaneamente alla sua padrona, il 20 maggio (1° pratile). I girondini rifugiati a Saint-Emilion ricevevano qualche giornale: potevano leggere le liste dei ghigliottinati, le loro caratteristiche, le loro professioni. Tenendo conto del tempo necessario perché questi giornali arrivassero da Parigi a Saint-Emilion, si può ammettere che la lettera di Pétion (*vale a dire l'articolo riprodotto qui sotto*) sarà stata scritta nei primi giorni di pratile (*ultimi giorni di maggio*) . . . » È, dunque, una delle ultime pagine scritte da Pétion prima del suo suicidio. Lo stile è nervoso e tagliente, e la terribile situazione in cui era l'autore non gli impediva di mischiare alle sue imprecazioni lo scherno che non ci si attende certo di trovare sotto la sua penna in quel momento. Potrete giudicare:

«*Ghigliottina*, articolo assolutamente nuovo indirizzato agli autori dell'Encyclopédie.

«La parola ghigliottina deriva da Guillotin, medico della facoltà di Parigi e membro dell'Assemblea Costituente, che, inventore di questa macchina, le ha dato il suo nome. Il suo meccanismo è così conosciuto da tutti che è inutile farne la descrizione. Ci accontenteremo di dire che è estremamente semplice e che la sua esecuzione molto rapida.

«La ghigliottina ha rimpiazzato la decapitazione con i damaschi per i nobili; la forca, i patiboli, la ruota e il fuoco per i plebei. C'è solo un tipo di supplizio in Francia per dare la morte; è uguale per tutti i cittadini e ogni ingiuriosa distinzione a questo riguardo è stata cancellata.

«Lo scopo principale di questa invenzione è stato di evitare nei supplizi quelle atroci ricerche che oltraggiavano la natura e disonoravano l'umanità. Ha anche il vantaggio morale di abbreviare le sofferenze dell'uomo condannato a morte.

«L'applicazione di questo supplizio era estremamente rara. L'Assemblea Costituente aveva portato l'occhio della filosofia e della ragione nella riforma della nostra legge criminale. Aveva lasciato sussistere con dispiacere la pena di morte; ma almeno aveva limitato questa pena agli incendiari e agli assassini.

«Sotto il regime cosiddetto repubblicano questa pena si è talmente estesa, che gli attuali legislatori ne hanno fatto la principale risorsa del loro governo.»

«Un individuo ha messo di riserva una porzione di grano che giudicano eccessiva per il suo consumo? ... *la ghigliottina.*»

«Un mercante ha fatto una dichiarazione inesatta delle merci che ha nel suo magazzino? ... *la ghigliottina.*»

«Un cocchiere di carrozza, una serva si sono permessi di parlare della monarchia? ... *la ghigliottina.*»

«Un cittadino mormora contro i mali terribili che divorano la Francia? ... *la ghigliottina.*»

«Un generale ha una sconfitta? O non vuole essere il vile strumento della fazione dominante? ... *la ghigliottina.*»

«Il popolo è scontento, per acquietarlo ci vogliono delle vittime? ... *la ghigliottina.*»

«Qual è oggi il gonfalone sotto il quale si radunano le armi dette rivoluzionarie e che portano alla loro testa? ... *la ghigliottina.*»

«Non c'è una sola grande città in Francia dove non sono state messe delle ghigliottine nelle pubbliche piazze per convertire i nemici del maratismo e della *Santa Montagna.*»

«Gli effetti che questa macchina produce sugli spiriti sono sorprendenti. Essa li colpisce di stupore e li pietrifica in luogo di indignarli, di farli sollevare. I commissari della Convenzione nazionale hanno l'abitudine di trascinarne parecchie al loro seguito per esporle nei luoghi dove passano. Se la visione momentanea di queste macchine non opera il bene che si aspettano, le mettono (seguendo la loro espressione) *in permanenza.* Allora il rimedio è sovrano e (seguendo ancora le loro espressioni) *questo va bene.*»

«Per ispirare di buon'ora ai ragazzi dei principi di morale e di umanità mettono loro di buon'ora nelle mani delle piccole ghigliottine in legno o in avorio artigianalmente molto lavorate. Sono dei piccoli giochi con in quali, divertendosi, imparano la storia della rivoluzione[541].»

---

[541] Questo dettaglio dato da Pétion non fa che confermare quelli che abbiamo

«Dei pretesi uomini di principio, dei pedanti sostengono che il supplizio dell'uomo è uno spettacolo terribile di cui la società non dovrebbe dare l'esempio[542], ma i filosofi rivoluzionari hanno dimostrato, fino all'evidenza, che questi rimbambiti non erano all'altezza della situazione; che è sul sangue che si fondano dei governi liberi; che la ghigliottina doveva essere un divertimento pubblico e, per dissipare le cupe idee che l'immagine della ghigliottina potrebbe far nascere, chiamano il gioco di questa macchina il gioco *della mano calda*, visto che il paziente ha le mani legate dietro la schiena quando mettono la sua testa sotto il ferro che deve tranciarla.»

«Anche il popolo ha approfittato delle lezioni dei suoi veri amici, i ferventi apostoli del sanculottismo. Una volta aveva la debolezza di intristirsi alla vista del colpevole che andavano a mettere a morte; distoglieva lo sguardo nel momento in cui gli si portavano i colpi. Oggi, pieno di energia repubblicana, guarda con gioia avida la ghigliottina, e quando ha visto la testa separata dal tronco, visto che gli presentano queste teste sanguinanti in segno di trionfo, fa tremare l'aria con le sue grida di allegria e di Viva la Repubblica.»

«O barbari legislatori! Fino a che punto avete depravato la morale del popolo; fino a qual punto avete snaturato il carattere di una nazione sensibile e generosa. No, mai potrete espiare gli innumerevoli mali che avete fatto alla Francia!

Pétion.»

Infine, non si può passare sotto silenzio il vero giornale ufficiale della ghigliottina: il *Bulletin du Tribunal criminel révolutionnaire*, che faceva seguire al suo titolo la menzione esplicativa: «*costituito al Palazzo, a Parigi, con la legge del 10 marzo 1793, per giudicare senza appello i cospiratori*». Il numero veniva accompagnato da un'epigrafe significativa:

> Colui che mette un freno al furore delle onde
> Sa anche fermare dei reprobi i complotti.

L'abbonamento era di 3 lire per 30 numeri per Parigi e di 4 lire per i dipartimenti, porto franco. Lo stampatore Clément, corte dei Barnabites, di fronte al Palais, nella casa del signor Nagerand, rosticciere, riceveva gli abbonamenti. Il rendiconto dei processi era fatto da Bonnemain e qualche altro, e redassero i 559 che comparvero

---

segnalato in questo stesso capitolo.

[542] Nel processo del re, Pétion votò col beneficio della condizionale.

fino alla morte di Fouquier-Tinville. Ma, meno di Dulac e Tisset, il *Bulletin* aveva la preoccupazione dell'attualità Alla data del 9 termidoro pubblicava il rendiconto dei processi di pratile! Il tribunale andava più veloce di Clément nei compiti.

Ma è soprattutto della pagine di Pétion, riesumata dalla polvere del passato, che si eleva il vero grido della coscienza nazionale, la riprovazione verso quelle grandi infornate del Terrore che, nello stesso paniere, mischiò la testa scarmigliata della Dubarry e la testa pensosa di Lavoisier.

II

I PIACERI TRA LA MORTE

Sul disprezzo – o stupore – della morte si schiuse, nel 93, il largo velenoso fiore dei facili piaceri. Mai la morte e l'amore furono più fratelli come nella grande crisi che scuoteva, galvanizzandola, la vecchia società francese Quell'amore si è abituato ai rumori vociferanti della sommossa. Ha sorriso alla presa della Bastiglia, ha sorriso ancora all'indomani della sconfitta di Termidoro. La stampa popolare che ci mostra l'*Amour sans culotte,* sprezzante della faretra dalle perfide frecce, bardato della sua imbracatura sulla sua rosea e paffuta nudità, armato di fucile e con in testa il bicorno della guardia nazionale, quella stampa è simbolica. Simbolico anche quell'assegnato del dominio dell'Amore che, nella ghirlanda che lo circonda, si orna di motti galanti che provano a imitare i terribili motti dei veri assegnati: *L'Amore punisce con la morte l'indifferenza, Dominio dell'Amore, L'Amore ricompensa la fedeltà, Venticinque baci.*
Poi, in carattere rococò:

MANDATO
DI VENTICINQUE BACI PAGABILE AL PORTATORE

Serie dei cuori	*Registrato all'ufficio*
L'anno della felicità	*delle Grazie*

E il tutto accompagnato da una faretra e da una fiamma incrociate in mezzo a una ghirlanda di rose.
Non è la *jeunesse dorée,* la corte della figlia di Cabarrus[543], il Direttorio, che ci offre certe puerilità: è il Terrore. Si è soffocato tutto nella furia egualitaria: il re, la nobiltà, il clero, i ministri delle finanze; non si sono soffocati gli innamorati. C'è ancora una monarchia in Francia sotto la dittatura terrorista: è la monarchia dell'Amore.
Al Palais-Egalité, dove caddero i primi colpi del tuono della Rivoluzione, regna come in terra di conquista. Là, sotto il volo leggero delle foglie bruciate di luglio, la Rivoluzione apre le sue giovani ali

---

[543] (N.d.R.) François Cabarrus (1752-1810) banchiere e politico spagnolo di origine francese. Il riferimento è alla figlia Teresa che animò i salotti e la vita mondana alla fine del Settecento.

esitanti. Là regna oramai Eros sempre vincitore. Più lontano, a qualche passo da là, ruggisce il permanente temporale della Convenzione nazionale. A qualche passo ancora, la ghigliottina funziona, piazza del Carrousel, divenuta piazza della Réunion e, più in là, vi è la chiazza rossa coagulata tra le pietre della piazza della Révolution. Poco importa. Questa temibile vicinanza non è tale da spaventare le pubbliche regine del giardino degli ulivi degli aristocratici. Meno di dieci anni dopo il Terrore, nel 1805, l'abate Cancellieri, nella sua relazione del viaggio di Pio VII a Parigi per la consacrazione di Bonaparte, constaterà che sono in più di seimila a rivaleggiare, alla sera, in eleganza e audacia sotto le Galeries de Bois.

«Questo disordine è tollerato perché è stato giudicato necessario in una città piena di militari, di stranieri e di libertini», osserva il bravo bibliotecario del cardinale Antonelli e, poiché la consacrazione del fortunato corso l'ha preparato a ogni meraviglia, non manca di farne la piccante annotazione.

Tuttavia, nel 1805, questa galanteria non era più quella del '93. Non era più il gregge impennacchiato, scollato e rumoroso che contava tra le sue eleganti la Chevalier, figlia del boia di Lione, e la mulatta Bersi. Ciò che riportano i contemporanei è significativo a questo riguardo.

Più tardi, in questa corsa al piacere, in questo regno libertino, Robespierre riconoscerà, a torto, la mano degli emigrati e dei contro rivoluzionari. L'uomo della probità e della virtù rivoluzionarie esclamerà: «Tutto ciò che dispiaceva nel vecchio regime si è applicato dall'inizio della Rivoluzione ad arrestare i progressi della morale pubblica[544]». Ma al presidente del Tribunale Rivoluzionario che interrogava: «Di che cosa vivete?», l'insolenza di una ragazza perduta poteva rispondere: «Delle mie grazie, come tu vivi della tua ghigliottina![545]».

La ghigliottina! Qui ancora la sua grande ombra obliqua e alta si allungava. Di quei colli rosa sotto i riccioli sparsi delle pettinature *alla Tito*, quanti non andarono a conoscere il freddo bacio dell'acciaio triangolare? Forse era anche quello che aggiungeva fascino alle donne

---

[544] Rapport fait au nom du Comité de salut public par Maximilien Robespierre sur les rapports des idées religieuses et morales avec principes républicains et sur les fêtes nationales, 18 floréal, p. 8.

[545] Beaulieu, op. cit., tomo V, p. 317.

di quell'epoca. E che importava l'enorme somma che costava il pane[546] davanti al prezzo di un'ora di piacere?

Non tutte le donne erano a schiamazzare alla Convenzione[547] o a urlare alla ghigliottina attorno alle vetture dei sospetti arrestati[548]. Armate di una pettinatura *alla nazione* o *all'abbaino* (sanguinosa allusione), o alla *senza paura*, i capelli arricciati *alla vittima*; il seno libero in *casacchine alla sultana* o alla *cavaliera*, qualche volta vestite alla *repubblicana*[549] con alle orecchie degli orecchini alla ghigliottina[550], portavano i loro cortei impudenti attraverso il Palais-Egalité. Dagli eleganti e freschi acquarelli di Debucourt le immaginiamo facilmente, quelle belle cortigiane dell'era giacobina. Nelle trentuno case da gioco del Palais-Egalité[551], impongono lo scoppio delle loro risa, il fascino delle loro fresche toilette di ispirazione civica. Sui guadagni, qualche volta colossali, prelevano la decima della loro presenza, e le si lascia fare prima di seguirle nei soppalchi piccoli e bui dove alloggiano sotto i tetti del Palais. Nelle quattromila case da gioco presenti a Parigi[552], ce ne sono praticamente ovunque. L'eleganza delle donne differisce solo seguendo l'eleganza del luogo. Che si sia al 35 di rue Traversière Saint-Honoré, al 18 della rue Richelieu, all'hotel de Londres, alla piazza dei Petits-Pères, alla rue de Clery, alla rue Notre-Dame des Victoires, al palazzo Radziwill, alla rue dei Petits-Pères, all'hotel d'Angleterre, in ognuno di questi posti vi

---

[546] «Il pane vale 3 lire, ma non se ne può avere. Gli uomini devono passare la giornata ad aspettarlo sulla porta dei panettieri. Perdono una giornata di lavoro da 3 lire.» *Quando avremo del pane?*

[547] « . . . le tribune erano piene di megere urlanti alla ghigliottina . . . » *Manuscrit et révélations de Chabot*, Archives nationales.

[548] « . . . alcune donne gridavano *alla ghigliottina!*» osservò M.me Roland al momento del suo arresto. *Mémoires de Madame Roland*, tomo I, p. 38, ediz. del 1865

[549] *Journal de Paris*, 19 ottobre 1792.

[550] Sébastien Mercier, *Le Nouveau Paris*.

[551] Liste des maisons de jeu, académies, tripots. Dénuciation faite au public sur les dangers du jeu.

[552] Charon, oratore della Comune all'Assemblea nazionale.

sono dei giocatori accaniti. E sarà così anche all'apogeo del Terrore, in quell'«orribile Francia[553]» vilipesa dagli emigrati.

Ci si getta nel piacere con una frenesia senza pari. La Reggenza non conobbe questo furore.

È l'ambiente sanguinante che mette nelle menti questa sorta di nevrosi che dei medici tentarono di analizzare dopo le sue più inattese manifestazioni?[554] Non si sa. Ma ciò che non si può nascondere è che vi è un carattere chiaramente malaticcio, estraneo al comportamento della razza. Ma l'asse della ragione nazionale non si trovava spiazzato in quella esplosione di una società? Parigi ubriacata per lungo tempo del sangue di settembre doveva ritrovarne il gusto acre e forte fin dentro i piaceri.

¤ ¤ ¤

Contemporaneamente, sui palcoscenici della Montansier del Théâtre de la Nation, la musa comica trionfava. Non è una storia di teatro rivoluzionario che vogliamo scrivere qui. Il nostro tema ci condanna alla brevità, ma il rapido colpo d'occhio che daremo a queste manifestazioni civiche sulla scena ci mostrerà, una volta di più, dietro i fantocci della coM.media, l'ombra inclinata della ghigliottina. Se dobbiamo credere ai contemporanei, i francesi dicevano: «Avremo presto un teatro per ogni strada, un attore per casa, un musicista per cantina e un autore per granaio[555]». Nonostante questa legione di scene, che ricorda abbastanza poco quelle di cui godiamo oggi, gli incassi erano fruttuosi, il pubblico invadeva i parterre, gli eleganti, che non abdicano mai, mettevano le loro efelidi chiare, i loro gilè rigati, le sete fiorite, rubini, piume e pizzi, nei loggioni e nei palchi della platea. «I teatri erano rimasti aperti durante il Terrore; inoltre, non erano affatto deserti. Le muse drammatiche in mezzo a questi terribili avvenimenti, non erano rimaste né sterili né mute[556]», dirà più tardi

---

[553] Lettera di Louise de Chastillon, principessa di Tarente, al maresciallo de Castries, 18 novembre 1790.

[554] Dottori Cabanès e Nass, *La Névrose révolutionnaire*.

[555] Le Cousin Jacques (Beffroy de Reigny), *Nouvelle Lunes*. È di lui che Camille Desmoulins scriveva, nel novembre 1789, nel volantino delle *Révolutions de France et de Brabante*: «... il cugino Jacques, un patriota così zelante da portarci delle notizie dalla luna e intraprendere la posta dei pianeti.»

[556] Antoine-Vincent Arnault, *Souvenirs d'unSexagénaire*.

un testimone oculare. E, di fatto, mai la produzione drammatica fu più abbondante. Ci sarebbe un curioso catalogo da redigere, quello delle commedie che, dal 1790 al 1794, trionfarono sotto gli applausi dei clubisti o caddero sotto gli schiamazzi delle claque[557]. Vi trovavamo il *Réveil d'Epiménide*[558] di Carbon-Flins; il *Philinte de Molière ou la suite du Misanthrope*[559], quei cinque graziosi atti del commediografo Fabre d'Eglantine; *Journaliste des Ombres ou Momus aux Champs-Elysées*[560], commedia eroico nazionale in versi e in un atto, di Aude; *Dorval ou le fou par amour*[561], di Sègur il giovane; il *Mari Directeir ou le Déménagement du Counvent*[562], un altro atto di Carbon-Flins; il famoso dramma in prosa di Monvel: *les Victimes cloîtrées*[563], la tragedia di Arnault; *Marius à Minturnes*[564], la ripresa di *Athalie*[565] con il bel coro di Gossec; il *Vieux célibataire*[566], di Collin d'Harleville; La

---

[557] «La loro funzione era di applaudire, di lanciare nell'aria delle canzoni patriottiche e di offendere le persone oneste che disturbavano. Questi giannizzeri della sommossa avevano una divisa: pantaloni larghi, giacche corte, la testa con un casco di pelliccia di volpe, il cui pelo, normalmente consumato attorno alla circonferenza come il sopra di un vecchio baule, non appariva se non verso l'estremità della coda della bestia che ricadeva in modo lezioso sulle larghe scapole del portatore». *Mémoires de Fleury, de la Comédie-Française (179-1822)*.

[558] Rappresentato per la prima volta al Théâtre-Français il 1° gennaio 1790.

[559] *Id.*, il 22 febbraio 1790.

[560] *Id.*, il 14 luglio 1790. Tra i personaggi che vantavano i benefici della Costituzione figurava Jean-Jacques Rousseau. Il ruolo era interpretato da Talma.

[561] *Id.*, Prima rappresentazione al Théâtre-Français, il 19 gennaio 1791.

[562] *Id.*, il 25 febbraio 1791.

[563] *Id.*, il 29 marzo 1791.

[564] *Id.*, il 19 maggio 1791.

[565] *Id.*, il 17 giugno 1791.

[566] *Id.*, 24 febbraio 1791.

*mort d'Abel*⁵⁶⁷, tragedia di Legouvé; il bruciante *Ami des Lois*⁵⁶⁸, di Jean-Louis Laya; il *Conteur ou les deix Postes*⁵⁶⁹, di Picard; e la strepitosa *Paméla ou la Vertu récompensée*⁵⁷⁰, di François de Neufchâteau. Alla rinfusa, per questo curioso lavoro, si presterebbero tutte quelle vecchie brochure, ingiallite, dove grondano le tirate civiche, dove piange la sensibilità in onore dell'*Emile*. È il *Bon Fermier*⁵⁷¹, di C-J-A. Ségur il giovane; l'*Intérieur des Comités révolutionnaires ou les Aristides modernes*⁵⁷², del cittadino Dacancel; la *Marquise de Pompadour ou Germon et Juliette*⁵⁷³, del cittadino Cubières; il *Dîner d'un Héros*⁵⁷⁴; le *Femmes politiques*⁵⁷⁵; *Wenzel ou le magistrat du peuple*⁵⁷⁶; il *Triomphe de la Raison ou les Fêtes républicaines*⁵⁷⁷; *Collot dans Lyon*⁵⁷⁸; *Le Champ-de-Mars ou la*

---

⁵⁶⁷ *Id.*, 6 marzo 1792.

⁵⁶⁸ *Id.*, il 2 gennaio 1793.

⁵⁶⁹ *Id.*, il 4 febbraio 1793.

⁵⁷⁰ *Id.*, il 1° agosto 1793. La commedia comparve ad Avignone nell'anno V, in 8°.

⁵⁷¹ *Le bon Fermier*, commedia in un atto in prosa di C-J-A. Séguer il minore, Parigi, senza data, anno III, in 8°.

⁵⁷² *L'intérieur des Comités revolutionnaires ou les Aristides modernes . . .*, commedia in tre atti in prosa, del cittadino Ducancel, Parigi, anno V, in 8°.

⁵⁷³ *La marquise de Pompadour ou Germon et Juliette*, commedia in tre atti in prosa del cittadino Cubières, Parigi, anno V, in 8°, 62 pp. Dello stesso segnaliamo ancora un dramma storico: *La Marquise de Chantal*, Parigi, anno V, in 8°.

⁵⁷⁴ *Le Dîner d'un Héros*, brano storico in un atto in prosa di Routhier-Deschamps e Arm. Gouffé, Parigi, 1798.

⁵⁷⁵ *Les femmes politiques*, commedia in 3 atti e in versi del cittadino Gosse. Parigi, anno VIII, in 8°, 56 pp.

⁵⁷⁶ *Wenzel ou le Réprésentant du peuple*, opera, parole di Pillet, musica di Durner, Parigi, anno II, in 8°.

⁵⁷⁷ *Triomphe de la Raison ou les Fêtes républicaines*, di H. Rosière, rappresentata

régéneration de la France[579]; la *Veuve Calas à Paris ou le triomphe de Voltaire*[580]; *Jean Calas*[581] . . . Ma sono troppe e la loro lista dimenticata potrebbe allungarsi in modo interminabile, evocatrice di quei trionfi scoloriti. Dobbiamo limitarci. Tuttavia, in mezzo a tutti questi titoli, due o tre attirano ancora oggi l'attenzione. Ai giacobini del '93, il nome di Voltaire è sempre caro e quando la *Mort de César* appare sui manifesti del Théâtre-Français, la sala è sempre piena ben prima che si alzi il sipario. Nel difensore di Calas[582] e della Barre acclamano il precursore della Rivoluzione, il profeta che, nel 1762, poteva scrivere: «Tutto quello che vedo getta il seme di una rivoluzione che arriverà immancabilmente e della quale non avrò il piacere di essere testimone. La miccia si è progressivamente sparsa e scoppierà alla prima occasione e allora sarà un bel baccano. I giovani sono ben fortunati. Ne vedranno di cose[583]». I giovani del 1762 sono

---

al Théâtre de Montpellier il 3 vendemmiaio anno III, in 8°.

[578] *Collot dans Lyon*, tragedia in versi e in cinque atti, dedicata ai membri della Convenzione vittime della tirannia al 31 maggio 1793, di Fontvieille il maggiore, di Tolosa, anno III, in 8°, 88 pp.

[579] *Le Champ-de-Mars ou la régéneration de la France*, divertimento in un atto e in prosa di Pellet-Desbarreaux, rappresentato per la prima volta al teatro di Tolosa, il 16 agosto 1789, in 8°, 27 pp.

[580] La Veuve Calas à Paris ou le triomphe de Voltaire, di J. B. Pujoulx, Parigi 1791, in 8°.

[581] *Jean Calas*, tragedia di J. M. Chénier, Parigi, 1793, in 8°.

[582] Il caso giudiziario della famiglia protestante Calas fece scalpore negli anni sessanta del settecento, tanto da sollecitare l'intervento dello stesso Voltaire, grazie al quale la memoria di Jean Calas fu riabilitata. L'uomo era stato accusato di aver ucciso il figlio, che invece si era suicidato, per evitare che si convertisse alla religione cattolica. Il sospetto fu alimentato dal fatto che Calas nascose la vera causa della morte del figlio per evitare l'infamante funerale che era riservato ai suicidi.

[583] Non mancheremo di affiancare questo frammento a qualche riga scritta, nel 1770, da Jean-Jacques Rousseau: «Ci avviciniamo a uno stato di crisi e di rivoluzione. Ritengo impossibile che le grandi monarchie dell'Europa durino ancora molto ; tutti hanno brillato e ogni stato che brilla è sul suo declino».

degli uomini nel 1793 e lo sconquasso previsto da Voltaire è arrivato. È lui che ispirerà i poeti e i legislatori dell'epoca, e come non impazzire di entusiasmo a questi versi, così straordinariamente di attualità a cinquant'anni di distanza:

> No, non imitiamo nessuno, serviamo tutti d'esempio!
> Siamo noi, cari amici, che l'universo contempla!

Detto questo, portano sulla scena il busto del poeta e lo mettono sulla maestosa parrucca ad ampi ricci un berretto rosso. E questa gloria avrà la sua definitiva consacrazione il 21 gennaio quando, qualche ora dopo che la testa del re sarà caduta, il Théâtre-Français rappresenterà una commedia dell'amante della divina Emilie.

Talvolta, attorno a una commedia, c'è la sommossa, come per l'*Ami des Lois*. Questa frusta gli uomini del giorno e gli ammiratori dell'Incorruttibile fischiano Nomophage, e i ferventi amici di Jean-Paul Marat rumoreggiano per Duricrâne[584]. Le claque entrano in scena, la commedia è denunciata ai Giacobini e un decreto della Comune la sospende. Interviene la Convenzione e il suo decreto, che autorizza la commedia, calma la protesta popolare che gronda intorno a questo comico palcoscenico.

Poi è la *Paméla* di François (di Neufchâteau) che crea, anch'essa, un bel frastuono. Ma questa volta gli attori vanno in prigione, dove un oscuro impiegato del Comitato di Salute pubblica, Bussière, li salva. La politica ha acceso la nera torcia della discordia al Théâtre-Français. Talma, che odia la monarchia, aggunta per il colletto Naudet, che detesta la repubblica. È un duello, è una frattura. Talma porta i suoi sostenitori al Théâtre du Palais-Royale: Grammont, Dugazon, la Vestris, Desgarçins, Julie Candeille, la bella amante di Vergniaud[585]. Naudet rimane al teatro della Nation con Fleury, Dazincourt, M.lle Contat. L'affare di *Paméla* dà loro un altro alloggio. Mentre li dimenticano in prigione, la ghigliottina sceglie la sua preda tra gli attori.

---

[584] «Tutti riconoscono Robespierre in Nomophage e Marat in Duricrâne». Etienne, *Histoire du Théâtre-Français*. Era Saint-Prix che interpretava Nomophage.

[585] «La cittadina-attrice» Julie Candeille era l'autrice di *Catherine ou la belle fermière*, che ebbe più di trecento rappresentazioni.

Il 16 ottobre 1793, attorno alla carretta che, in via Saint-Honoré, sta portando Maria Antonietta sul luogo del supplizio, vedono caracollare, la spada in alto, l'attore Nourry, detto Grammont. Con la voce forte e sonora che, al teatro Montansier, gli è valsa qualche successo nei ruoli del tiranno[586], gridava allegramente:

«Ecco l'austriaca, amici miei! È fottuta!»

Come a teatro, quest'uomo pretendeva di recitare un ruolo nella tragedia rivoluzionaria. Lo interpretò coraggiosamente, cinicamente, fino alla fine.

Il 24 germinale anno II, seguiva, forse sulla stessa carretta, il tragitto compiuto qualche mese prima dalla regina di Francia. Lei era sola. L'anziano attore del Montansier, l'ex aiutante generale dell'armata rivoluzionaria, compreso nella cospirazione degli atei[587], era accompagnato da diciotto complici tra i quali comparivano la vedova Desmoulins e la vedova del Père-Duchêne. Al suo fianco, sulla carretta, in piedi, si reggeva suo figlio di diciannove anni, ufficiale nella cavalleria rivoluzionaria. Giunsero alla piazza dell'esecuzione. Salito sul patibolo il figlio ballò[588]. Il padre morì come era vissuto, teatralmente.

Sanson mostrò la sua testa. La folla gridò: Bravo!

Fu il suo ultimo successo.

---

[586] Buographie moderne ou galerie historique, civile, militaire, politique, littéraire et judiciaire, tomo III, p. 53. Parigi, da Alexis Eymery, 1816.

[587] Motivazione della condanna: «Perché convinti essere gli autori o i complici di una cospirazione contro la libertà, la sicurezza e la sovranità del popolo, tendevano a turbare lo Stato con una guerra civile, armando i cittadini gli uni contro gli altri e contro l'esercizio dell'autorità legittima; in conseguenza di ciò, nel corrente ventoso, dei congiurati dovevano sciogliere la rappresentanza nazionale, assassinare i suoi membri e i patrioti, distruggere il governo repubblicano, impadronirsi del potere del popolo, ristabilire la monarchia e dare un tiranno allo Stato». I diciotto dell'infornata erano: Chaumette; Gobel; Arthur Dillon; Ernest Bucher; Lacombe; Lasalle; Lapallu; Rameau; Brumeaux-Lacroix; Nourry-Grammont padre; Nourry-Grammont figlio; Duret; Lebrasse, Beysser; Barras; Simon, deputato alla Convenzione nazionale; Laridon-Duplessis, moglie di Camille Desmoulins; Goupil, vedova Hébert, detto Père-Duchêne; Lucile, complice di Grammont.

[588] Biographie moderne, p. 54.

III

IL ROMANZO COMICO DELLA GHIGLIOTTINA

La casualità dei viaggi o delle gite sovente vi porta in città di provincia che, pacifiche e silenziose, sonnecchiano ai bordi di un fiume blu o sotto l'ombra allungata degli alberi dei loro vecchi bastioni. È la quiete provinciale in tutta la sua grigia malinconia. Dei vecchi immobili si riscaldano al tiepido sole dell'autunno inoltrato, sulle spianate o sulla passeggiata. Nell'aria dolcemente azzurra spunta il campanile della cattedrale. Dei voli di uccelli rigano il cielo uniforme.

Queste città di provincia sono oggi quelle che erano all'inizio della Rivoluzione. Il frastuono di Parigi vi veniva a morire in mormorii attenuati, e se l'esecuzione del re vi seminava lo spavento, nondimeno questo restava segreto, silenzioso, dietro le mura dove i secoli avevano messo la loro patina luccicante.

Ma bruscamente quella pace era scossa. La vecchia, piccola città provinciale sembrava svegliarsi da un lungo sonno. I turbolenti del sobborgo fondavano un club o una società patriottica. I Giacobini e i Cordiglieri spingevano sino a là le loro ramificazioni. E ormai la tranquillità in cui si cullava la triste città era scossa. La raffica rivoluzionaria passava su di lei, scuoteva la polvere dei secoli. E un mattino, uno strano corteo sboccava sul viale. Sotto il telone di una carretta requisita, giacevano dei pezzi di legno oblunghi, nuovi. Alla testa del corteo, precedendo le guardie nazionali e dei cittadini entusiasti, marciava o cavalcava, con la cintura tricolore, un uomo dal grande bicorno impennacchiato, in battaglia.

Era la ghigliottina che, con il rappresentante del popolo in missione, faceva la sua entrata.

In quella città lontana, rappresentava «quella autorità rivoluzionaria che aveva fatto tante meraviglie»[589], e aveva per missione applicare i principi della «diplomazia acerba» che era il Terrore, seguendo l'espressione di Barère[590]. Quel pezzo di articolo che abbiamo citato di Pétion ci dice come operava: «I commissari della Convenzione nazionale hanno l'abitudine di portarne parecchie al loro seguito per esporle nei luoghi dove passano. Se la visione momentanea

---

[589] La Harpe, *Le Mercure de France*, 8 marzo 1794.

[590] Maria Williams, Souvenirs de la Révolution.

di queste macchine non opera il bene che si aspettano le mettono (seguendo la loro espressione) *in permanenza*. Allora il rimedio è sovrano (e seguendo sempre la loro espressione) *va bene*».

Dopo l'opera di Wallon sui *Représentants du peuple en mission*, non possiamo aggiungere al romanzo comico della ghigliottina in viaggio che un riassunto dei fatti salienti. Pescando in diverse e ravvicinate fonti, esse illuminano di una particolare luce questa fase dell'epopea della ragazza Ghigliottina. Si comprende allora lo stupore che si abbatté sui pacifici dipartimenti che si credevano al riparo dalla tormenta, eretta in permanenza nei suoi viali e nelle sue piazze fino ad allora riservati ai giochi innocenti dei bambini o alle lente passeggiate degli anziani. Sovente il rosso trespolo era drappeggiato con le bandiere tricolori. Ad Arras, Lebon, il dolce Lebon[591], vi aggiungeva un'orchestra e andavano a vedere « cadere le albicocche», al suono di *Ça ira*. Là, la ghigliottina era il vero spaventapasseri, e Caron, l'accusatore pubblico, scriveva a questo proposito: «Gli aristocratici trionfano quando la ghigliottina si riposa solo due giorni». Il proconsole Lebon la privò sovente di questi deplorevoli piaceri per Caron. Camice aperte, petti nudi, con il berretto civico in testa e le loro sciabole sulle ginocchia, i giudici del tribunale rivoluzionario di Arras contavano tra gli *uomini di pelo*[592] del dipartimento. Anche Lebon li invitava ad andare ad assistere con lui, dal balcone del teatro, sulla piazza della Comédie, alle belle infornate.

Furono queste distrazioni e questi piaceri che espiò il 13 vendemmiaio anno IV, su quella stessa piazza, sullo stesso patibolo eretto dalla sua onnipotenza autocratica e terrorista[593]. Lebon amava

---

[591] Louise Fusil, *Souvenirs d'une actrice*.

[592] Rapport de Courtois, p. 67.

[593] Il 21 termidoro anno III, su rapporto di Deuzel, Lequionio, Lefiot, Lanot Bô, Chaudron-Rousseau, Piorry, Massieux e Fouchet (di Nantes) furono decretati degli arresti in relazione «alla loro tirannia esercitata durante il loro proconsolato» nei dipartimenti. Dupin (dell'Aisne) scappato o dimenticato, fu sottoposto ad arresto il 23 termidoro. Il patibolo lo risparmierà. Visse e morì oscuramente. Per maggiori dettagli su Joseph Lebon rinviamo il lettore a qualche opera curiosa: E. Lecesne, *Arras sous la Révolution*, Arras, 1882, 3 vol., in 8°; *Les Angoisses de la mort ou idées des horreurs des prisons d'Arras en 1793*, Parigi, anno III, I vol. in 18° (108 pp.; A. J. Paris, *La Terreur dans le Pas-de-Calais et dans le Nord*, Arras, I vol., in 8°; dello stesso autore: *Histoire de Joseph Lebon et des tribunaux révolutionnaires d'Arras et de Cambrai*, 1864. Il

la musica; Borie-Cambort, rappresentante della Corrèze, apprezzava la danza. Inviato in missione nel Gard, si fermò a Uzès e lo fece per ballare, in unicorno e con la sciarpa, un passo allegro davanti alla ghigliottina.

«Le teste cadono e puff, puff, tutto va bene!»[594], diceva il poliziotto Héron. A Lione, dopo la repressione di Collot d'Herbois, fu lo stesso, e Chassagon, un filosofo che vuole abituarsi all'idea della morte, se ne andava ad assistere a tutte le ghigliottinate. Cosa diventò questo amatore? Non si sa. Forse morì pacificamente, dimenticato e sconosciuto, nel suo letto a un'età avanzata. Si sono viste queste ironie del destino[595]. È una tragica corrispondenza quella dei rappresentanti in missione. Tra le righe si può contare il numero delle teste tagliate e come non rabbrividire alle parole di Hérault de Séchelles: «Ho eretto alcune ghigliottine sulla mia strada e vedo che hanno prodotto un eccellente effetto»? Non vi sembra di udire il colpo netto della lama sulla mezzaluna? A Strasburgo, «Santa Ghigliottina è in frenetica attività[596]»; a Boulogne, il lavoro procede di buona lena e Dumont può scrivere alla Convenzione, che gliene sarà grato (perlomeno lo spera): «Cittadini colleghi, vi ho segnalato, due giorni fa, la terribile situazione in cui si trovano i sanculotti di Boulogne e la criminale gestione degli amministratori e degli ufficiali municipali. Vi ho detto altrettanto di Montreuil ed ho fatto uso in quest'ultima città del mio eccellente rimedio: la ghigliottina... Quarantaquattro carrette hanno condotto davanti a me le persone[597]». A Bordeaux si spera di andare

---

capitolo, forzatamente breve, che dedichiamo alla ghigliottina nei dipartimenti non ci permette di soffermarci più lungamente sulla missione di Joseph Lebon, uno dei più curiosi da studiare con quelle di Carrier a Nantes e di Collot d'Herbois a Lione.

[594] Sénar, *Mémoires*.

[595] Per la missione di Collot d'Herbois a Ville-Affranchie, vedere: *Tableau des prisons de Lyon pour servir à l'histoire de la tyrannie de 1792 à 1793*, Lione, 1797, I vol., in 12°, 336 pp. Il frontespizio è uno dei più interessanti. Il cittadino Maurille, di Lione, *Les Crimes des Jacobins de Lyon, depuis 1792 jusqu'à 9 thermidor*, Lione, anno IX, 1801, I vol, in 12°, 220 pp., con una vignetta rappresentante il tribunale rivoluzionario; Abate Aimé Guillon: *Histoire de siège de Lyon, des événements qui l'ont précédé ainsi que leurs causes secrètes, générales et particulières*, Parigi e Lione, 1792, 2 vol. in 8°.

[596] Gatteau à Daubigny, Strasburgo, 27 brumaio anno II.
[597] Dumont alla Convenzione nazionale il 1° ottobre 1793.

più veloci. Robespierre vi ha inviato in missione il montagnardo Marc-Antoine Jullien, convenzionale della Drôme. I suoi partigiani sono diventati i *juliénistes* e, su uno di loro, esiste una curiosa notizia che qui deve trovare il suo posto: «Seguy, *Jean*, chirurgo, ex municipale e bevitore di sangue. Questa tigre diede ordine di costruire una ghigliottina a quattro lame...». Questo dettaglio ci è fornito da un pamphlet comparso, nel 1803, a Bordeaux ed ecco il suo titolo, interminabile come la maggior parte delle brochure politiche dell'epoca: «*Liste par ordre alphabétique des hommes de sang et dénonciateurs qui ont le plus signalé* (sic) *leur atrocités à Bordeaux, pendant le régime affreux de l'an deuxième de la République; convaincus d'après les recherches faites, pièces compulsées au greffe criminel et autres renseignements donnés par les honnêtes gens des vingt-huit sections*. La brochure fu attribuita a Jean-Louis Tisseyre, stampatore, rue di Pont-Long, n° 70, a Joseph Bourguignon, istitutore, rue du Pont-Long, n° 16, e a Germain il maggiore, decoratore, rue de la Justice. Processati due volte, a Bordeaux nel 1803 e a Liborne, il 25 aprile 1804, furono assolti. La particolarità che segnalano all'attivo del chirurgo Seguy sarebbe interessante dal punto di vista dello studio dei costumi rivoluzionari in provincia, se non fosse inficiata da una evidente esagerazione. Quella temibile ghigliottina a più lame è stata per lungo tempo il *leit-motiv* delle imprecazioni di coloro che il Terrore colpì. Bisogna dirlo: mai dei documenti seri appoggiarono questa affermazione la cui fantasia può congiungersi alle famose concerie in pelle umana di Meudon. La vecchia marchesa di Créquy, le cui disgrazie sotto la Rivoluzione e l'età avanzata avevano considerevolmente affievolito l'intelligenza, fa comunque scrivere, da colui che redasse e aggiustò le sue memorie, che una ghigliottina a nove lame fu provata a Parigi. Dice: «... al fine di supplire all'insufficienza della ghigliottina, fecero sperimentare un'altra macchina con nove lame che dovevano cadere insieme. Fecero la prova in mezzo nel cortile del Bicêtre, ma l'esperimento non riuscì[598]». La marchesa si confonde certamente con gli esperimenti fatti a Bicêtre dal dottor Louis. Questi ricordi non peccano che in un punto: la ghigliottina aveva solo una lama[599].

---

[598] Souvenirs de la marquise de Créquy (de 1710 à 1803), tomo VIII, p. 158.

[599] Nove lame è anche il numero che dà Galart de Montjoye a questa straordinaria ghigliottina. Ne attribuisce l'idea, ovviamente, a Robespierre: «Il ferro della ghigliottina non andava abbastanza veloce per il suo

Ritorniamo al viaggio della spada della legge attraverso i dipartimenti della Repubblica.

Marmontel, nelle sue *Mémoires*[600], ha raccontato che qualcuno, a tavola, talvolta si serviva di piccole ghigliottine. Il fatto è stato sovente contestato. Tuttavia, il *Moniteur* ne diede, il 18 pratile anno III (6 giugno 1795), la conferma in questi termini: «Il rappresentante Lejeune per appagare la sua immaginazione sanguinaria, aveva fatto costruire una piccola ghigliottina con la quale tagliava il collo a tutti i volatili destinati alla sua tavola. Se ne serviva anche per tagliare la frutta. Spesso, in mezzo al pasto, si faceva portare questo strumento di morte e ne faceva ammirare il gioco ai suoi ospiti. Questa ghigliottina è depositata al Comitato della Legislazione[601]».

C'è appena bisogno, in questa elencazione, di ricordare il proconsolato di Carrier a Nantes. Non è tuttavia l'atroce mostro che a gara si sono compiaciuti di rappresentare. Altri hanno tentato di liberare questa tragica figura dalle ombre dove viene compiacentemente avvolta.

Lione era in rivolta, la Convenzione, sul rapporto di Tallien, nella seduta del 25 febbraio, inviò per ristabilire l'ordine tre commissari: Bazire, Rovere e Legendre. A questa notizia, un giornalista accorse a Parigi, per protestare contro il rapporto dell'amante della Cabarrus e in una lettera che pubblicò in merito esclamò, in uno di quegli eccessi di trasporto abituale nello stile del 93: «La nostra Rivoluzione non piò dunque affermarsi che attraverso il sangue delle vittime?»

Questo giornalista era Carrier, il Carrier di Nantes. Non è strana questa figura di «mostro», di «bevitore di sangue», di uomo dei «matrimoni repubblicani», sorpreso così nella penombra dei suoi esordi? Anche lui fu preso dall'ubriacatura del sangue, subì quella nevrosi che faceva reclamare al pietoso Marat le «centomila teste»

---

gradimento. Gli parlarono di una lama che tagliava nove teste alla volta; quest'invenzione gli piacque: fecero delle prove a Bicêtre; non riuscirono, ma l'umanità non ne ebbe alcun beneficio». *Histoire de la Conjuration de Maximilien Robespierre*, p. 159. *Les Souvenirs de la marquise de Créquy* sono apocrife e l'aneddoto è verosimilmente attribuibile al facondo Montjoye.

[600] Marmontel, *Mémoires*, pubblicate con una prefazione, note e tavole di Maurice Tourneux, tomo III.

[601] Bisogna però segnalare che questa accusa era stata portata a Lejeune dai termidoriani. Bisogna pertanto segnalarla con ogni riserva.

dell'epurazione nazionale. Angosciosa epoca in cui l'atmosfera vinceva sui più solidi e più austeri caratteri!

Per tutti, in Carrier vi è un «Nerone da bassifondi[602]», il prototipo del bruto lasciato a tutti i suoi istinti. All'epoca del suo processo che durò dal 7 frimaio anno II (27 novembre) al 25 frimaio anno III (15 dicembre 1794) e che terminò con la sua condanna a morte, i pamphlet più violenti si abbatterono su quest'uomo già preso per la gola. La reazione termidoriana ebbe ragione del terrorismo. Cadde anche quella testa, a espiazione[603].

Prima del 1789, la maggior parte di quegli uomini terribili del '93 erano dei cittadini seri, severi, modesti e degni, procuratori, avvocati, giudici che portavano con onore la toga, ingranaggi del regime monarchico. Giunge la Rivoluzione, li sradica violentemente, e troviamo uno di quegli avvocati[604], Albitte, divenuto rappresentante della Seine-Inférieure, che fa ghigliottinare, all'anniversario del 21 gennaio, le effigi dei sovrani regnanti. Nel 1794, è in missione all'Amata delle Alpi dove la sua eloquenza rude e concisa, fredda ed elettrica, galvanizza del suo soffio i battaglioni.

Incarna in questo dipartimento, lontano dalla Convenzione, tutto quello che essa ha di grande, di focoso. È, tra i sanculotti soldati, la spada vivente della Rivoluzione. E fa bruciare una statua di donna che rappresenta la città di Tolone ribelle!

L'esempio dato da Albitte dei sovrani ghigliottinati in effigie di fronte all'armata, viene seguito. Altri issano dei santi di legno, presi

---

[602] Théophile Lavallée, *Histoire des Français, 1848*, tomo IV, p. 147.

[603] La vita di Carrier è stata molto bene studiata dal conte Fleury in *Un grand terroriste: Carrier à Nantes* (1 vol. in 16°). Tra le bruchure dell'epoca segnaliamo quella comparsa nell'anno III e divenuta particolarmente rara: *La Loire vengée ou recueil historique des crimes de Carrier et du Comité révolutionnaire de Nantes, avec les détails de la procédure et des moyens employés par ces scélérats et leurs complices pour soustraire au glaive de la loi* (2 vol., in 8°).

[604] La Convenzione contò tra i suoi membri 211 avvocati, 71 uomini di legge, 36 procuratori o sostituti, 32 notai, 27 magistrati di distretto, 26 giudici, 4 uscieri, 4 cancellieri 1 président a mortier (*N.d.T.: tra gli incarichi più importanti del sistema giudiziario dell'ancien régime. Il mortier era copricapo di velluto quadrato con nastri d'oro intrecciati*), 1 presidente di corte, 1 consigliere alla Corte dei conti e un solo contadino senza istruzione.

alle chiese, sui patiboli⁶⁰⁵. Dopo il simbolo della monarchia è il simbolo della religione che subisce l'infamante supplizio.

Ovunque si propaga il culto della ghigliottina.

Il dipartimento dell'Yonne aveva inviato alla Convenzione il droghiere Maure, di Auxerre. Vi si distinse per un patriottismo focoso e zelante, vantandosi, il 26 gennaio 1794, ai Giacobini di essere stato soprannominato *Mio figlio!* dall'*Ami du peuple*. Questo patriottismo lo portò a immaginare la Festa del Terrore, dove la ghigliottina doveva essere portata in processione⁶⁰⁶. Non doveva sfuggire a una morte violenta, ma non fu quella dell'oggetto del suo culto. Minacciato di un decreto d'accusa, si fece saltare le cervella, il 4 giugno 1795.

Ovunque si spargeva il terrore del «rasoio» nazionale. I vandeani lo vedevano con paura erigersi sulle pubbliche piazze delle città insorte. I loro preti li trascinavano al combattimento facendo loro apparire, con dei giri di prestidigitazione, degli uomini che portavano al collo il marchio rosso della mannaia egualitaria⁶⁰⁷.

Quei sinistri cortei delle Ghigliottina attraversarono la Francia. Il boia, ufficiale o volontario, li scortava. Alcuni rapporti delle municipalità ci riportano gli incidenti, talvolta vivaci, del viaggio. Là, il carro con i legni della giustizia si è rovesciato. Dei cittadini di buona volontà si offrono di spingerlo fuori carreggiata. Vengono requisiti dei cavalli ed è di notte, nella complice tenebra, che il corteo fa il suo ingresso nella città addormentata. Il fatto accadde a Bayonne⁶⁰⁸.

---

⁶⁰⁵ «I santi di legno erano ghigliottinati». J. Michelet, *La Révolution Française*, tomo VI, *la Terreur*, prefazione del 1869, XVI.

⁶⁰⁶ H. Wallon, Les Représentants du peuple en mission et la justice révolutionnaire dans les départements en l'an II, tomo V, p. 239.

⁶⁰⁷ *Mémoires de Mercier du Rocher*, amministratore del dipartimento della Vandea. «I preti non hanno acceso la rabbia dei briganti della Vandea, con la promessa di resuscitare dopo tre giorni? Non è questa speranza che li rendeva arditi nel lanciarsi senza armi sulle nostre batterie e ad impadronirsene con furore?» Dice Vadier nel *Rapport et projet de décret présentés à la Convention nationale au nom des comités de Sûreté Générale et de salut public, dans la séance du 27 prairial an II*.

⁶⁰⁸ Tradizione locale e informazioni particolari. Il 3 marzo 1794 i convenzionali Cavaignac e Pinet avevano istituito a Bayonne una commissione straordinaria. Sul Terrore in provincia consultare: Albert Babeau, *Histoire de Troyes pendant la Révolution (1787-1800)*, Parigi, 1873, 2 vol., in 8°; L. Quénault, *Coutances en 1793 – La Terreur dans une ville de*

Una delle sere dello scorso autunno, nello scenario di questa cittadina sonnolente, nella verde cintura dei suoi bastioni abbandonati, abbiamo evocato la scena di altri tempi. Gli uomini attaccati alla carretta, piegati sotto la corda, la tirano. Nel fango della strada, le assi stridono. Voci incoraggiano il lavoro notturno. E probabilmente i pezzi di legno scossi, sballottati, avevano quel rumore ampio e profondo delle foreste fruscianti al vento dell'autunno. È così che la Rivoluzione, armata della sua spada, entrava nella città di Bayonne che sembra, del suo violento e furtivo passaggio, aver conservato, dentro le sue mura consunte, il riflesso delle torce fumose che illuminarono quella tragica marcia verso la morte. E, così in questa sera d'autunno, il Nive blu appena mormorante e l'Ardour cupo dovevano battere la vecchia riva di pietre.

All'alba, quando la città si sveglierà, la ghigliottina era eretta alla tappa del suo romanzo comico.

---

province; étude historique, Coutances, 1862, in 12°, 93 pp.; Dupré, *Souvenirs de la Terreur à Blois* Blois, 1877, in 12°; J. X. Carré de Busserolle, *Souvenirs de la Révolution dans le departement de l'Indre-et-Loire (1790-1798)*, Tours, 1864, 1 vol., in 12°; A. C. Thibaudeau, *Histoire du terrorisme dans le département de la Vienne*, Parigi, 1793, in 8°, 84 pp.; Albert Terrade, *La Guillotine et ses divers emplacements à Versailles*; Versailles, 1903, in 8°; P. Verhaegen, membro della società archeologica di Bruxelles, *Le Tribunal révolutionnaire de Bruxelles (1794-1795)*, Bruxelles, 1893, in 8°, 35 pp..

IV

LE CANZONI DI «LOUISON»

Se è permesso dire che in Francia tutto finisce con una canzone, non è esagerato aggiungere che, spesso, tutto inizia con delle strofe.

Il dottor Ignace Guillotin e la sua filantropica invenzione non dovevano sfuggire alla regola comune. «Guillotin non era un oratore, – dice Dubois – era un uomo onesto animato da eccellenti intenzioni, ma imbevuto delle nuove idee. Non ci volle molto perché diventasse l'oggetto di attacchi e di continue prese in giro . . . »[609].

Sono, in effetti, gli avversari delle idee rivoluzionarie che aprirono il fuoco contro il dottor Guillotin. Gli *Actes des Apôtres*, nel n° LIX, asseriscono che Guillotin *trancia un po' nel vivo*. Per rendere più saporito lo scherzo, un redattore anonimo[610], l'accompagna con una canzone sull'aria del minuetto di Exaudet, e la intitola: «*Sur l'inimitable machine du médicin Guillotin propre à couper les têtes et dite de son nom: guillotine*».

> Guillotin
> Médicin
> Politique,
> Image un beau matin
> Que pencre est inhumain
> Et peu patriotique.
> Aussitôt
> Il lui faut
> Un supplice
> Qui sans corde ni poteau
> L'office.

---

[609] *Recherches historiques sur les dernieres jours de Louis et de Vicq d'Azyr*, discorso letto all'Académie de mèdicine da M. Dubois, di Amiens, segretario perpetuo. (*Bulletin de l'Académie de médicine*, Parigi, 1866, tomo XXXII, p. 9 e segg.) Citato da Cabanès.

[610] «Ho motivo di credere che questa canzone sia opera dal marchese de Bonnay». *Mémoires de M. le comte Montlosier sur la Révolution Française (1755-1792)*, Parigi, 1830, in 8°, tomo I, p. 349.

Le strofe si fanno più aggressive:

> C'est en vain que l'on publie
> Que c'est pure jalousie
> D'un suppôt
> Du tripot
> D'Hippocrate,
> Que d'occire impunément,
> Même exclusivement
> Il se flatte.
>
> Le Romain
> Guillotin,
> Qui s'aprête,
> Consulte gens du métier,
> Barnave er Chapelier,
> Même le coupe-tête,
> Et sa main
> Fait soudin
> La machin
> Qui simplement vous tuera,
> Et que l'on nommera
> Guillotin.

Poi è il *Prospectus d'un nouveau Journal* (citato dai Goncourt) che si impadronisce di questa attualità per eseguirla (è la parola) in strofe veloci. La prima si canta sull'aria di *Paris est au roi*:

> Monsieur Guillotin
> Ce grand médicin
> Que l'amour de prochain
> Occupe sans fin,
> Un papier en main,
> S'avance soudain,
> Prend la parole enfin,
> Et d'un air bénin
> . . . .

Aria della *Amoureuse de quinze ans*:

> En rêvant à la sourdine
> J'ai fait une machine

La ghigliottina nel 1793

> Tra la la, la la la, la la, la la la, la la, la la la,
> Qui met les têtes à bas!

La terza strofa esige l'aria di *À la façon de Barbari:*

> C'est un mécanisme nouveau
> D'un effet admirable;
> Je l'ai tiré de mon cerveau,
> Sans me donner au diable.
> Un décollé de ma façon,
> Lafaridondaine,
> Lafaridondon,
> Me dira: «Monsieur, grand merci,
> Biribi,
> À la façon de Barbari,
> Mon ami.

E sull'aria di «*Quand la mer rouge apparut*» si chiude il pot-pourri:

> C'est un coup que l'on reçoit,
> Avant qu'on s'en doute,
> A peine on s'en aprçoit
> Car on n'y voit goutte.
> Un certain ressort caché,
> Tout à coup étant lâché,
> Fait tomber, ber, ber,
> Fait sauter, ter, ter,
> Fait tomber,
> Fai sauter,
> Fait voler la tête,
> C'est bien plus honnête!

Anche le donne se ne interessano. M.lle Contat, in prigione, che il 9 termidoro, seguendo la formula classica e consacrata, si salvò, compose le seguente strofa che si proponeva di cantare sulla carretta, lungo il percorso dell'ultimo corteo. Siamo tanto indulgenti per la poesia quanto per l'ultimo gioco di scena che questa amabile e fortunata persona meditava:

> Je vais monter sur l'échafaud:
> Ce n'est que changer de théâtre.

> Vous pouvez, citoyen bourreau,
> M'assassiner, mais non m'abattre.
> Ainsi finit la Royauté,
> La valeur, la grâce enfantine...
> Le niveau de l'égalité
> C'est le fer de la guillotine.[611]

Rude e violenta epoca il cui la morte era soggetto di ritornelli! Giorni violenti in cui, dopo il *sacro cuore* di Marat, i diritti dell'uomo, la Bastiglia, la musa popolare canticchiava agli angoli delle strade la lode de:

> La douce guilllotine
> Aux attraits séduisants! [612]

Infine, entra in gioco la parodia e un anonimo poeta canta la *Fameux Guillotin* seguendo il ritmo della *Carmagnole*:

> Il faut raccouricir les géants,
> Et rendre les petits plus grands;
> Tous a la même hauteur,
> Voilà le vrai bonheur!
> Dansons la Carmagnole,
> Vive le son,
> Dansons la Carmagnole,
> Vive le son
> Du canon!

Sulla stessa aria cantano questi ritornelli:

> Puisque nous sommes réuinis,
> Tuons les brigands du pays,
> ne faisons pas d'quartier,
> Tuons jusqu'au dernier!

---

[611] «Se M.lle Contat, della quale spesso ci si è compiaciuti di lodare lo spirito, è effettivamente l'autrice di questa strofa, bisogna confessare che la sua musa era indigente». A. Pougin, *La Comédie-Française et la Révolution*, p. 152.

[612] Citato da Louis Damade: *Histoire chantée de la première République (1789-1799)*, (Canti patriottici, rivoluzionari e popolari) Parigi, 1892, in 12°.

Dansons la Carmagnole! *Etc.*

Tremblez, traîtres, conspirateurs,
Fédéralistes imposteurs,
Vos projets sont connus,
Vous êtes tous foutus!

Dansons la Carmagnole! *Etc.*

Fuyez, fuyez, il en est temps!
La guillotine vous attend!
Nous vous raccourcirons,
Vos têtes tomberont!

Dansons la Carmagnole! *Etc.*[613]

La stessa Costituzione del 1791 non è risparmiata:

De notre autorité divine,
Mêmes crimes, mêmes délits,
Par l'agréable guillotine
Seront également punis...

È il motivo di un ritornello popolare:

Quand ils m'auront guillotiné
Je n'aurai plus besoin du nez!

Qualche volta la cosa prende l'aria dei madrigali:

La guillotine est un bijou
Aujourd'hui fort à la mode;
J'en veux faire une en acajou
Que je mettrai sur ma comode.

Nel maggiore momento del Terrore lo scherno dei cantantautori non risparmia né lo strumento né il boia. L'*Almanach des Prisons* si accompagna con questa quartina ironica:

---

[613] Recueil d'hymnes patriotiques chantés aux séances du Conseil Gènéral de la Commune par les citoyens de l'Armée révolutionnaire, Parigi, anno II, citato da G. Lenôtre, p. 300.

> Admirez de Sanson l'intelligence extrême!
> Par le couteau fatal il a tout fait périr.
> Dans cet affreux état que va-t-il devenir?
> Il se guillotine lui-même!

In queste segrete stanze della poesia aneddotica, un posto particolare deve essere riservato a *l'Hymne montagnarde aux Jacobins* del cittadino Picot-Belloc, vecchia guardia del corpo divenuto Commissario delle guerre nell'Ariège. Questo pezzo raro e curioso, tipico nello stesso tempo, è stato trovato da Léon de la Sicotière che, un po' benevolmente, non ha mancato di indignarsi del suo cinismo[614]. È, dopo la *Carmagnole*, la *Marseillese* della ghigliottina. L'autore ha indicato che deve essere cantata sull'aria di *Allons, enfants de la Patrie*:

> O toi, charmante guillotine,
> Tu raccourcis reines et rois;
> Par ton influence divine,
> Nous avons reconquis nos droits.
> Viens au secours de la Patrie,
> Et que ton superbe instrument
> Devienne toujours permanent,
> Pour détruire la secte impie!
> Eguise (*sic*) ton rasoir pour Pitt et ses agents;
> Remplis (*bis*) ton sac divin de têtes de tyrans!

Nella veglia funebre che precede il fatale mattino, la sanguinosa vergine appare, nella bruma rossa, agli occhi dei condannati che attende. Così un buon numero di loro, risvegliandosi poeta, rivolge alla ghigliottina le sue supreme imprecazioni. Ben pochi tra loro non la mischiano agli addii. Nougaret[615] ci ha dato di un «giovane uomo di Bordeaux», Pierre Ducourneau, e dei suoi compagni di camera, Theillard e Hollier, questo ritornello di addio ai prigionieri:

> O peuple qui nous outrage!

---

[614] *Revue des Documents Historiques*, d'Etienne Charavay, tomo II, 2ª serie, p. 50, Parigi, 1880.

[615] Histoire des prisons de Paris et des départements contenant des mémoires rares et précieux, le tout pour servir à l'histoire de la Révolution française, notamment de la tyrannie de Robespierre et de ses agents e complices.

> Nous pleurons sur ton erreur;
> Comme toi de l'esclavage
> Nous eûmes toujours l'horreur!
> Le fer de la guillotine
> Ne nous épuovante pas,
> Et la Liberté divine
> Nous charme jusqu'au trépas!

Vedono il figlio di Nourry-Grammont ballare sulla piattaforma sanguinante; più tardi, sentono il chirurgo Beysser, il generale dei dragoni rossi di Bretagna, cantare una canzone, andando al lento trotto della carretta verso il patibolo. È uno dei buoni esempi di sangue freddo osservati nei condannati. L'incidente di Bayonne che, nel capitolo precedente, abbiamo segnalato, potrebbe essere sottolineato a proposito del fraseggio del *Chansonnier de la Montagne*[616]:

> On verra sur tous les chemins
> La troupe révolutionnaire;
> La guillotine la suivra,
> Les magasins on fouillera,
> Celui qui se mutinera
> On fera sa fête
> En coupant sa tête! (*bis*)

Qui si chiude l'erbario di questi fiori poetici appassiti, avvizziti, morti, che dormono là del grande sonno irremissibile delle antologie, antologie sanguinanti per l'occasione. Vi aggiungiamo il titolo della *Guillotine de Cythère*[617], che dopo Lenôtre, ci rifiutiamo di riprodurre. Si annovera fra quelle produzioni sadiche e oscene sulle quali non è opportuno soffermarsi. E se qualcuno dei pezzi qui riprodotti suscita l'orrore, quello non saprebbe ispirare che il disprezzo. Il Terrore ha già difficoltà a farsi perdonare le prime senza caricarsi dell'obbrobrio di quest'ultima.

---

[616] Chansonnier de la Montagne, recueil de chansons, vaudevilles, pot-pourris, et hymnes patriotiques, par différents auteurs. Parigi, anno secondo della Repubblica francese, una e indivisibile, in 8°. (citato da Lenôtre, p. 301).

[617] L'autore sconosciuto di questa singolare produzione afferma che: Le Guillotine est à Cythère / De mode comme en ce pays...

Questo capitolo finisce l'epopea pittoresca, se si può usare tale parola per tale argomento, della sanguinosa macchina. Di volta in volta, l'abbiamo vista comandare la moda, i divertimenti, i giornali, i teatri e, poiché siamo in Francia, non dobbiamo sorprenderci di sentirla canticchiare un refrain di vaudeville, per finire.

V

L'ULTIMO CORTEO

Charlot! Va là Charlot!

È l'enorme grido che buca il rumore della folla, dal Pont-au-Change al lungofiume della Mégisserie.

Il corteo alla Charlot![618]

La Conciergerie getta sul pavé il livido carico delle vittime del giorno. È ancora, da lontano, solo un piccolo cumulo di teste ammassate, sballottate alle scosse delle carrette che, lentamente, si mettono in fila. E il grande grido ululante della folla non cessa di salire, poiché ora l'ultimo corteo si avvicina, e quella folla, che l'inglese Carlyle chiama «uno dei più vivi fenomeni dell'universo[619]», trova un estremo scherzo per salutare l'esecutore della rossa festa, chiama Sanson: *Senza farina*. Quelle grida, quei rumori, quegli appelli, quelle esclamazioni alla morte che passa, attraversano le mura della Conciergerie e annunciano ai prigionieri che l'infornata del giorno si è messa in marcia[620].

Dal tribunale, i condannati sono scesi alla cancelleria posteriore della Conciergerie. Sinistro luogo! Le mura trasudano nell'avara luce di una luce della segreta. Su banchi di legno sparsi, gli uomini, le donne, sono seduti. Le mani sono state legate. Un brusco taglio di forbici ha fatto cadere il loro capelli. In panieri di vimini tutte quelle trecce sono andate ad aggiungersi a quelle dell'infornata della vigilia. Trecce bionde e setose tagliate a delle giovani teste; riccioli d'argento chiaro caduti da capi curvati; sinistra mietitura che dei melanconici amanti forse accarezzarono, in altri tempi, nel dolce chiaro di luna di

---

[618] «Il popolo e il mondo delle prigioni chiamano così l'esecutore dei capolavori di Parigi. Questo soprannome risale alla Rivoluzione del 1789». H. de Balzac, *La dernière Incarnation de Vautin*, p. 71.

[619] Th. Carlyle, op. cit.

[620] «Sentivamo quelle grida che, attutite da cinque o sei porte, ci assordavano, piombando nella Conciergerie e, giunte sino a noi, assomigliavano a dei gemiti soffocati». Honoré Riouffe, *Mémoires d'un détenu pour servir à l'histoire de la tyrannie de Robespierre,,* Angers, anno III, in 12°.

un parco signorile; che bambini arrotolarono attorno alle loro giocose dita sotto il sorriso del nonno. Capigliature anonime oramai, giacciono prima di essere disperse ai venti, a beneficio della portinaia della prigione.

Finiamo qui questo dettaglio che ha lasciato incerti numerosi tra quelli che si occupano di questa ultima tappa dei condannati. Lenôtre scrive: «Forse gli aiutanti del boia, ai quali era stato tolto il *piccolo beneficio* degli abiti di coloro i quali mettevano a morte, si procuravano una leggera compensazione nella vendita dei capelli che tagliavano alla Conciergerie al momento della *toilette*: non ho trovato alcun documento in merito e, probabilmente, non esiste. È certo, tuttavia, che qualcuno traeva profitto da queste capigliature[621]».

Noi oggi conosciamo il nome di questo «qualcuno». Certo, non ci viene dagli Archives nationales dove non fummo più fortunati di Lenôtre, ma aprendo i *Souvenirs de la marquise de Créquy*[622], tra il mucchio di palesi errori storici, dove tuttavia si incontrano dei dettagli nuovi e curiosi, leggemmo questo: «Mi fecero entrare . . . in una grande sala bassa. (*La cancelleria posteriore dove la marchesa attendeva di essere interrogata da uno dei ventiquattro sostituti di Fouquier*). All'intorno di questa sala c'erano dei panieri di vimini di forma quadrata e uguali a quelli dove le cameriere mettono la legna da bruciare per il loro uso. Ebbi la curiosità di sollevare il coperchio di una di queste ceste e vidi che era piena di ciuffi di capelli di ogni colore. La donna della portineria mi disse in seguito che era là dove facevano la *toilette* dei condannati, che non venivano più ricondotti in prigione per procedere più velocemente e che era lei che approfittava di questa spoliazione che vendeva con profitto». È dunque la moglie di Richard[623] che privava gli aiutanti di Sanso del loro *piccolo beneficio*.

Non ignoriamo che Lenôtre contesterà questa testimonianza. Quei *Souvenirs* sono apocrifi, e sia, ma sono «arguti» riconosce l'autore di *Paris Révolutionnaire*, e chi dice apocrifi non dice necessariamente inesatti. Mille dettagli, in quei *Souvenirs*, sono di una precisione e di una verità che non si ritrovano molto in quelli lasciati dai contemporanei.

È dunque in questa cancelleria posteriore, gabbia e fossa, che terminava il viaggio dei condannati attraverso le prigioni di Parigi. Le

---

[621] G. Lenôtre, *La Guillotine*, etc., p. 195.

[622] Tomo VII, p. 221.

[623] Assassinato da un detenuto nel messidoro anno IV (1796).

Madelonetts, della rue delle Fontaines; la Force, della rue dei Ballets, 35; la piccola Force, della rue Pavée, 12[624]; il vecchio palazzo di Talaru, rue della Loi (rue Richelieu); Saint-Pélagie; Plessis; l'ospizio dell'Evêche; la casa mandamentale della rue di Sèvres; il Luxembourg; Port-Libre; i Carmes; i Bénédectines Anglais, della rue dell'Observatoire; Saint-Lazare; gli Anglais di Faubourg Saint-Antoine[625]; la prigione di Picpus, faubourg Saint-Antoine; gli Anglais di rue Saint-Victor; di rue Lourcine; gli Ecossais, di rue dei Fossés-Saint-Victor; gli Irladais, di rue del Cheval-Vert; la caserma di Vaugirard e dei Petits-Pères; la casa La Chapelle, rue Folie-Regnault; la casa Mahaye, rue Chemin-Vert; la casa Coignard, a Picpus, rovesciavano in questa sala d'attesa della morte i loro funebri e rassegnati contingenti.

I condannati sulla carretta, il loro foglio di esecuzione piegato[626], dopo un ultimo colpo d'occhio al carico, Sanson si metteva in marcia. Il corteo sbucava dalla Cour de Mai e l'immenso clamore della folla accoglieva quelli che andavano a morire.

Quale era, in quel momento, lo stato d'animo dei condannati? Ce li immaginiamo quasi sempre in una posa teatrale, la testa alta, che sfidano il popolo, stoici, romani. Dopo tante leggende, c'è ancora una leggenda da distruggere. Ve ne sono che piangono silenziosamente, a piene lacrime; altri singhiozzano, chiedono urlando un aiuto, come la

---

[624] *Archives de l'Assistence publique (1795).*

[625] P. J. B. Nougaret, nella sua *Histoire des Prisons*, dice di queste ultime sei: «Tutte queste case non sono che delle prigioni «ricercate », i bigliettai sono gentili.» Sulle prigioni di Parigi sotto il Terrore, da leggere con interesse: J. F. N. Dusaulcoy, l'*Agonie de Saint-Lazare sous la tyrannie de Robespierre*, Parigi, 1793, in 8°, 56 pp.; *Almanach des Prisons, ou anedoctes sur le régime intérieur de la Conciergerie, du Luxembourg, et sur différents prisonniers qui ont habité ces maisons sous la tyrannie de Robespierre, avec les chansons, couplets qui y ont été faits*, Parigi, anno III, in 12°, 156 pp.; Questo volume contiene un'incisione satirica: Sanson che si ghigliottina da solo; *Tableau des prisons de Paris sous le régne de Robespierre*, Parigi, 1793, in 18°, 198 pp.; Dauban, *Les prisons de Paris sous la Révolution*, da relazioni dei contemporanei, con note e introduzione, Parigi, 1870, in 8°; Réal, *Rapport fait à la Convention nationale sur l'affreux régime des prisons et les cruautés exercés sur les Patriots par les ordres du scélérat Robespierre*, Parigi, presso il cittadino Lefevre, in 8°, 16 pp.; etc, etc, ...

[626] «Secondo il numero dei condannati si servivano di un foglio in 8° o in 4°». Et. Charavay, *Revue de documents historiques*, tomo V, p. 97.

Du Barry, gemono, fanno un ultimo e vano appello a un'impossibile pietà. Alcuni danzano sulla carretta[627], fanno degli scherzi[628], o delle «smorfie»[629], salutano con eleganza a destra e a sinistra il pubblico[630], sorridono ai loro amici incontrati lungo la strada[631]; altri, meno rassegnati, insultano gli spettatori[632] e lanciano tra le ingiurie le loro imprecazioni.

Quelli che, muti, accettano il loro destino, cercano con lo sguardo la mano del prete refrattario che dà loro l'assoluzione. Il nome di questo prete è stato conservato. Era de Sambucy, assunto come capo officina da un maestro tornitore di piazza del Palais de Justice. Era Borderies, il futuro vescovo di Versailles. Era il nipote di Cambarécès, il regicida: de Kéravenant. Era il gran vicario di monsignor de Juigné, Jalabert. Era, infine, de La Lande che, al ritorno da Lys, montò sul seggio episcopale di Rodez.

Su quelle teste toccate dal dito della morte, cadeva la silenziosa assoluzione, mentre, lentamente, il corteo girava il lungofiume della Mégisserie per guadagnare, attraverso rue di Roule, la rue Honoré, ex Royale, e piazza della Révolution. Nei suoi *Souvenirs de la Terreur*, comparsi nel 1800, M.lle Hemery parla dei cortei che passano davanti al Louvre. Lenôtre, non contento di porre un dubbio a questo riguardo, afferma nettamente: «I suoi ricordi la ingannano[633]». Ed è, ovviamente, un nuovo errore da aggiungere a tutti quelli di cui Lenôtre è così prodigo.

---

[627] Rapporto di polizia dell'osservatore Perrières, 28 ventoso anno II, *Archives nationales*, serie W, cartone 112.

[628] Rapporto di polizia dell'osservatore Mercier, 22 ventoso, anno II, *Archives nationales*, serie W, cartone 112.

[629] *Le Glaive vengeur de la République Française*.

[630] *Bulletin du Tribunal criminel Révolutionnaire*, n° 64.

[631] *Idem*, n° 15.

[632] Rapporto di polizia dell'osservatore Prévost, 18 piovoso, anno II, *Archives nationales*, serie W, cartone 191.

[633] Lenôtre, op. cit., p. 162.

Non si potrà qui opporre che la testimonianza portata è apocrifa. È quella di un osservatore di polizia, de Perrières, che, alla data del 17 ventoso, termina il suo rapporto con queste parole: «Chiedono che la carretta del boia abbia una strada invariata dalla quale i deboli possano scostarsi.[634]». L'indomani, 18 ventoso, ritorna sulla questione, e questa volta intitola le sue osservazioni: «*Route de la Guillotine*». Bisogna citare l'intero brano:

«Insisto sul parere che ho presentato ieri di dare alla carretta del boia un tragitto immutabile, primariamente perché è un'opinione di numerose persone ben intenzionate che si meravigliano che questa strada fissa cambi attualmente da rue Saint-Honoré ai lungofiume e dai lungofiume alla rue Saint-Honoré.

«In secondo luogo, perché gli aristocratici, abili ad approfittare di tutto, si servono degli incidenti come quello che ho riportato ieri per attirare abilmente l'attenzione del popolo sul numero delle esecuzioni e ad impietosirlo, se possibile, sulla stessa sorte dei suoi nemici, rendendogli odiosi quelli che preparano il suo trionfo: «Non si può più uscire – dicono – che non si incontri una ghigliottina o quelli che vi vengono condotti; i bambini diventano crudeli, e c'è da temere che le donne incinta diano alla luce dei frutti segnati sul collo o immobili come delle statue a seguito delle impressioni spiacevoli che provano nel vedere o nell'incontrare questi tristi oggetti.» Il popolo normalmente risponde a questi discorsi, dove non vede che della buona fede e dell'umanità, con un'aria di profonda meditazione che può produrre delle idee e dei sentimenti molti contrari a quelli che deve avere[635]».

Crediamo dunque che M.lle Hemery non si sbagliasse, che i suoi ricordi fossero esatti, e che Lenôtre non avesse il diritto di dubitarne.

Alla svolta di rue Saint-Honoré, improvvisamente, stretta e alta verso il cielo, si staccava la ghigliottina.

Un soprassalto, un indietreggiamento, spingevano i deboli indietro, contro le sponde; i forti, i coraggiosi, quelli che il desiderio di *apparire* raddrizzava, impallidivano un po' al termine di questo lungo viaggio che, attraverso le strade vociferanti, era durato quasi due ore. Ai loro occhi la piazza offriva un colpo d'occhio straordinario. Le *magliaie* e le

---

[634] *Archives nationales* serie W, cartone 112.

[635] *Archives nationales*, serie W, cartone 112.

furie della ghigliottina[636], molte delle quali appartenevano alla *Société Fraternelle*, portavano le loro piccole panche e scherzavano con gli uomini con le coccarde; i venditori di giornali gridavano la lista dei condannati del giorno, la *lista dei vincitori della lotteria della Signora Ghigliottina*. Nei giorni d'estate circondavano i commercianti di «cocco» fresco; le madri che amavano i loro bambini[637], offrivano dei dolci: cantavano in coro il ritornello del giorno in onore della Montagna.

Improvvisamente riecheggiava il grido gioioso:

«Eccoli! Eccoli!»

Una grande agitazione faceva ondeggiare quella folla dove si accalcavano, il cuore stretto, la faccia pallida, gli amici e i parenti. Si arrampicavano su tavole gettate sopra dei cavalletti[638], per vedere meglio l'arrivo «della birra dei viventi»[639]. Era il momento di cui approfittavano gli imbroglioni per sottrarre gli orologi e i portafogli. Il ladro gridava alla guardia: «Non si sono potuti scoprire gli schifosi», annota Rolin, testimone di una di queste prodezze[640].

La carretta si fermava, scendevano per mettersi su una fila. Era il momento degli ultimi addii. I condannati si abbracciavano[641]. È a Sanson che Adam Lux darà il suo ultimo bacio di pace[642]. Quelli che avevano ballato sulla carretta salutavano il pubblico con un'aria gaia, o

---

[636] «Se erano vecchie le chiamavano magliaie (*tricoteuses*), se erano giovani avevano il nome di furie della ghigliottina (*furies de guillotine*). *Mémoires de Fleury*, p. 113.

[637] D'Allonville, op. cit., tomo III, p. 242.

[638] «Si fa osservare che non si dovrebbe consentire di offrire in affitto dei posti su delle assi sulla piazza della Révolution, visto che ciò crea notevole impiccio e può ferire qualcuno, soprattutto quando c'è molta gente, cosa che accade sovente». Rapporto dell'osservatore Pourvoyeur, 29 ventoso, anno II, *Archives nationales*, serie W, cartone 112.

[639] Rapporto di Courtois, p. 19.

[640] Rapporto del 28 piovoso, anno II, *Archives nationales*, serie W, cartone 191.

[641] *Bulletin du Tribunal criminel Révolutionnaire*, n° 59.

[642] *La Glaive vengeur de la République Française*, p. 127.

scherzavano *in extremis*. Uno di loro, l'8 pratile, sghignazzava agli spettatori:

«Addio, senza farina!»

Al che un cittadino replicò, indignato e perentorio:

«Se noi siamo senza farina, tu vai a provare che non siamo senza ferro![643]»

Altri gridavano la loro innocenza. «Dicono tutti che muoiono innocenti, ad ascoltarli non hanno mai fatto niente[644]», osserva Pourvoyeur, e Letassy annota questa riflessione: «Si diceva: se ascoltiamo tutti quei traditori, sono tutti innocenti[645]». Solo il comportamento fermo, la freddezza davanti alla morte sembravano produrre una forte impressione sulla folla[646].

Ma con la sua lista in mano, Sanson iniziava l'appello. La prima fila di spettatori si scopriva, per permettere agli altri di non perdere nulla dello spettacolo. Al loro turno, i condannati salivano. Gli altri giravano gli sguardi, ma il triplo colpo della bascula, della lunetta e della lama non risuonava di meno in fondo al cervello. Spaventoso momento quello in cui, il condannato stretto, il suo collo infilato nella lunetta mentre, in un rapido sguardo, le teste mozzate, grondanti di sangue, contorte nel ghigno della morte, occhi aperti, bocche contratte, gli apparivano nel paniere! Lo scatto risuonava. I colpi tragici si succedevano e l'enorme grido moltiplicato di «Viva la Repubblica!» copriva lo choc dell'ecatombe. Poco a poco, nei giorni delle grandi infornate, la lama si smussava, e gli ultimi ghigliottinati, il collo orribilmente intaccato dallo strumento frastagliato, gettavano delle acute grida[647]. «Durante queste cerimonie, il popolo cantava, ballava ed era molto soddisfatto[648]».

---

[643] *Archives nationales*, serie W, cartone 124, pezzo 12.

[644] Rapporto del 5 piovoso, anno II; *Archives nationales*, serie W, cartone 191.

[645] Rapporto dell'8 piovoso, anno II; *Archives nationales*, serie W, cartone 191.

[646] Rapporto di polizia dell'osservatore Letarivel, 26 piovoso, anno II; *Archives nationales*, serie W, cartone 191.

[647] F. C. Galart de Montjoye, op. cit., p. 162.

[648] Rapporto di polizia dell'osservatore A. Bacon, 2 piovoso, anno II, *Archives nationales*, serie W, cartone 191.

Quando le esecuzioni ebbero luogo alla Barrière del Trône-Renversé, il corteo, passando il Ponte-au-Change, prende la direzione della Grève, supera la Grève per imboccare la rue della Tixeranderie, la piazza Baudoyer, la rue Saint-Antoine, la rue del faubourg Saint-Antoine, la grande rue del Faubourg Saint-Antoine, per arrivare, vicino alla barriera di Vincennes, alla ex piazza del Trône. Il luogo, pressoché in campagna, ai confini della città, era deserto, cupo, tragico. In tempi normali, era la solitudine dove venivano a morire i rumori del faubourg. Il rumore popolare si spegneva là, tra queste specie di lande, dove aleggiava l'odore acre e nauseante del sangue coagulato in un buco, sotto il patibolo.

Il 21 messidoro anno II, vi accadde un incidente ancora oggi sconosciuto e che ci rivela, negli Archives[649], una lettera di Fouquier-Tinville, con una profusione di dettagli che permette di immaginarsi la scena con una rara e lugubre esattezza:

Il 22 messidoro anno II della Repubblica francese, una e indivisibile.

«Cittadino accusatore pubblico,
dopo i tuoi ordini mi sono portato con un distaccamento di 60 uomini alla Barrière Renversé. Prima di partire per andare all'esecuzione, un condannato di nome Conceau[650] ha dichiarato a me e al capitano Adnet, che aveva affidato a un gendarme il suo orologio d'oro a carica con anche la sua catena in oro e cento lire di assegnati, inoltre, un fazzoletto, il tutto da consegnare a sua moglie. Il condannato, accorgendosi che il gendarme aveva subito fatto scomparire questi effetti senza aspettare lo scritto che doveva fare alla sua sposa, indicò il gendarme come un uomo di piccola statura.

Giunti alla suddetta piazza, ho fatto mettere i gendarmi più piccoli a portata della vista del condannato, il quale dopo avermi fatto segno di avvicinarmi, mi ha detto che questi non era nel novero dei gendarmi presenti.

Allora, un cittadino con la sciarpa, accompagnato da numerosi altri individui, si precipitò su di me e bruscamente, ed anche prendendomi

---

[649] *Archives nationales,* serie W, cartone 120, pezzo 16.

[650] C'è qui un errore certo, quanto al nome del condannato. L'infornata del 21 messidoro non comprendeva alcun condannato di nome Conceau. Il solo nome che sembra avvicinarsi a quello indicato nel pezzo, è Ornano. Peraltro, nessun Conceau fu giustiziato durante il Terrore.

per le braccia, mi ha detto con tono molto duro: «*Ritiratevi; mettetevi fuori dalla fila, altrimenti, in nome della legge, ordino ai gendarmi di arrestarvi. Solo io comando qui*». Poiché la minima resistenza da parte mia poteva produrre un'insurrezione, mi sono fatto un dovere di stare in silenzio. Del resto, alcuni individui in questione erano un po' ubriachi. Tre di loro si chiamano Gillet, della sezione di Montreuil, René della sezione degli Enfants Trouvés, e Manièce della sezione di Popincourt.

C'è un aiutante maggiore che è stato testimone di questa scena.

Faccio osservare che questi individui abusano della loro autorità facendo entrare una quantità di persone nel cerchio formato attorno ai condannati, il che nuoce essenzialmente al bene del servizio

  Adnet, capitano».

Questi dibattiti intorno a un orologio rubato che minacciano di provocare una «insurrezione» ai piedi della ghigliottina, queste entrate di favore nel cerchio dei condannati, riservate probabilmente a degli amatori, non rappresentano un angolo curioso e commovente della rossa storia della «Spada della Legge»[651]?

---

[651] Numerose volte, nel corso dei precedenti capitoli, abbiamo avuto l'occasione di citare dei rapporti detti dello *spirito pubblico*. Questa specie di polizia segreta era stata creata da Garat, al suo ingresso al ministero, con il nome di *osservatori locali del dipartimento di Parigi*. La polizia della città era nelle mani della Comune. I rapporti erano indirizzati al cittadino Franeville (o Franqueville) capo dell'ufficio alla casa dell'Egalité. I principali osservatori erano: Le Breton, Siret, Mercier, Rollin, Latour-Lamontagne, Letassey, Hanriot, Soulet, Grivel, Jarousseau, Digast, Leharives, Beraud, Moniès.

LIBRO VI

LA LAMA CADUTA

I

LE FOSSE COMUNI DEL TERRORE

Per chi ignora il dietro le quinte di quella grande tragedia nazionale del '93, un punto interrogativo si pone dopo tutte queste pagine piene di nomi di fantasmi: che cosa accadeva del cadavere di un ghigliottinato?

È quest'ultimo e funebre viaggio che stiamo per compiere attraverso il carnaio della Rivoluzione, e tutti quei corpi illustri o anonimi, non li abbandoniamo che a fossa riempita, a terreno livellato. È là, in quei recinti, ieri sconosciuti, famosi, abitati dagli spiriti e doppiamente sinistri oggi, che compariva la terribile uguaglianza rivoluzionaria. Quel terreno molle, smosso, dove il piede affonda nella terra da poco vangata, quelle tetri gobbe, senza croce, senza nome, sono i girondini, sono i dantonisti, è la monarchia. Talvolta, delle mani criminali spogliavano i cadaveri dei loro ultimi abiti e ci volle un arresto della Comune per porre fine a queste violazioni dove la maestà della morte era profanata[652]. Più tardi, dei cani fecero la guardia a ciò che il mistero delle tombe non poteva proteggere e i loro abbai cacciarono i criminali che scalavano le mura dei recinti mortuari[653].

---

[652] «I cadaveri dei giustiziati saranno interrati in presenza di un commissario di polizia per impedire la loro spoliazione». *Registre du Conseil Général de la Commune*, seduta del 17 brumaio anno II.

[653] «... la guardia dei cimiteri era affidata a dei cani». Il visconte Walsh,

Mentre Sanson e i suoi aiutanti gettavano le teste in un paniere e i corpi in un altro – a meno che l'infornata non fosse troppo numerosa, perché in questo caso la carretta era la stessa – un usciere redigeva l'atto di decesso riempiendo le parti lasciate in bianco in questo stampato:

VERBALE DI ESECUZIONE
DI MORTE . . . . (*nome del condannato*)

L'anno 1793, secondo della Repubblica francese, il . . . . su richiesta del cittadino accusatore pubblico presso il Tribunale criminale straordinario e rivoluzionario, instaurato a Parigi con la legge del 10 marzo 1793, senza alcun ricorso al tribunale di cassazione, che elegge a domicilio presso la cancelleria di detto Tribunale con sede al Palais,
Noi . . . . usciere uditore presso detto tribunale, in Parigi, rue . . . . . , sezione . . . . . ., sottoscritto, ci siamo portati alla casa di giustizia di detto tribunale per l'esecuzione della condanna emessa dal Tribunale il . . . . .(*data*), contro . . . . che . . . . condanna alla pena di morte per le cause enunciate udita la sentenza e subito da noi rimessa all'esecutore delle sentenze criminali e alla gendarmeria, che il . . . . l'ha condotto sulla piazza . . . . dove, sul patibolo eretto su detta piazza, ... (*nome del condannato*) . . . ha, in nostra presenza, subito la pena di morte e di tutto questo noi abbiamo redatto il presente verbale per servire e valere in ragione di tale atto.
(*Firma*)

Registrato a Parigi, il 1793

La vettura con il suo carico sanguinante e ancora tiepido guadagnava la fossa comune. Seguiamola.
Dal 25 agosto 1792 al 24 marzo 1794, oltrepassò la porta del cimitero della Ville l'Evêque, detto anche della Madeleine. Nel 1770, vi erano state sotterrate le vittime della catastrofe del 31 maggio[654], e

---

Lettres vendéennes ou correspondance de trois amis en 1823, dediées au Rois, Parigi, 1843, tomo II, p. 9.

[654] (N.d.R.) Si riferisce agli oltre 130 morti provocati dalla ressa nel corso dei festeggiamenti per le nozze di Maria Antonietta con il futuro Luigi XVI. Ancora più numerosi furono i successivi decessi per le contusioni e le ferite riportate.

all'indomani della giornata del 10 agosto (*1792*), aveva ricevuto i morti di questa giornata.

Il 21 gennaio 1793, si aprì per il corpo di Luigi XVI. I signori Picavez, Renard, Damoureau, Leblanc, Dubois, che firmarono il verble dell'inumazione, videro il cadavere nella bara aperta. Uno di loro girò probabilmente la testa tagliata, poiché costatarono che i capelli dietro al cranio erano tagliati. Erano stati tolti le scarpe, la cravatta e l'abito. Il re era là, in maniche di camicia, con una veste macchiata come gilet, dei calzoni di panno grigio; le gambe coperte da calze di seta grigia. Quando tutto questo fu constatato, la bara fu calata nella fossa, ricoperta da uno strato di calce viva al fine di accelerare la decomposizione, e la fossa fu riempita. Non vi era più alcunché del monarca defunto se non questo atto di decesso negli archivi dello stato civile:

«*Lunedì 18 marzo 1793, anno secondo della Repubblica,*

ATTO DI DECESSO DI

Luigi Capeto, del 21 gennaio ultimo, dieci e ventidue minuti del mattino, *professione*, ultimo re dei francesi, *dell'età* di trentanove *anni*, *nato* a Versailles, parrocchia di Notre-Dame, *domiciliato* a Parigi, Tour du Temple, *maritato* a Maria Antonietta d'Austria; il suddetto Luigi Capeto, giustiziato sulla piazza della Révolution, in virtù dei decreti della Convenzione nazionale dei 15, 16, 19 e venti di detto mese di gennaio, in presenza di: 1° di Jean-Antoine Lefèvre, supplente del procuratore generale sindaco del dipartimento di Parigi, e di Antoine Momoro, tutti e due membri del Direttorio di detto dipartimento e commissari in questo ruolo del Consiglio generale dello stesso dipartimento; 2° di François-Pierre Sallais e di François-Germain Ysabeau, commissari nominati dal Consiglio esecutivo provvisorio allo scopo di assistere alla suddetta esecuzione, e di redigerne il verbale, cosa che hanno fatto; e 3° di Jacques Claude Bernard e di Jacques Roux, entrambi commissari della Municipalità di Parigi, da questa nominati per assistere all'esecuzione. Visto il verbale della suddetta esecuzione del detto giorno 21 gennaio scorso, firmato Grouvelle, segretario del Consiglio esecutivo provvisorio, inviato ai pubblici ufficiali della Municipalità di Parigi, in data odierna, sulla richiesta che avevano precedentemente fatto al ministro di giustizia; il suddetto verbale depositato presso gli archivi di stato civile.

Pierre Jacques Legrand, *pubblico ufficiale*

L'ottobre seguente, il cadavere della regina raggiunse quello di suo marito. Esiste, negli Archives, un foglietto stropicciato, coperto da una scrittura grossolana, sul quale sono menzionate queste tre righe:

Memoria del becchino Joly

Questo 25 vendemmiaio

«*La vedova Capeto: per la bara, sei lire; per la fossa, 25*».

Commovente foglio di ruvida carta! Non vale il più patetico pellegrinaggio in una Versailles d'autunno e dei ricordi? Sotto i tassi di Le Nôtre e davanti ai sempre verdi spiazzi erbosi dalle siepi armoniosamente tagliate, è la delfina bionda e bianca che ritroviamo; la lattaia del Trianon, quella che canta la tenera e stupida romanza della sorella di M.me de Bombelles, la marchesa di Travanet:

Povero Jacques, quando ero vicina a te
Non sentivo la mia miseria,
Ma adesso che tu vivi lontano da me,
Mi manca tutto sulla terra...

C'è tutto ciò che questo secolo di pastorali, d'Estelle, di Nèmorin, ha di puerile, di affascinante, la pietraia di Luigi XV e la cinica ingenuità del cittadino di Ginevra. Ma qui! Davanti a questo foglio stropicciato, è il 93, è il Terrore, è il brivido d'ali della libertà francese che prende il suo volo e che schiaffeggia quella tragica maschera della monarchia vinta.

Nel solco aperto al cimitero della Madeleine, si ammucchiano i corpi[655]. È Anacharsis Cllotz, è Ronsin, è M.me Roland, è Hébert, è Custine, è Barnave, è Vergniaud, è Brissot, è Charlotte Corday. È qui, che dopo la sua autopsia alla Charité, dove è stata riconosciuta vergine, probabilmente[656] è stata trasportata. Dalla fossa dove dormiva, a fianco della regina, non tardò a essere esumata per essere gettata nella fossa scavata ai Mousseaux o Monceau.

In un buio pomeriggio di frimaio, accadde in questo cimitero della Madeleine una scena che Baudelaire avrebbe amato dalla sua più

---

[655] Una lista delle persone inumate alla Madeleine si trova nel *Martyrs et bourreaux*, dell'abate Alphons Cordier, di Tours, 3 vol. in 12°, comparso nel 1884 a Parigi.

[656] Dottor Cabanès, *Le cabinet secret de l'histoire*, tomo III, p. 209.

intima tenerezza al più atroce dei fiori del male. Arrivò un uomo, che depositò sul suolo un pacchetto di cera molle, dei pennelli, dei flaconi d'olio. Forse attese un po', e il suo viso dovette rallegrarsi al sordo rumore di una carretta che costeggiava il recinto del carnaio. Da quella carretta scesero un paniere e in quel paniere presero una testa.

Era una bella figura di donna, un po' grassa, ma dalle fattezze affascinanti malgrado i tratti scomposti. Quella faccia era tesa in una smorfia di indicibile paura. Gli occhi erano rovesciati, le labbra contorte, i denti infossati nella lingua. Quella testa tagliata aveva dovuto soffrire terribilmente. L'uomo la prese per i capelli, incurante del sangue rappreso che incollava i suoi coaguli sulla bella nuca tranciata. Con abile mano, come se li avesse accarezzati, rassodò le guance, distese le labbra, mise sul quella faccia un sorriso postumo, la fece bella e gradevole dopo la morte quanto fu spaventata e tragica prima del colpo fatale. Fatta la cosa, dipinse la figura con il suo pennello intinto nell'olio, distese lo strato di cera rimasta sul terrapieno della fossa, con calma, semplicemente: è così che fu modellata la maschera di M.me du Barry dal patriota Curtius, il creatore del museo delle figure di cera. Poi la testa andò a raggiungere il corpo, a due tese dalla fossa di Luigi XVI[657]. Il 4 germinale (24 marzo), gli ultimi cadaveri entrarono al cimitero della Madeleine, nonostante un'ordinanza della Comune l'avesse chiuso il 14 ventoso (4 marzo) per le lamentele degli abitanti del quartiere.

Odori nauseabondi, intollerabili si sprigionavano veramente da quelle fosse pericolose[658], dicevano, per la salute degli abitanti? Possiamo dubitarne per numerose ragioni delle quali la migliore è che non era l'epoca delle grandi infornate; che, di conseguenza, il lavoro dei becchini era molto meno faticoso di quello che ebbero, più tardi, da fare a Picpus. La calce, inoltre, di cui si faceva abbondante uso, come testimoniano le abbondanti ricevute di forniture, costituiva un antidoto insufficiente, ammettiamolo, ma di natura tale da allontanare

---

[657] *Mémoires historique de Jeanne Gomart de Vaubernier, comtesse du Barry, rédigés sur pièces authentiques*, di Favrolle, Parigi, da Lerouge, anno XI.

[658] «... Numerosi cimiteri diventano molto pericolosi per la salute dei cittadini e, in particolare, quello della Magdaleine. Il Consiglio Generale dispone che l'amministrazione dei lavori pubblici sarà autorizzata a sollecitare presso la Convenzione nazionale il decreto che deve risultare dal rapporto che deve fare il comitato di istruzione pubblica e che ha per oggetto la traslazione dei cimiteri *fuori* Parigi». *Journal de la Montagne*, 16 ventoso, anno II, n° 113.

il pericolo della temuta peste. È meglio credere all'inconveniente di questa vicinanza tragica per gli abitanti, in un'epoca in cui alcuni temevano, alla sera, di avvicinare la ghigliottina per paura degli spiriti[659]. Sia quello che sia, il cimitero fu chiuso. Doveva essere riaperto solo nel 1816, per permettere a Luigi XVIII di prendere dal fango le ossa reali seppellite dalla Repubblica. E andarono ai Mousseaux.

Il luogo portava anche il nome degli Errancis. In alto al faubourg della Petite Pologne, nella solitudine, nel deserto di una quasi periferia, si estendeva questo terreno oblungo. Questo campo, a germinale, era pieno di fiori e di uccelli. Gli arbusti salivano con una libertà selvaggia in questo angolo silenzioso, così lontano da Parigi. Nessun rumore, se non quello del vento leggero di primavera nei grandi fogliami fruscianti. Il 5 germinale, le prime carrette vi lasciarono cadere dei cadaveri: Jacques Rougane de Vichy, Pierre Rougane de Bellebat e Jean Rougane de Barodine. Il 16 germinale, era l'infornata dei dantonisti. Vicino alla rovine lebbrose della naumachia, riempirono un lungo scavo, i corpi nudi, depositati su un letto di calce viva. È dunque un errore quello che commette Jules Laretie[660] ponendo questa inumazione al cimitero della Madeleine ed è altrettanto sbagliato affermare, come fa Courtois, che Saint-Just stesso venne a designare le fosse perché abitava in una piccola casa la cui strada dava sul cimitero[661]. Saint-Just abitava in rue Caumartin e sembra ben difficile che dalla sua finestra avesse una veduta sul parco Monceau.

In questo giardino dove la nobile colonnata devastata, dedicata a Saint-Denis, perpetua oggi l'elegante architettura della vecchia Francia, Chaumette, Gobel, Malesherbes, Lavoisier, M.me Elisabeth, le donne di Verdun, videro mischiate le loro ceneri alla dimentica terra. Questa terra di Parigi, imbevuta di morti, grassa di sangue,

---

[659] Un rapporto di polizia del 5 germinale anno II, dell'ispettore Perrières, segnala il seguente fatto: «Pregiudizi popolari. Sembra che non siano ancora tutti distrutti e che anche qualcuno cerchi di sostenerli. Un cittadino raccontava ieri nel gruppo della ghigliottina che non aveva mai potuto convincere il suo compagno ad avvicinarsi, quando faceva buio, nel luogo dove si mette il patibolo, perché gli avevano detto che molti dei giustiziati ritornavano.» *Archives nationales*, serie W, cartone 112.

[660] Jules Claretie, *Camille Desmoulins*, cap. VI.

[661] Albert Savine e François Bournand, *Le 9 thermidor*, Parigi, 1907, note, p. 76.

risuona in questa ora sotto i nostri passi e tra i passanti oziosi e indifferenti che la affollano, quanti pensano che è qui che dormono le ossa dell'Incorruttibile? Al 10 termidoro, per il prezzo di 193 lire, furono trasportati in questo luogo i corpi dell'infornata dei robespierristi giustiziati soprattutto nella piazza della Révolution. Il lavoro di infossamento fu lungo, faticoso e duro in quella calda serata di luglio in cui il cielo tratteneva prigionieri i temporali. Sparsa la calce sulle «teste dei tiranni» al fine di «impedire che un giorno li divinizzassero», quegli uomini andarono a bere, nella vicina balera, il bicchiere di vino bianco in mano. Furono loro riconosciute 7 lire di mancia[662].

Adam Lux, anche lui, era là. Adam Lux morto per Charlotte Corday. La stessa fossa li riuniva a qualche mese di distanza nella terra fraterna[663]. Dal 5 germinale al 19 pratile (7 giugno), ogni giorno portò il suo convoglio. L'estate indorò il campo funebre. Le erbe selvatiche salirono più alte e più folte. Un giorno la porta del recinto rimase chiusa. Il cimitero era abbandonato. La ghigliottina era alla piazza della Bastille.

L'infornata di termidoro riaprì gli Errancis, ma per pochi giorni. Ben presto la porta rimase definitivamente chiusa e più tardi, nel 1860, venduto il terreno, si aprì una piccola balera, dei violinisti raschiarono i loro strumenti, la domenica d'estate. Si vide danzare su questo carnaio[664]. Oggi un'alta e brutta casa moderna è spuntata su quella terra che diede alla nostra razza il grande insegnamento della disciplina nazionale.

Durante dodici giorni, il cimitero Sainte-Marguerite aveva ricevuto i ghigliottinati di piazza della Bastille. Dal 21 pratile (19 giugno) al 3 messidoro (21 giugno), ne vide più di trecento, tra questi quelli dell'infornata della «camice rosse», la Sainte-Amaranthe-Cécile Renault; Ladmiral; il principe di Rohan; Rochefort; il governatore

---

[662] Il cadavere di Lebas, suicidatosi all'Hotel de Ville, fu interrato al cimitero di Saint-Paul, in rue Saint-Antoine.

[663] E non qualche giorno più tardi, come ha scritto Welschinger nel suo *Roman de Dumouriez*. Adam Lux, l'abbiamo già detto, comparve davanti al Tribunale Rivoluzionario il 14 brumaio (4 novembre 1793) e fu ghigliottinato lo stesso giorno. Charlotte Corday era stata giustiziata in luglio. È dunque qualche mese più tardi che Lux la raggiunse agli Errancis.

[664] Edouard Fournier, *Chroniques et légendes des rues de Paris*, 1893, nuova edizione, p. 159.

degli Invalides, Sombreuil e suo figlio. Presto il cimitero fu pieno. Il carnaio debordava, tanto più che, se bisogna credere a Lucien Lambeau, un certo numero di giustiziati della Barrière du Trône Renversé vi furono portati in attesa della preparazione del cimitero di Picpus[665]. Ancora una volta, il faubourg si turba, si lamenta, e mentre la ghigliottina cambiava di piazza, cambiavano di cimitero, abbandonando per sempre quel campo dove la Comune doveva mettere in atto il simulacro dell'inumazione di Luigi XVII. I dotti lavori di Otto Friedrichs, Lanne, Henri Provins, Pierre Gaumy e di altri hanno successivamente dimostrato in maniera perentoria l'inanità di quella macabra farsa per l'identificazione del Delfino, figlio di Luigi XVI, con Naundorff, riapparso più tardi, dopo la più straordinaria e commovente delle odissee.

È un errore abbastanza comune commesso dagli storici della Rivoluzione, porre al 26 pratile (14 giugno) l'apertura dei sigilli funebri al cimitero di Picpus.

«Pezzo di terra – scrive Casimir Stryienski – dove riposano le trecento quindici vittime che furono ghigliottinate in meno di sette settimane, dal 26 pratile al 9 termidoro[666]». Questo errore di date proviene dalla confusione creata dal rapporto degli amministratori di polizia che informarono la Comune dei timori del quartiere che temeva un'epidemia e della soddisfazione data a quelle lamentele. Michelet, comunque poco preoccupato dell'esattezza in materia di date, scrive: «Dal 4 al 21 messidoro, una fossa fu riempita[667]». È dunque al 4 messidoro che erano iniziate le inumazioni a Picpus. Quel terreno, cimitero del Convento de Notre-Dame-de-Lépante, apparteneva alla comunità delle religiose canonichesse di Saint-Augustin. La municipalità lo aveva acquisito, se bisogna fare riferimento a Caffort[668], il 26 pratile. Sappiamo – dice Lambeau nel volume che abbiamo già citato – che questa acquisizione era stata fatta in particolare in vista di assicurare l'inumazione dei giustiziati della piazza del Trône e che 1.306 corpi vi furono deposti dal 25 pratile, da

---

[665] Lucien Lambeau, segretario della commissione municipale del Vieux-Paris: *La question Louis XVII, le Cimitière Saint-Marguerite et la sépolture de Louis XVII*, Parigi, Daragon, 1905, p. 77 e segg.

[666] Casimir Stryienski, *Deux victimes de la Terreur (la princesse Rosalie Lubomirska et madame Chalgrin)*, Parigi, 1899, p. 98.

[667] J. Michelet, *Histoire de la Révolution Française*, tomo VII, p. 419.
[668] Caffort, *Notes sur les cimitières de la ville de Paris*, p. 52.

quando la macchina iniziò a lavorarvi, fino al 9 termidoro, cioè per circa quarantacinque giorni». È evidentemente, come abbiamo dimostrato, al 4 messidoro che conviene rettificare la data del 25 pratile.

Quello che era quel nuovo carnaio per le calure estive, ce lo indica una lettera di Poyet, l'architetto della Comune:

Parigi, il 21 messidoro, anno II
Della Repubblica una e indivisibile.

«Mi affretto a dare al dipartimento dei lavori pubblici comunicazione delle misure contenute in un rapporto di Coffinet, relativamente alla sepoltura dei giustiziati e che egli ritiene indispensabili per prevenire ogni specie di odore mefitico.

«Questo ispettore, che è sceso nella fossa fatta a Picpus, vi ha trovato un odore che è fondamentale attenuare in tutti i modi possibili. Quello che propone in questo momento consiste nel porre su quella fossa un pavimento in struttura sul quale si praticheranno delle botole per facilitare il servizio; questo mezzo è il solo per concentrare in questa fossa le emanazioni pericolose che potrebbero uscirne senza questa precauzione».

Il pavimento con la botola fu costruito. Le carrette vi ribaltavano i loro cadaveri che, con un rumore sordo e debole, ruzzolavano nella fossa, ben presto piena. Così vi furono gettati Chénier, Montalembert, i due Trudaine, Roucher, il barone Trenck, tutti quelli che formano la lunga lista dei ghigliottinati di quest'ultimo periodo del Terrore.

Tra i cimiteri del 93, solo quello di Picpus non è molto cambiato. Nessun luogo al mondo è più lugubremente melanconico da visitare in un'ora declinante di novembre. Da un basso cancello incastrato nella muraglia, si scorge questo campo deserto dove si alzano quattro steli di marmo verde. È un enorme poggio, già livellato, dove sono piantati magri cipressi che il vento d'inverno curva. La, nessuna lapide, se non quella che ricorda, a sinistra del cancello, la memoria divina di André Chénier. Questo luogo racconta tutto il dramma del Terrore. Il ricordo parla in quel silenzio terrificante. Si capisce. Vicino, lungo un muro rugoso, la tomba di Lafayette. Dei brandelli con le stelle dell'Unione vi sbattono, ricordo dell'Indipendenza americana che fu pagata anche dal sangue francese.

La pietà di donne illustri, M.mes de Montagu, de Lafayette e la principessa di Hohenzollern, ci conserva questo tragico angolo. Avendo creato una società, acquistarono, nel 1802, il vecchio convento, il recinto, altre parti di terreno dove furono poi inumati i membri delle famiglie colpite nel '93 e i cui parenti dormivano là, sul nudo poggio. Nel mezzo della moderna Parigi, questo sconosciuto angolo dà un commovente insegnamento.

Gli altri cimiteri sono scomparsi nei rivolgimenti moderni, nell'urbanizzazione esasperata e a oltranza che ha tolto a Parigi questi posti curiosi e pieni di ricordi affascinanti, abitati dalle grandi ombre del passato. Della Ville-l'Evêque rimane quell'abominevole monumento che è la Chapelle Expiatoire, e si gioca al pallone dove furono sepolti Robespierre e M.me Elisabeth.

II

I FIGLI DEI GHIGLIOTTINATI

Per molti dei condannati del Tribunale Rivoluzionario, la sentenza aveva ripercussioni su degli innocenti. Vogliamo parlare dei figli e delle vedove che quegli uomini lasciavano dietro di sé, nelle camere vuote dove le ombre dovevano essere doppiamente tragiche, la sera, quando un amico in lacrime vi andava a portare la notizia della condanna a morte. Spesso, dopo il padre, anche la madre veniva colpita, come accadde per la famiglia Desmoulins. La Convenzione si era commossa dell'atroce situazione di quegli orfani, talvolta di età molto giovane, i cui beni erano confiscati e, su proposta di Lecointre, li adottò per decreto.

« Art. I. I bambini in tenera età, padre e madre dei quali avranno subito una sentenza che comporta la confisca dei beni, sono dichiarati appartenere alla Repubblica; di conseguenza sarà loro assegnato un luogo dove saranno nutriti e allevati a spese del Tesoro nazionale.
Art. II. Il comitato degli aiuti è incaricato di presentare alla Convenzione entro tre giorni un progetto di decreto affinché sia assegnato un locale e un modo conveniente per la nutrizione, il divertimento e l'educazione di questi bambini.»

Questa fu l'origine dell'*Hospice des Enfants de la Patrie*[669], dove i figli dei ghigliottinati andarono a raggiungere i bambini trovati o abbandonati. Tristi orfanelli che il disastro familiare già marchiava di disgrazia! Questo ospizio era il terrore delle madri, e Riouffe cita una lettera straziante della vedova di Gaudet a questo proposito: «Questi mostri di Lacombe e di Julien[670] – scrive – mi mandarono a cercare da due cavalieri della truppa rivoluzionaria, per portarmi al tribunale con i miei tre figli: il loro progetto era di farmi morire e di mettere i miei figli all'ospizio». Tra quei luoghi lugubri – anticamere della ghigliottina – il più sinistro era sicuramente l'Hospice de l'Evêque

---

[669] J. Michelet, op. cit., tomo VI, *la Terreur*, p. 421.

[670] L'inviato di Robespierre a Bordeaux; vedere, libro V, cap. III, *Le Roman comique de la Guillotine*.

dove un portinaio e sei sportellisti avevano la guardia delle donne incinta condannate dal Tribunale Rivoluzionario. Aspettavano là. Quando il bambino nasceva, lo portavano all'Hospice des Enfants de la Patrie, mentre la madre saliva sulla carretta dell'infornata del giorno. Qualche volta moriva lungo la strada[671].

Sulla vita di questi bambini all'ospizio, sappiamo poco. Dal quaderno dell'agente nazionale Payan[672] che, nel 1862, fu venduto tra una collezione di autografi rivoluzionari[673], apprendiamo da una breve riga che una stessa balia dava il seno a due bambini. «Distruggere questo abuso», annota Payan sul suo quaderno, e aggiunge: «Far scomparire i piccoli Gesù e il fanatismo». Probabilmente, le balie erano delle contadine rimaste attaccate a ciò che il nuovo regime aveva appena abolito. Manchiamo di informazioni a questo proposito, ma la cosa è presumibile ed è ciò che possiamo dedurre dalla nota di Payan. Il loro salario era poco elevato, ma superiore in ogni caso, verosimilmente, alle balie dell'Hôtel-Dieu di Auxerre che ricevevano cinque lire al mese. Nel giugno 1793 toccarono le 9 lire[674]. Sono dei piccoli fatti minuti, ma patetici, che riferiamo con una segreta tristezza. Curati da mani estranee, questi bambini crescevano, diventavano uomini, e si preoccupavano infine di sapere il perché del loro abbandono, della loro solitudine. Una pagina del *Bulletin criminel Révolutionnaire* riassumeva la loro storia in poche righe. Apprendevano là della morte dei loro familiari «traditori, nemici, cospiratori, emigrati». In queste quattro parole si riassumevano tutte le accuse di Fouquier-Tinville. Un amico della famiglia condannata talvolta ritrovava il giovane e alla sua memoria confidava il quadro dei

---

[671] Pierre Gaumy, *Un groupe d'habitants de la région de Rochechouart devant le Tribunal Révolutionnaire pendant la Terreur*, 2ª edizione, p. 185.

[672] «Payan, ex nobile, di merito distinto». A. Aulard, *Taine, historien de la Révolution Française*, IX, I, 1907.

[673] *Catalogue d'une importante collection de documents autographes et historiques sur la Révolution Française depuis le 13 juillet 1789 jusqu'à 18 brumaire an VIII*, Parigi, Chavaray, 1868, p. 242.

[674] *Arrêté du Directoire du Dèpartement de l'Yonne relatif à l'augmentation des mois de nourrice. Extrait du procès-verbal de la séance du 11 juin 1793, etc.*, Auxerre, L. Fournier, stamp. Manifesto in-folio. Citato da Henri Monceaux, *La Révolution dans le département de l'Yonne, 1788-1800*, saggio bibliografico, Parigi, 1890, in 8°, p. 267.

tragici istanti. Spesso, come schiacciati dal peso dei grandi nomi, *i bambini della patria* si rassegnavano all'oscurità, si condannavano all'oblio. Scomparivano, si cancellavano, nascondevano delle glorie divenute degli obbrobri, delle celebrità tramutate in vergogna. Così fu dei figli di Danton[675], della figlia di M.me Roland, di quella di Fouquier-Tinville, di suo figlio, di tanti altri che, in città di provincia, ignorati, sconosciuti, dimenticati, terminarono con vecchiaie tristemente melanconiche delle vite scosse sul nascere, per contraccolpo, dal Tribunale che condannò i loro genitori.

Fu così per il giovane Horace Desmoulins che la nonna raccolse all'indomani dell'arresto di sua madre, Lucile. Lo stato stava procedendo alla vendita dei mobili e degli effetti appartenuti a Camille Desmoulins, quando Mme Duplessis, indirizzò la seguente petizione al comitato di legislazione:

«La cittadina Duplissis, tutrice di Horace Desmoulins, orfano di Camille Desmoulins, reclama per questo sfortunato giovane il letto paterno e la biblioteca di suo padre. Questi oggetti, tanto urgenti per sopperire alle sue necessità e alla sua educazione, non possono essergli rifiutati. Già la vedova del cittadino Roucher[676] ha avuto questo atto di giustizia; la biblioteca del suo sposo le è stata lasciata come oggetto di aiuto.

«Le carte di famiglia e i manoscritti di Camille sono altresì reclamati dal giovane pupillo (*sic*). Questa proprietà privata non può essergli negata: gli insegnerà a conoscere gli autori dei suoi giorni.

«Queste richieste, supportate dal rispettabile dolore e dalla giustizia, saranno certamente accordate con piacere dai colleghi di Camille.

«Dopo queste considerazioni, la cittadina Duplessis sollecita la sospensione della vendita degli effetti di Camille, prima che il Comitato abbia preso le richieste del suo pupillo in considerazione.»

---

[675] Un fatto singolare e sconosciuto è stato rivelato recentemente da una lettera della contessa de Martel, nata Gabrielle de Mirabeau, e conosciuta con lo pseudonimo di Gyp. Questa lettera di venti pagine, venduta nel 1906, confermava l'unione del figlio di Mirabeau-Tonnere con la figlia di Danton, a Nantes, quando questa aveva quindici anni. «Hanno ottenuto – dice Gyp – di contraffare l'ortografia e di scrivere Danthon con un'*h*, perché da quel momento non si sapesse chi aveva sposato il marchese di Mirabeau».

[676] Ghigliottinato con André Chénier il 7 termidoro anno II. Inumato al cimitero di Picpus.

Parigi, il 28 piovoso, anno 3° della Repubblica francese, una e indivisibile.

Bordeveix Vve Duplessis.»[677]

La seguente postilla accompagnava la petizione:

«Noi appoggiamo con il più vivo interesse la domanda della cittadina Duplessis, suocera del nostro sfortunato collega Camille Desmoulins, martire della libertà. La giustizia e l'umanità reclamano in favore di suo figlio: preghiamo il Comitato di legislazione di volergli accordare un rinvio per la vendita della biblioteca, dei manoscritti e del letto paterno. Questo rinvio è ancora più urgente in quanto il ritiro e la vendita di questi oggetti deve avvenire domani.»
Parigi, questo 30 piovoso anno III della Repubblica una e indivisibile.
I rappresentanti del popolo,
Fréron – C. Alex. Ysabeau – Tallien – F. Aubry – Laurent – Niou

Raccomandata dai rappresentanti del popolo sottoscritti,
Leblanc   Rovère

La domanda dell'orfano fu ascoltata, poiché due giorni dopo il Comitati di legislazione disponeva:

«Vista la petizione della cittadina Duplessis, tutrice di Horace Desmoulins, figlio di Camille Desmoulins, ex deputato alla Convenzione nazionale, tendente a far soprassedere alla vendita del letto e della biblioteca del suddetto Camille, e reclamando questi oggetti per sopperire ai bisogni di questo ragazzo e alla sua educazione.
«Il Comitato delle finanze, sezione dei Domini e della legislazione, dispongono che sarà soprasseduto alla vendita del letto e della biblioteca che sono appartenuti a Camille Desmoulins fino a quando la Convenzione nazionale non avrà disposto definitivamente.
Questo 2 ventoso anno 3° della Repubblica una e indivisibile.
«Per copia presa sulla minuta (sic) depositata al Comitato di legislazione.[678]»

---

[677] Collezione del fu Alfred Sensier.

[678] *Revue des documents historiques,* tomo V, 1878, p. 86.

È uno degli ultimi pezzi ufficiali dove compare questo grande nome della Rivoluzione . Nell'umiltà di una vita oscura il figlio il figlio lasciava che si spegnesse.

Quello che divenne Eudora, la figlia della regina della Gironda, generalmente lo sappiamo. Dopo la fuga di Roland, il fedele Bosc aveva affidato la ragazza alla famiglia Creuzé-Latouche. La lasciò per andare, sotto falso nome, alla pensione di M.me Godefroid, dove un amico della casa le portò la notizia dell'esecuzione. Sposò il figlio di Champagneux, dal quale ebbe due figli, e morì, vergognandosi un po' della nomea della madre, nel 1858, segnata in fronte dal destino delle antiche fatalità.

In un lontano cimitero campagnolo, il suo nome su una lapide rotta, inverdita, lascia il segno in lettere che la pioggia cancella, di una grande memoria e di una somma volontà.

III

INVENTARIO E VENDITA DOPO I DECESSI

L'8 pratile anno II, una considerevole folla era ammassata a Sèvres, davanti a una confortevole casa, sulla strada di Versailles, vicino alla chiesa parrocchiale. Vi si notava una grande quantità di rigattieri, di macellai e di tutti quelli che vengono attirati da una vendita pubblica in campagna. Era effettivamente una vendita quella che l'usciere Jaen-Baptiste Hénault, uditore presso il tribunale criminale di Versailles[679], assistito dal signor Rolland, nominato commissario dal distretto, stava per iniziare.

Tolti i sigilli, fatte le verifiche, la vendita ebbe inizio. Tre vacche furono fatte uscire dalle stalle. I macellai se le aggiudicarono, la prima per 416, le altre due per 600 e 530 lire. Erano delle belle bestie grasse. Dopo di loro comparve un asino, che un giardiniere, il signor Dauvergne, precedentemente impiegato presso i proprietari della casa, pagò 156 lire malgrado la bestia fosse vecchia e poco adatta al lavoro. Il cane del cortile fu venduto a 8 lire; due piccoli di cinghiale, 76 lire; diciannove polli, un gallo e quarantadue piccioni, a prezzi diversi. Furono venduti in seguito 30 lotti di lardo e di prosciutto, sei dozzine e mezza di salviette, sette tovaglie, quattro grembiuli, uno strofinaccio, trentasette bottiglie di vetro grosso, vuote, diciannove bicchieri con gambo di cristallo, ventiquattro piatti, una zuppiera con coperchio, una saliera, un vassoio in porcellana con quattordici tazze, due lettini dal fondo stretto, un letto di piume coperto di traliccio, un telaio di crine coperto di tela a righe, una copertura di cotone, otto paia di lenzuola di tela, due federe per guanciali, due copriletto, una redingote e una veste di ratina nocciola, una mutanda di seta gialla usata, un mantello di stoffa blu, una redingote di piqué di Marsiglia, due camice di tela bianca, quattro cravatte e tre fazzoletti di tela[680], un paio di calze di cotone, trenta sedie scure e coperte di crine, sei sedie di crine, un canapè con il suo cuscino di seta, piatto da barba, un fucile da

---

[679] Abitava a Versailles, n° 17 rue de Commerce, Sezione dei Diritti dell'uomo.

[680] Queste quattro cravatte e tre fazzoletti furono aggiudicati al prezzo di 58 lire.

caccia, un violino rotto, un piccolo necessaire contenente due flaconi, un imbuto, un vaso di crema, due pettini, un compasso, due porta orologi, tutti gli oggetti di una vita quotidiana, relitti di quale naufragio?

La vendita all'asta dell'8 pratile, non essendo stata sufficiente a liquidare tutto, fece ritornare l'usciere all'indomani. L'incasso della vendita fu di 4.889 lire e 11 soldi. Il 29 vendemmiaio anno III (20 ottobre 1794), Jean-Baptiste Hérault terminò la vendita aggiudicando per l'importo di 280 lire alla cittadina Rougé, un caminetto inglese in ferro battuto, e al cittadino Breton, per 1.000 lire, una berlina dal fondo bruno su quattro ruote e assi di ferro, il che portava la somma a 6.169 lire e 11 soldi.

Dopo i mobili del suo appartamento della corte du Commerce, erano quelli del suo alloggio di Sèvres, che la moglie di Danton vedeva disperdersi.

In esecuzione della legge del 12 germinale anno II (1° aprile 1794), lo stato vendeva i beni confiscati del vecchio ministro, «passato sotto la spada della legge». Era così che si faceva per tutti i condannati. Abbiamo visto che dei mobili di Camille Desmoulins furono salvati solo il letto e la biblioteca. Dal 25 termidoro al 18 fruttidoro, anno II, procedettero, alla prigione del Luxembourg, all'inventario dei mobili e degli oggetti dei condannati. Nell'appartamento occupato da Danton, al secondo piano, il verbale[681] menziona: «Un letto piano, una rete di crine, due materassi (*sic*), un vaso per l'acqua con il suo catino di Faenza, tre bottiglie vuote, una caffettiera di ferro bianco, un piccolo specchio a capitelli, un piatto da barba, un piccolo coltello di madreperla, una sedia di paglia ordinaria, una piccola scrivania, una paletta e due pinzette, due piccoli fiaccole di rame dorato».

Per il marito di Lucile, il verbale annota di meno:

«Camille Desmoulins, condannato, ha:

«Un pessimo candeliere di rame, una caffettiera di ferro bianco, un vaso per acqua in Faenza, tre bottiglie, un tegame e una marmitta in terracotta».

Malinconico epilogo del processo di germinale! A casa di Danton, tutto testimonia una larga agiatezza[682] di un comodo borghese. Da

---

[681] *Revue Rétrospective*, 1835, 2ª serie, tomo IV, p. 140.

[682] L'inventario dei beni, dei mobili e degli effetti di Danton si trova nel volume che pubblicò il dottor Robinet nel 1884: *Danton, mémoire sur sa vie privée*.

Camille, il lusso è minore, ma è soprattutto nei documenti che ci restano su Fabre d'Eglantine che traspare il benessere, per larga parte tagliato dalla torta pubblica. L'archivista del Tribunale Rivoluzionario certifica, alla data del 7 floreale anno II, che il cittadino Degaigne, usciere del tribunale, ha depositato alla cancelleria una redingote di seta, una di lana, un gilet di satin bianco, una paio di lenzuola, un capezzale, due coperture di lana, otto camice delle quali sei in cotone, sei fazzoletti rigati, quattro berretti di cotone, un paio di calze bianche in seta, quattro fazzoletti e quattro cravatte, il tutto appartenente a Fabre d'Eglantine[683]. Il 25 piovoso anno III, Prévost, commissario dell'ufficio di stato nazionale del dipartimento di Parigi, valuta i mobili del condannato a 25.509 lire[684].

Quelli dello stesso Danton non arrivavano a questa cifra! Ma il pezzo più curioso e più significativo allo stesso tempo, a questo proposito, è il verbale redatto al Luxembourg. Nella camera occupata dall'autore de l'*Apparition de Génie de la Suède*[685], trovarono gli oggetti più disparati, che provano che gli ultimi giorni del poeta rivoluzionario furono circondati da un certo confort: «Due coperti in argento a rete, un paio di lenzuola, un grosso manicotto, un telescopio in avorio, cinquanta volumi rilegati; trentanove *Encyclopédie* e sei volumi delle *Œuvres de Molière*, due quaderni della *Histoire de la Révolution*, una lampada, tre materassi, una poltrona di paglia, un vaso per l'acqua, una caraffa contenente qualche prugna, una mezza bottiglia di acquavite, un timbro da ufficio, un paio di anelli per giarrettiere in acciaio, diciassette soldi in denaro, un piccolo organo, dieci grandi bottiglie, centocinque soldi in assegnati, trenta bottiglie vuote, tre bugie, un vaso di cetrioli sottaceto, un bottiglia di tabacco, due piccole di creme, una saliera di cristallo, un'oliera e una rotta, un catino, un piccolo tegame di terra bruna, quattro piatti e un piccolo piatto, una scrivania». Non si spiega molto, in questa camera dove, solo con i suoi pensieri, Fabre d'Eglantine doveva pensare alla scure alzata sulla sua testa, la presenza di un manicotto e di un telescopio. Per contro, l'acquavite, i cetrioli sottaceto, le prugne, le quindici bottiglie, ci dimostrano che non era insensibile ai piaceri della tavola.

---

[683] *Collection de feu Paul Dablin.*

[684] *Idem.*

[685] Questo poema sconosciuto, glorificante Gustavo III e dedicato al conte Haga, è stato ritrovato nel 1907 da A. Body. È un pezzo raro che i futuri storiografi del convenzionale non mancheranno di riprodurre.

Questi oggetti di un nuovo lusso, cari al vecchio povero attore, non si ritroveranno al 10 termidoro a casa di Robespierre, «il solo uomo della Rivoluzione che si è potuto chiamare l'*Incorruttibile*», riconosce giustamente Lenôtre[686]. In un cassetto si trova tutto il suo patrimonio: cinquanta franchi[687] e un vecchio mandato dell'Assemblea Costituente che non ha toccato[688]. Con due capi di biancheria, mediocre, è tutto quello che lascia Maximilien; è tutto quello che lascerà Saint-Just, quell'arcangelo giacobino, eccetto la biancheria, che è più fine di quella dell'amico con il quale muore. A casa loro niente gioielli, nessuno di quei quadri che reclamano più tardi gli eredi dei ghigliottinati[689]; una povertà austera e un nome intatto, è tutto quello che lasciano alle loro famiglie.

I verbali dei pignoramenti dell'epoca potrebbero continuare ininterrottamente questo doloroso capitolo.

A che scopo ripetere all'infinito il penoso epilogo di quello che l'abate Morellet chiama «gli assassinii giuridici[690]»? In verità, nelle ultime pagine di questo libro insieme tragico, crudele e duro, non ne abbiamo più il coraggio. L'ultimo pezzo che diamo, tuttavia, merita il suo posto qui. Lo chiediamo in prestito a Campardon, che lo menzionò nella sua opera sul *Tribunal Révolutionnaire*, e non si potrebbe opporre nulla di più sorprendente alla lista civile di 31 milioni che costava la casa del re[691]. È il verbale degli effetti lasciati alla Conciergerie da Maria Antonietta:

      Il ventisei del primo mese dell'anno
      Secondo della Repubblica

---

[686] G. Lenôtre, *Un conspirateur royaliste sous la Terreur le baron Batz (1792-1795)*, p. 173.

[687] J. P. Picqué, l'*Heremite des Pyrénées*.

[688] Louis Blanc, op. cit., tomo XI, p. 263.

[689] Lettera di Pierre Benezech, ministro degli Interni, a Fraipont, Parigi 18 nevoso, anno IV (7 gennaio 1796). *Collection de feu Léon Gauchez.*

[690] *Mémoires de l'abbé Morellet.*

[691] *Maison du Roi, ce qu'elle est, ce qu'elle était, ce qu'elle devrait être*, Parigi, in 8°, 1789.

La lama caduta

È comparso il cittadino Bault, portinaio della casa di giustizia della Conciergerie, accompagnato da due gendarmi e dall'ufficiale del posto, il quale ha dichiarato che nella camera precedentemente occupata dalla vedova di Luigi Capeto, deceduta ieri, si sono trovati gli effetti qui di seguito descritti:

    Quindici camice di tela fine, guarnite di piccoli pizzi
    Una mantellina di raz de Saint-Maur
    Due négligé completi della stessa stoffa
    Una pelliccia a colletto e una sottogonna di bazin delle Indie a grandi righe
    Due sottogonne di bazin a piccole righe
    Cinque corsetti di tela fine
    Un mantello a colletto in tela di cotone
    Una camiciola della stessa tela

        Biancheria da lavare

    Quattro fazzoletti di battista
    Un sottogonna di bazin a piccole righe
    Una salvietta
    E undici *chauffoir*[692]
    Un paio di lenzuola
    Due paia di borse di cotone
    Una salvietta di tela di cotone grigia
    Ventiquattro fazzoletti di batista
    Sei scialletti di lino
    Una cuffia di lino
    Due paia di calze di seta nera
    Un paio di calze di filo
    Undici paia di pantofole
    Una cintura di cotone
    Uno scialletto di mussolina
    Un altro scialletto di cotone
    Sei salviette di batista
    Una grossa spugna fine
    Un piccolo cesto di vimini
    Un paio di scarpe nuove
    E due paia di vecchie
    Una scatola di cipria, di legno

---

[692] Biancheria di uso femminile che si riscalda per scaldare parti del corpo.

E un piumino di cigno
Una piccola scatola di pomata in ferro bianco

Effetti che ha depositato, immediatamente, alla cancelleria e gli è stata consegnata ricevuta del deposito cha ha firmata, cancelliere sottoscritto.

   N. J. Fabricius   Bault[693].

E la triste eredità della regina di Francia andò alle donne povere della Salpêtrière.

Nel momento in cui scriviamo l'ultima pagina di questo libro, ci giunge questo documento:

       † M

Siete pregati di assistere alla Messa nell'anniversario della morte del Re martire Luigi XVI, che sarà detta martedì 21 gennaio, alle 10 h. ½ nella chiesa di Saint-Denis de la Chapelle, 96, rue de la Chapelle, Parigi.

  Un gruppo di amici della Sopravvivenza.

In quella lontana periferia dimenticata di Parigi, un oscuro prete sta per pregare alla memoria di quel gran morto del '93. Che sia. Qualcuno dei suoi discendenti, i nipoti di quel Naundorff, braccato, rinnegato, misconosciuto si inginocchieranno davanti al catafalco simbolico dai funesti fiori di giglio. In quell'ora, tuttavia, sarà opportuno ricordarsi degli altri morti, degli altri ghigliottinati, delle altre vittime del 93. Se quell'anima reale è degna della pace eterna, ve ne sono anche delle altre che la meritano.

La grande morte fraterna ha mischiato, nei carnai rivoluzionari, tutti questi cadaveri mutilati. Che la pietosa memoria se ne ricordi.

Questo romanzo della ghigliottina non vuole essere il processo al Terrore. Mira meno in alto. Quello che abbiamo voluto, ripetiamolo, è fissare un'ora torbida e appassionata della vita francese, l'aspetto di

---

[693] Estratto del registro dei depositi fatti alla cancelleria del Tribunale Rivoluzionario degli oggetti appartenenti ai condannati a morte, *Archives nationales* cartone W, serie 534, registro 11°.

una città dove le pietre che ieri parlavano, taceranno domani. Questo insieme di piccole incisioni, che abbiamo provato a rendere minuziose e precise, sono state talvolta trattate con lo stile nero. È che l'epoca non si presta molto alle pochade e ai toni leggeri e ridenti. Fu un'epoca che ebbe la frenesia del sangue, il furore della disperazione. Vi sono delle grida che è difficile soffocare, nonostante il forsennato fracasso della Gloria.

INDICE

Libro I
L'aurora della lama

I. Il dottor Ignazio Guillotin, filantropo — 5

II. La morte legale sotto l'ancien régime — 15

III. La ghigliottina davanti all'Assemblea Nazionale — 22

IV. Lo strumento — 26

V. La prima esecuzione in piazza Grève — 37

VI. La testa mozzata soffre? — 43

Libro II
I due sostegni del terrore

I. Il «barbiere» del «rasoio nazionale» — 47

II. Il re e il boia   55

III. L'ascia della legge   64

IV. ... con la testa in mano   70

**Libro III
Lo strumento di lavoro**

I. Il sistema del terrore   77

II. I convenzionali   81

III. I generali   97

IV. Le fidanzate della ghigliottina   109

V. Le infornate del tribunale rivoluzionario   129

Libro IV
Il capitolo dei regicidi

I. Il 21 gennaio 1793   144

II. Dove finì la ghigliottina di Luigi XVI?   153

III. L'austriaca   156

IV. La lama sul collo greco   160

Libro V
L'epopea della ragazza ghigliottina

I. Fatti diversi dalla ghigliottina   165

II. I piaceri tra la morte   178

III. Il romanzo comico della ghigliottina   187

IV. Le canzoni di «Louison»   195

V. L'ultimo corteo   203

**Libro VI
La lama caduta**

I. Le fosse comuni del Terrore   212

II. I figli dei ghigliottinati   222

III. Inventario e vendita dopo i decessi   227

www.ingramcontent.com/pod-product-compliance
Lightning Source LLC
Chambersburg PA
CBHW060029180426

43196CB00044B/2093